"父母给予孩子的爱,不需要任何意义上的回报,它只是一个礼物,是所有孩子都应该得到的礼物。"

——艾尔菲·科恩

接纳孩子

100招化解父母焦虑

升级进阶版

小巫 著

SPM
南方出版传媒
新世纪出版社
·广州·

图书在版编目（CIP）数据

接纳孩子：100招化解父母焦虑：升级进阶版 / 小巫著.—广州：新世纪出版社，2017.7（2019.10重印）
ISBN 978-7-5583-0645-7

Ⅰ.①接… Ⅱ.①小… Ⅲ.①儿童教育—家庭教育 Ⅳ.①G782

中国版本图书馆CIP数据核字（2017）第148390号

出 版 人：姚丹林
选题策划：翁　容
责任编辑：李世文　庄淳楦　黄　婧
责任技编：许泽璇
封面设计：杨　洋　刘　慧

JIENA HAIZI——100 ZHAO HUAJIE FUMU JIAOLÜ（SHENGJI JINJIEBAN）
接纳孩子——100招化解父母焦虑（升级进阶版）

出版发行：新世纪出版社
　　　　　（地址：广州市大沙头四马路10号）
经　　销：全国新华书店
印　　刷：广州佳达彩印有限公司
　　　　　（地址：广州市黄埔区茅岗环村路238号）
规　　格：787mm×1092mm
开　　本：16
印　　张：16.75
插　　页：2
字　　数：228千
版　　次：2017年7月第1版
印　　次：2019年10月第3次印刷
定　　价：36.00元

质量监督电话：020-83797655　购书咨询电话：020-83781545

升级进阶版序言

转眼间,《接纳孩子》的合同又到期了。所喜的是,这本书一直很受欢迎,因此,趁着这次版权交接之际,再次修订,发布新版。

我在2013年版的序言里说,这是一本"绝版"书,因为我已经停止做"how to"式专家,不再根据读者来信的只言片语,给出应对孩子的招数,而是更加注重帮助家长们悟"道"。不过,最近以来,这个情况有所变化。应新浪微博的邀请,我开通了付费问答功能,收到一些热心读者的提问。我发现,这些读者的提问也与几年前我收到的提问有所不同,不再是只言片语,不再是笼统地提出诸如"我们家孩子不好好吃饭怎么办"这样令人不知所云的模糊问题,而是具体地描绘场景,也会剖析和反思自己,有助于我了解对方的情况和感受。我也尽力在网络问答的局限当中,给出比较详细的回复,着重帮助家长梳理思路、变换角度、理解孩子。升级进阶版《接纳孩子——100招化解父母焦虑》里收录了几个微博问答,我希望在多种渠道同类互动积累到一定程度时,再次撰写一本问答式的书籍,以便有针对性、有实用价值地帮助有需求的家长。

原版书里所有提问的小标题是广西科技出版社的编辑编写的,再次审校

时，发现有些不那么贴切内容，这次我请"小巫养育学堂"的班主任和新世纪出版社的编辑一起帮忙，大家群策群议，一起修订了部分标题；内文也做了通篇的审阅和修订。

700万册超级畅销书《好妈妈胜过好老师》作者、著名教育专家尹建莉老师，是我多年情投意合的朋友兼志同道合的同侪，我知道她以前通过电子邮件接待读者提问，自动回复内容里一直推荐《接纳孩子》。这次升级进阶版面世，我请她写两句推荐语，她欣然应诺，几乎瞬间写好发给我，随后又追加了一处修改。尹建莉老师做事一向认真负责，细节上从不含糊，令我钦佩，得到她的推荐，是我的荣幸。

希望这本书的内容能够给读者们带来实用性的帮助。感谢广西科技出版社为2009版和2013版呕心沥血，感谢新世纪出版社为2017年升级进阶版披星戴月，更要感谢广大的读者们多年来的信任和鼓励！

小巫

2017年7月10日，美国纽约州

2013年版序言

转眼间,《接纳孩子》第一版面世已经四年了。今年借着续签出版合同之际,将这本书重新修订一番,以新的面目和读者相聚。

这其实是一本"绝版"书,个中有两方面原因:

其一,从2002年到现在的十多年间,我陆续撰写了九本书,翻译了一本书,也就是说,在我的名下,现在有十本书在市面上发行。在育儿·教育类书籍中,《接纳孩子》是我个人感觉比较满意的一本;不像其他几本书,尤其是最早那套系列的四本,出版甚至再版之后就立刻开始产生遗憾,每隔几年就恨不得全部召回,彻底改头换面之后再放回去。十本书中仅有这么一本令作者安心的作品,禁得住时间考验,算是罕见了。

其二,近年来,我已经停止为刊物或网站撰写专栏,尤其是问答类专栏。无论是个人咨询,还是公开讲座的互动环节,我也都停止给父母提供解决方案。纵观多年的经验,父母提问"吾家小儿之ABC情况、请专家给XYZ解决办法"是最无效的咨询方式。父母对孩子情况的描述,往往带了很多主观的评判,经常离真相十万八千里;而我们这些"专家"又不具备千里眼和顺风耳,并不认识人家孩子、不了解其家庭结构与动力模式,无法获悉问题全貌,怎可

接纳孩子

妄自尊大，凭空给人家出谋划策呢？

更进一步，解决方案仅仅是"术"，而父母的"三观"及其派生出来的教育理念，则属于"道"。悟清了"道"，家长可以依据自己的智慧而开发出最适合自己家庭情况的"术"；不悟道、仅求术，拿多少"术"回家也不好使。因此，我更加注重与父母论"道"，在"术"的层面，则并不根据一次提问就评判，而是探询其家庭整体情况，用更多提问的方式，让父母反思自己、开动脑筋、独立判断、得出结论。

父母一提问，专家就洋洋洒洒、挥斥方遒，出主意、开药方，的确会显得专家很有学问，却对父母的成长毫无帮助，甚至会导致读者依赖权威。若想让孩子成长为有独立思考能力的人，父母首先要做到这一点；具备智慧和爱心的专家，会按捺住伸手的冲动，尽其所能佐助求助者自行找到问题所在、琢磨出应该改变什么，从而获得自信、成长成熟。

按照这种思路来看《接纳孩子》，我暗自庆幸大部分的解答都是在为孩子做"辩护律师"，力图让读者理解孩子行为的根源；"药方"并不多，因此四年后再读，并不觉得有很多遗憾。此次修订，增加了一些案例，修改了一些不恰当的概念和做法，加入了"无条件养育"理念以及取材于P.E.T.父母效能训练等课程的有效亲子沟通手法。

这本书里大部分问题和解答，来自于2006年—2009年我在《心理月刊》网站上"专家答疑"栏目里主持的"育儿"专栏。借第一版成书之机，我将每一个问题都扩充解答了一遍，文字量至少增加了一倍，使得该解答不仅仅针对当事人家长和孩子，而是具备更加广泛的意义和共性，让更多的读者产生共鸣。在某些问题中，我也就相关话题进行详细论述，并给读者标明了重点。

另外一部分文字，是从当年我给《父母世界》《妈咪宝贝》《都市主妇》

等杂志撰写的专栏文章里挑选出来的,分别归纳到六大分类里。这六个类别都属于父母们最关心的话题,也是近年来我一直在宣扬的理念。如果要我划出重点之重,下边几段话极具代表性:

※ 孩子的状态是成年人内心状态的镜像,成年人内心是什么样子,孩子就会忠实地表现出那个样子。

※ 亲子关系是一切关系的基础,孩子会将与父母的互动模式带入与自己、与他人、与世界的互动模式当中。

※ 孩子的任何行为都是正常的。无论他们的行为在我们看来多么荒谬,都是孩子对周围环境的一种正常反应。如果想改变孩子的某些"异常"行为,必须改变他们所处的环境,只要成年人改变了,孩子也会改变的。

※ 一个没有得到足够关注的孩子,会花费很多精力去获取成年人的关注,不管这关注是正面的还是负面的。这种额外的精力则掠夺了孩子发展自我的空间。

※ 孩子会牺牲自己身心两方面的健康,来满足父母的心理需求。

※ 儿童的自信心来源于生活的独立自主能力,尤其是动手能力,其实也就是承担责任的能力。

撰写问答式书籍的一个好处就是,读者不必从头到尾按照顺序阅读,而是可以跳跃式地随意翻看,碰见自己感兴趣的问题就仔细看看,如果是暂时与己无关的问题则可以暂时忽略不计,以后有了疑问再过来查看。

而在撰写过程中遇到的最大困惑则是,父母们通过网络发送过来的问题,因篇幅所限,往往信息量不够,面对每一封来信,我都需要仔细琢磨,力图透过文字看到当事人家庭状况,在回答问题的时候也三思而行,避免由于误解而产生误导。

写自己的孩子,可以畅所欲言,好也罢赖也罢,都是我自曝家私。写别人

 **接纳孩子**

家的孩子则感觉如履薄冰,慎之又慎,既希望把观点说清楚了,更希望给对方留下思考和成长的余地。

时间所限,匆忙之间截稿,心中难免惴惴。关于孩子,无论写多少,都有一种挂一漏万的感觉。最后想说的,还是那句老话:父母们要有自己的判断,无须盲从。

小巫
2013年5月28日

目 录

第1章 安全感,儿童生命发展的地基

- 分离焦虑来源于父母内心 / 007
- 黏人是儿童迈向独立的第一步 / 010
- 孩子的表现是父母内在的呈现 / 012
- 怕生值得庆贺,认生不是错 / 014
- 不要制造父母双全的"孤儿" / 015
- 亲子关系大过天 / 017
- 选择事业意味着"抛家弃子"? / 018
- 孩子不是成年人的"安抚奶嘴" / 021
- "婚内单亲",孩子不是替补 / 022
- 家长换眼光,孩子大不同 / 025
- 多一份接纳,少一些批评 / 027
- 吃手源于压力大 / 029
- 不要强迫孩子迎合成人 / 031
- 没有原则的宠让其实是一种软暴力 / 035
- 孩子真的是在"偷"东西吗? / 037
- "别人家的孩子"我该拿你怎么办? / 041
- 唯有温暖御风寒 / 042
- 男孩哭吧,不是罪! / 046
- 关于孩子睡觉这件事 / 050

第 2 章　叛逆，儿童情商发展的过程

▶ 不听话是成长的表现 / 059
孩子发脾气，背后有缘由 / 061
隔代抚养，考验父母的智慧 / 063
孩子做主，家长怕啥？/ 066
宝宝怕医院，妈妈有妙招 / 068
别把孩子吓得连屁屁都不敢拉了 / 069
负面情绪是成长必经之路 / 071
孩子不哭，问题更大 / 073
秩序，关乎孩子内心的安全 / 075
不给孩子自由表达的许可证，孩子就会懦弱 / 077
说狠话，不可怕 / 079
正视内心的恐惧 / 082
信任是给孩子最好的礼物 / 084
接受孩子挑战父母"权威" / 086
暴力"镇压"：无能的管教 / 087
顺其自然，静待花开 / 089
让孩子做生活的主人 / 091
孩子是父母的镜像 / 093
给孩子机会自行找到解决办法 / 095
孩子爱尖叫，父母别抓挠 / 098

第3章 玩耍，儿童认知发展的途径

▶ 贪玩是儿童的天性 / 106
 智力开发始于探索身体 / 107
 对孩子来说，世界就是玩具 / 109
 家有"外星人"，什么都好奇 / 111
 只贪玩不学习，我的孩子能聪明吗？/ 113
 帮助宝宝建立自己的玩伴圈 / 115
 模仿是最重要的学习方式 / 116
 不要好为"娃"师 / 118
 玩耍，培养宝宝的社交能力 / 120
 贪玩宝宝个性乐观 / 122
 谁说玩耍不是学习？/ 124
 会玩的孩子更成熟 / 126
 不必规定孩子玩什么 / 128
 为了孩子的身心健康，请关掉电视和录音机 / 129
 要不要让孩子上补习班？/ 131
 丢掉虚荣心，万物皆有时 / 133

第4章　冲突，儿童社交能力发展的助手

- 不分享，很正常 / 140
- 在群体接触中学习分享 / 143
- 为何宝贝如此"没礼貌" / 144
- 多接触外界才能解除认生戒备心 / 146
- 单亲的孩子更怕生吗？/ 148
- 内向是件"坏"事吗？/ 149
- 在打闹中成长 / 151
- 孩子打人时，家长这样做 / 154
- 适度打闹没有坏处 / 155
- 不要给孩子贴上"爱打人"的标签 / 157
- 老师≠社会 / 160
- 没有一百分幼儿园 / 161
- 内向的孩子尤其需要保护 / 164
- 孩子的情绪是家长内心的反射 / 165
- 让孩子自行解决与同伴之间的矛盾 / 167
- 如果老师犯了错 / 169

第 5 章　规则，儿童健康发展的护卫

▶ 吃饭是孩子的任务 / 178
选择有规矩有原则的抚养人 / 179
树立规则从家里开始 / 181
慎用"time out" / 184
孩子哭闹要抱又晚睡，怎么办？ / 186
孩子赖床，见招拆招 / 188
耐心等待孩子准备好独立入睡 / 189
不必戳穿假话 / 190
不要过度认同孩子的痛苦 / 193
解除成年人对孩子的心理依赖 / 195
明确疆界和原则，并佐以积极倾听 / 197
第一时间倾听，而不是急着安慰 / 200
再婚家庭亲子关系的疆界 / 204
自信心来源于承担生活责任 / 207
孩子是独立完整的人 / 209
换一个角度来看，柳暗花明 / 211
让孩子自己管自己 / 213
好习惯的养成需要具体帮助 / 214
请孩子离开父母的婚床 / 216

第6章　性别，儿童与生俱来

- 孩子抚摸生殖器，家长如何破？/ 224
- 面对宝宝的探究，做好思想准备 / 225
- 宝宝摸乳房，无关乎"性" / 227
- 窈窕淑女，宝宝好"逑" / 230
- 不要跟儿子像情人那样吵架 / 232
- 关掉电视电脑，用心亲子互动 / 234
- 儿童自慰，纯属正常 / 237
- 恒定的慰藉物给孩子安全感 / 238
- 儿童恋物癖需要专业治疗 / 239
- 接纳同性恋 / 241

附　录

- 找回缺失的父爱 / 243
- 绝对不能打孩子 / 249

第1章

安全感，儿童生命发展的地基

儿童最初的安全感是从哪里来的呢？它来自养育者。养育者对孩子的需求的反应必须是及时的、可靠的、始终如一的、预料当中的，儿童才能认为这个世界是安全的、可靠的、善良的，同时儿童也在自我规范当中建立对自己的基本信任。

接纳孩子

众所周知，盖房子需要先打地基。房子盖得越高，地基越要打得深而稳。换句话说，地基坚固牢靠，房子才会矗立得久，不怕风吹雨打。反之，如果地基不牢固，那么房子就会摇摇欲坠。

人的生命也需要牢固的地基才能健康持续地发展。该地基是在人出生之后头几年建筑起来的，影响人一生的身心健康。地基的名字叫作"安全感"。

理解安全感并不难。就拿最基本的生活起居来说，我们必须知道脚下的土地是结实的，不会松动和坍塌，才敢放心地迈出脚步去走。我们知道街道上熙熙攘攘人来人往，没有战乱没有暴动，我们没有生命危险，于是我们才敢到外边去游逛办事。这种安全感是存在于我们潜意识中的，平常并不会浮现于意识层面，我们习以为常。

但是如果我们缺乏这些最基本的安全系数，如果我们感觉脚下的路松松垮垮、随时可能塌陷，如果我们看到窗外乱七八糟、人们面目狰狞、争斗得你死我活，那我们绝对不敢迈步，不敢出门。

对于儿童来说，什么是安全感呢？就是对世界对人间的基本信任。儿童须怀有这样的信念："世界是可靠的，生活是美好的，父母以及他人是可信赖的。"才能获得生存的动力、勇气和毅力。

安全感好的儿童内心坚信："我是可爱的，我是被爱的，我的存在是有价值的，我有能力克服困难、解决问题，我相信自己的判断。"我们可以将其称为对世界的诠释模式。

儿童最初的安全感是从哪里来的呢？它来自养育者。养育者（主要是母亲）对孩子需求的反应必须是及时的、可靠的、始终如一的、预料当中的，儿童才能认为这个世界是安全的、可靠的、善良的，同时儿童也在自我规范当中建立对自己的基本信任。有了这两个基本信任，儿童才能感受到自己的生命是有意义的，自己的存在是有价值的，自己是可爱的、受到保护的，从而建立起生命的意志力。孩子的安全感不仅源自无条件的爱，也源自恰当的规则，他们才会觉得这个世界是坚实可靠的。

安全感充足，儿童才能发展自己，不会受到外界的左右和干扰，也不会遇见困难轻易放弃努力。一旦确认自己在这个世界上生存的意义和价值，儿童就可以继续发展自己，不会再浪费精力和时间去获得安全感。当这种安全系数高的"诠释模式"延伸到成年生活时，会赋予人强大的内心力量和坚定的自我意识，对人生怀有积极正向的热情，确信自己想要什么，不想要什么。

而缺乏安全感的孩子总是感觉到世界是有危险的、父母是不爱自己的，时时担心会被父母抛弃；他会牺牲自己的健康发展，压抑自己的真实内在，想方设法讨好父母，以获取父母的赞许和接纳，从而刷到存在感。当这种安全感系数低的"诠释模式"延伸到成年生活时，会令人时时担心自己的表现不够好，自我评价依赖于外界的反应，缺乏内心力量。

父母怎样给孩子安全感呢？一言以蔽之："父母给予孩子的爱，不需要任何意义上的回报，它只是一个礼物，是所有孩子都应该得到的礼物。"（艾尔菲·科恩《无条件养育》）

而判断我们是否无条件地爱孩子，则有这样一个准绳：

> 家长对于孩子的爱到底是出于"他们做了什么"还是因为"他们是谁"。前者是有条件的爱——意味着孩子只有在做到家长期望的事或是达到了家长所规定的某些标准之后才可以得到；后者则是无条件的爱——这种爱与孩子做了什么毫无关联，无论他们成功与否，无论他们是否乖巧，无论如何，都毫无保留地给予他们爱。（艾尔菲·科恩《无条件养育》）

真正做到无条件的爱，是极为困难而复杂的，不可能在这样简短的引言里

接纳孩子

阐述全面，推荐读者们阅读《无条件养育》这本书，这里仅仅提出几条家长平时需要注意的地方：

> 1. 无条件接纳上苍送给我们的孩子，而不是试图打造自己心目中理想的孩子。不将自己的生命价值寄托在孩子的表现上。
> 2. 给孩子长时间、高质量的陪伴，尤其是孩子入睡之前的陪伴。
> 3. 不批评、责备、惩罚、奖励孩子，而是倾听、理解、认可、支持孩子。
> 4. 不要挟、威胁孩子，不从身体和感情上抛弃孩子（比如，不说"你不听话我就不喜欢/不要你了"，或者"你不听话我就不要你了"这样的话。）。
> 5. 鼓励孩子独立，接纳孩子个性，允许孩子拥有与我们不同的观点。
> 6. 通过良效亲子沟通，给孩子树立恰当的规则（无条件的爱≠骄纵溺爱和放任自流）。
> 7. 修炼自己，以身作则，言传身教。

事实上，父母的安全感好，孩子的安全感才充足。父母相信自己、热爱生活、关爱他人、信任世界，孩子才能获得坚实的安全感。因此，虽然我们说"给"孩子安全感，实际上，真正的功夫须下在自己身上，增强我们自己的安全感。

怎样判断一个孩子安全感好不好呢？首先，孩子与父母形成安全依恋的关系。安全依恋的孩子不是没有分离焦虑，不是一下子独立不需要父母。如果一个幼齿儿童不在意父母去哪里了，妈妈走掉都没反应，这不是安全感好，而是缺乏安全感的表现。安全依恋的孩子在父母离开时会表现出焦虑，但不是生离死别那种绝望式的哭闹，他们会逐渐平息；在父母返回时他们会很乐意看到父母，跟父母亲热一番之后再松手去做自己的事情。

安全感稳固的儿童有以下特点：他们不随意冒险，不在马路上乱跑，每到陌生之处不会一下子闯进去，而是沉稳地观察环境，慢慢地融入。他们与父母的关系是依恋式独立，他们很自信，不怕犯错和失败，乐于分享与合作，不以竞争获胜或物质占有来定义自身的价值，不怕不同意见，不刻意逢迎。

安全感缺乏的儿童则有以下的表现：他们要么过度怯懦，要么胆大妄为，不顾自身安全。他们要么过度黏人，要么过度独立。他们不愿意独立解决问题，而是依赖他人的帮助。他们迷恋物品，渴求物质满足，离开慰藉物就六神无主、寝食不安。他们不敢参与竞争，或者不能接受失败。他们不愿意接受不同意见，而是要求大家必须跟他意见统一。

安全感是人类儿童身体、情绪、认知发展的基础，没有安全感，其他的一切都是空中楼阁，也许看上去很美，却缺乏根基、不堪一击。甚至可以说，安全感是我们每一个人世界观、人生观、价值观的基础，左右着我们全部的人际关系，决定着我们一生的幸福指数。

分离焦虑来源于父母内心

我的宝贝现在1岁1个月了，最近在我和他爸爸早上出门上班的时候明显地表现出焦虑不安，一定要我抱，不让放下，好像知道我们这一走就得晚上7点多才能回家似的。今天早上也是这样，我本来抱着他，到时间要上班了，阿姨过来抱，宝贝就开始哭闹，我赶紧说："好吧，送爸爸妈妈上班吧，我抱你到外面去。"我和他爸爸、阿姨一起到外面后我要他自己推车子（他现在在学走路，很喜欢推车子），他不要，还是不让我放下他，阿姨要强制抱他过去，他就开始

 接纳孩子

哭,爸爸赶紧抱过来说:"我们到花园去!"这样他才趴在爸爸的肩头,一脸的幸福相。到了花园爸爸要把他放下,他又开始哭闹。

我原来觉得我宝贝的安全感应该建立得挺好的,从出生到现在,除了平时上班,其他时间都是和他在一起,连晚上睡觉也是我带。周末阿姨带他出去玩的时候,他和我分开也没有闹。

现在看见宝贝这样依恋我,我心里很难过,觉着有些对不起他。我们都是早上7点多走,一直到晚上7点多才到家啊,吃过饭,也就能和他玩一个小时,他就要睡觉了。我很矛盾,不知道是不是该辞职回家带他,这事一直让我很矛盾。

不知道你自己看出来没有,来信最后一段话道出了问题的实质:"我很矛盾,不知是不是该辞职回家带他,这事一直让我很矛盾。"一句话里出现两次"矛盾",可见你内心挣扎有多厉害。

1岁左右的幼儿出现分离焦虑是正常的,这是他们情感和认知发育的一个里程碑,是必经阶段,是进步的表现。虽然分娩是母婴物质身体上的一次分离,但出生后几年,宝宝都持续处于和妈妈浑然一体的感觉里,妈妈的生命能量滋养着宝宝的身体成长。大部分孩子在8个月学会爬,1岁左右学会走路,从身体上可以自行远离妈妈,也继而从心理上开始与妈妈有了最初的分离,他们开始发觉自己和妈妈是不同的个体。这种分离既带给他们兴奋,也带给他们恐惧和焦虑。他们迫切地需要确认:无论离开多远,妈妈仍然是爱他的,会照料他、保护他。而这个时期,他们没有时间概念,不能预见未来,往往认为暂时看不到的东西是不存在的。如果父母离开,宝宝会误以为爸爸妈妈消失了,因此出现分离焦虑。

宝宝能否顺利地度过这一阶段,取决于家长的处理方式和态度。我们深知,产假结束后开始上班的日子,跟宝宝道别是最令人揪心惆怅的时刻。但

是我们必须意识到，怎样做才是有利于宝宝成长的，而不能一味地宣泄自己的情绪。

如果爸爸妈妈欢快地与宝宝道别，说完再见后干脆地离去，宝宝在一开始肯定会哭闹，但是日复一日的道别仪式和父母畅快的态度，以及在一定时间之后父母重现，则向宝宝反复说明：分别虽然令人一时难过，却也不是什么痛断心肠的坏事。宝宝也渐渐学会平静快乐地向父母道别，今后和自己依恋的人道别的场面还很多呢，这只是最初的练习而已。

然而，如果父母内心忍受不了跟宝宝暂时分离，告别时成年人比孩子还痛苦，更忍受不了孩子的哭闹，内心充满矛盾、愧疚、伤痛，那么宝宝也无法忍受这种分离，每每闹得跟生离死别一样。**孩子的状态往往是成年人内心状态的镜像，成年人内心是什么样子，孩子就会是什么样子**。成年人忍受不了与孩子暂时分离，孩子就会哭闹不停，因为哭闹满足了成年人内心的需求，给他们一个理由不跟孩子分开。而在和孩子道别时，孩子的哭闹会撕裂成年人内心深藏的伤口，也许父母在幼年时经历过跟亲人分离的伤痛，甚至感受遭到遗弃，所以今天才会如此难以忍受和孩子的分离。

从来信看得出，你们夫妻俩特别心疼孩子，宝宝一哭，大家立刻想办法哄他，把一个简单的告别仪式一直拖延到花园里，还是依依不舍。这不是安全感的问题，也不是宝宝分离焦虑的问题，而是父母舍不得跟孩子道别，孩子投射出父母内心的需求，表现得难分难解。我相信你们走掉之后，宝宝跟阿姨玩得好着呢，跟刚才的表现有天壤之别（来信能够看出，阿姨也蛮好的，宝宝不肯跟父母分离，不是因为阿姨有什么问题。）。

你觉得工作时间长，陪孩子的时间少，对不起孩子，内心充满矛盾，甚至恨不得辞职回家带孩子。但是这里有一个问题：你对孩子的依恋超过孩子对你的依恋，即使你辞职回家，也并非意味着将来孩子能够和你正常分离。也许你不打算让孩子离开你，但这是孩子的需求，他必须独立。全职妈妈也有很

接纳孩子

多苦恼之处,对此你有没有充分的心理准备?建议你先梳理清楚在分离这一事情上,哪些是你的情绪,哪些是孩子的情绪,把你的痛苦与孩子的感受划清界限,处理好了这一关,再考虑是否辞职回家。

黏人是儿童迈向独立的第一步

一直以来,哈林属于比较不黏人的小孩,14个月以前,他可以自己玩上一会儿,不需要大人陪。但是最近有些不对了,哈林开始黏人,早上醒来就有点哭腔地找妈妈,因为哈林是自己睡小床的,靠在我们大床边上。要是哈妈不回应,估计撑不了几秒就要哭了;应了他,也要马上起来把他抱到大床上,否则还是照样哭腔十足。

已经连着两天了,哈林晚上睡下两个小时不到的时间,突然醒了就哭,然后要妈妈抱。这时爸爸抱也不管用了,一定要妈妈抱着。平时白天出去玩多久,都不会想妈妈,都不会主动提出要回家的,这两天小家伙玩到一半,会突然想起什么似的,要回家,然后要妈妈抱,如果妈妈不及时出现,就要赖一样在垫子上哭天抢地的。

为了给孩子足够的安全感,哈妈觉得自己算做到尽量陪孩子了,不过为了扮演好自己的角色,哈妈每天都会跟家人处一会儿,让哈林自己跟保姆在一起玩,因为哈妈也是从书上知道,不能把自己的时间全部分享给孩子。对前面碰到的情况,哈妈有点不知所措,不知道这是哈林缺乏安全感所致?还是哈林恋母的敏感期到来所致?请小巫老师帮忙分析,以帮助哈林平稳地度过这个阶段,谢谢啦!

哈妈想弄明白孩子的表现是因为缺乏安全感还是因为恋母敏感期,其实,无论是哪个原因,孩子在这个时期的表现都是一样的——特别黏人,妈妈需要做的事情也是一样的——满足孩子的需求，所以如此看来，弄明白孩子表现的起因倒不是那么重要了。

当然，给一个结论，会在哈妈内心造成区别：如果是敏感期，那属于孩子的原因，哈妈可以很坦然；如果是缺乏安全感，那属于成年人的问题，哈妈会心存内疚，会感到自己没当好妈妈。如果哈妈来问我，那我就会说这是敏感期，尽管我不认为有追究的必要。哈妈那么努力想当好妈妈，我真不想看到哈妈忐忑不安、内疚自责，这对孩子的影响也不好。

14个月的孩子的确处在黏人的阶段，因为他们已经学会走路了，身体上的自由带来精神发展的飞跃：原来我是一个独立的人啊！下边这句话可能看上去自相矛盾，但却千真万确：**黏人是所有人类儿童迈向独立的第一步**。在身体和心理两方面与父母（尤其是第一抚养人——母亲）分离，给宝宝带来既高兴又害怕的感觉。就像很多父母观察到的那样，宝宝试探性地往外走几步，又立刻转身飞奔回妈妈的怀抱；无论宝宝自己玩得多愉快，即便不参与宝宝的游戏，妈妈也必须在一旁陪伴着，宝宝会不时地看妈妈一眼，确认妈妈的注意力一直都在自己身上。万一妈妈走了神，宝宝会叫妈妈："看！看宝宝！"而如果妈妈想要离开，那宝宝可不干了，一定要上演一场难舍难分的催泪大戏。平时哪一眼没瞅见妈妈，则会满世界去找，简直就是妈妈的一贴小膏药。

黏人的阶段就是宝宝建立安全感的关键时期。宝宝需要确认：即便我跟妈妈不是一体了，妈妈仍然无条件地、一成不变地爱我。父母需要在每一天生活的细节中，无数次向宝宝证实："我爱你！"这种反反复复的确认和证实，满足了宝宝内心对父母依恋的需求。只有这种需求得到完全并充分的满足后，宝宝才能真正地走向独立。他们带着父母对自己至死不渝的爱，以自信和开放的心态，面对更加广阔的世界。

在这个特殊而又关键的时期，妈妈需要耐心，需要花费大量的时间和精力陪伴宝宝。这是一种回报率极高的投资，换来的是宝宝一生幸福的基础：安全

接纳孩子

感。妈妈们应该庆幸，宝宝依恋的对象是自己这个当妈的，而不是别人，更不是物品。如果宝宝对他人的依恋胜于对母亲的依恋，或者宝宝的依恋对象不是人，而是物品，甚至他的手指头，也就是说，宝宝不从妈妈那里寻求安慰，而是从其他人、东西，或者从吃手那里寻求安慰，那么这说明宝宝的依恋模式出现了问题，他对母亲不够信任，他不相信母亲是可依赖的，是可以提供帮助和保护的，也许他害怕母亲会拒绝他。总之，**依恋模式出现问题，会导致宝宝缺乏安全感。**

建议妈妈们不要对孩子的黏人表现出不解、不快、不乐意的情绪，而是高高兴兴地多陪陪孩子，尽情享受这一转瞬即逝的时光。很快地，到了学龄期，宝宝就不这么黏着我们了。到那时，好多妈妈会感到挺失落的呢！

另外，哈妈也没有必要把跟孩子在一起与跟家人在一起的时间对立分割开来，大家都在一起，不是也挺好的吗？

孩子的表现是父母内在的呈现

昨天周末带11个月大的宝宝去游乐场玩。一开始是我抱她进去的，因为她就是不喜欢自己玩，到哪个地方都不愿意我放她下来，我想她大概要熟悉一下环境吧，也就陪她一起看看这里，看看那里。后来熟悉一会儿就好了，但是始终要我陪在她身边，应该说始终要和我的身体有接触她才放心。后来外婆进来了，我就在一旁看着，她却不需要外婆一直抱着，就自己玩玩这儿玩玩那儿的，还自己爬一小会儿走一小会儿。但是一看到我，就不玩了，往我这里爬，要我抱……我妈说，她不看到你还能再玩会儿呢！那是不是我没有给她安全感啊？

来信的描述很简短，我不能马上武断地推论"妈妈没有给宝宝安全感"。看得出你很焦虑：为什么宝宝总缠着我？那么我们假设一下如果情况相反，妈妈会不会就不焦虑了？假设宝宝不缠着妈妈，而是缠着外婆，妈妈会有何感受？岂不是会更加焦虑呢？"她跟外婆更亲！难道是我没有给她足够的陪伴？难道是外婆没有给她安全感？"假设宝宝谁都不缠，自己玩，我猜测大概这是妈妈比较希望看到的场面，但是她就不焦虑了吗？会不会还是产生新的焦虑："为什么宝宝对我和其他人一视同仁啊？她怎么不对我表现更多的依恋呢？难道是我没有给她安全感？"

总之，要让现代的妈妈们不焦虑，几乎是不可能的。宝宝缠也不好，不缠也不好，真不知道该怎么做，才能让妈妈们放心。

看得出来，不仅是宝宝依恋你（这是她这个年龄段的正常表现），你对宝宝也是极度依恋的，而宝宝能够体会到你的内心需求。你可能当时希望宝宝能够离开自己独立玩一会儿，但是宝宝并不能分辨什么时候妈妈在抑制内心需求，她只知道必须满足妈妈对自己的依恋需求。也许当时你曾经努力劝说宝宝独立玩，宝宝更加糊涂了：我们之间素常的互动模式就是纠缠呀！怎么今天改变了呢？

另外，你也许跟自己的母亲之间有一些未解的情结，也许你幼年时母亲没有满足你对她的依恋需求（可能在你母亲那个时代人们必须抑制自己的自然感情，对孩子讲究严厉而不是宠爱），今天你母亲依然不乐意看到外孙女对你的依恋，使得你对宝宝的依恋表现感到愧疚，导致三个人之间的动力结构有些复杂和微妙。小宝宝具备一种非凡的能量，他们能够洞察到成年人的心思，并对此产生相应的反应。

如果你能够接受这一点，能够觉察到是自己内心的需求在纠缠着宝宝，觉察到自己对母亲（外婆）的抵触导致宝宝的反应，如果你能够梳理清楚自己的情绪，通过改变行为来改变与母亲和宝宝之间的动力结构，并且在宝宝缠着自

己的时候不焦虑、不内疚,也不推开她,而是尽情享受,那么宝宝的行为也会有所改变的。

怕生值得庆贺,认生不是错

> 女儿17个月,非常认人,或者说是怕生,我不知道认人和怕生是不是同一个概念。总之,绝对不让陌生人接触,尤其是男的,刚接近她或者和她说话,她立刻就转身。她熟悉的人带她不会这样,但是有熟悉的人带着,陌生的人来接触她,她也不要。这种情况是她很有安全感?还是说她根本没有安全感?

来信提到的认人或者怕生,或曰认生,跟安全感是否牢靠没有必然的关联,而是儿童发展的必经阶段。小婴儿从4到6个星期开始就有认生的表现,继而随着他们逐渐长大,每个阶段都有不同的认生行为。他们年龄越大,思维越复杂,恐惧的内容越丰富,表现形式也越复杂,因为他们具备与以往不同的反应能力。认生是大自然给人类(动物亦然)安排好的自我防御机制,你女儿的表现应该说不仅很正常,甚至值得庆贺。如果是相反的情况,她跟谁都见面熟,谁带她走都行,你是不是更该担忧了呀?

很多时候,幼儿抗拒陌生人,不仅是跟他们自身的怕生有关,也跟陌生人对他们的态度有关。很多成年人对待孩子的表现值得商榷,比如未经允许触摸孩子、拍头、拧脸、胳肢、抱起来、大惊小怪、高声评论,要求孩子叫叔叔阿姨爷爷奶奶什么的,或者没头没脑地对孩子提问"几岁啦?""会背唐诗吗?""唱首歌呀?"假设有人这样对待你,尽管你已经是懂得礼仪的成年人,在这种情况下摆出彬彬有礼的姿态,恐怕也是勉为其难,更何况一个幼小的孩子呢?

当然，把孩子完全藏匿起来，期待认生阶段悄悄溜走，也是不现实和不恰当的。孩子认生的人，往往是我们的熟人朋友，甚至亲人，孩子认生令我们难堪，我们希望孩子能够接纳我们的社交圈子。孩子也需要建立同龄社交圈子，跟更多小朋友进行互动，学会如何融入陌生环境和集体。这些都需要练习，我们则需要根据孩子个体性格来进行帮助。

首先，不要给孩子贴上"认生""害羞""胆小"之类的标签；其次，无论陌生人跟我们如何熟悉，都不要敦促孩子马上消除戒备，更不能要求孩子见到谁都落落大方地打招呼，我们自己以身作则，对所有人都有礼貌，孩子会模仿我们的态度和行为。另外，多带孩子去户外，带孩子跟其他人一起玩儿，见识多的孩子不会过分认生。

不要制造父母双全的"孤儿"

> 我想请问一下，一个6岁的小女孩就可以离开父母到其他城市里读书吗？当然她读的学校是封闭的。因为那里可以给她带来更好的学习环境，对她的学习有很大的帮助。她的性格很活泼，非常开朗，这对她有影响吗？我想听听您的意见及建议。谢谢！

简单地说，我坚决反对儿童离开父母就读寄宿学校，无论这些寄宿制学校能给孩子提供什么奢华舒适的环境以及高等优越的学习条件。**孩子最最需要的，是父母的怀抱，是在父母身边快乐地成长。父母最最需要的，是亲手抚养孩子，和孩子建立良好的亲子关系。** 儿童成长的过程是缓慢的、漫长的，需要18年才能称为成年。即便成年之后离开父母独立生活，孩子与父母之间的感情联络也是紧密的，父母仍然是自己的底线、后援、永远的港湾。对父母的感情依恋在幼年期得到完全满足的人，自我评价高，生活满意度高，幸福指数自

然也高。这种充实的安全感会伴随他们一生,父母的爱会支持着他们坦然面对生活中的挫折,甚至在父母已经逝去之后。

把孩子送走,无异于给社会上增添了一名父母双全的孤儿,为将来的家庭关系埋下定时炸弹,并且导致孩子终身难愈的心理伤痕。这么小的孩子离开父母,会感到被亲人抛弃了,孤立无援,产生自卑,失去安全感。她会认为自己对父母来说不重要,继而感到作为一个人来说,也没有什么价值。她也会以为自己是因为不够好,才被父母推走。你们作为她的至亲,则会错过了解她、与她建立良性沟通的机会。将来她回家了,即便能够享受到团聚的快乐,但你们的心灵之间已经形同陌路,这对于父母和孩子来说,都是莫大的悲哀。

无论表面上多么活泼开朗的孩子,幼年期离开父母对他们的心灵来说都是一个重创。 大家对寄宿学校出来的孩子有一种误解,以为只要他们看上去阳光开朗、独立成熟,或者他们自己没有什么难受的感觉,就没有什么问题,甚至认为这是寄宿的好处。然而,寄宿给一个人造成的伤害,并非立刻显现。事实上,大部分孩子早已习惯将自己的感受深深地埋藏起来——因为流露出来是没有用的,父母已经在最大意义上拒绝了他们,没有人倾听他们、保护他们,他们只能以强硬的外表来保护自己。儿童被迫过早地形成坚强独立的外壳,对他们身体和心理两方面的健康,都是一种重度的损伤。**寄宿给一个人造成的损伤,可能会在这个人结婚之后,尤其是生养孩子之后,才初露端倪。** 很多父母忍受不了孩子的哭闹,忍受不了跟孩子分离,对孩子过度依恋、过度保护,究其原因,恐怕童年时期都曾经遭遇过亲人有意无意的"抛弃"。

总之,请你们慎重考虑自己的选择,对于孩子一生的幸福而言,一时的学习成绩不是最重要的。

亲子关系大过天

> 我的女儿快8岁了,上二年级。老师说我女儿个性太强了,吃不得半点亏,跟小朋友发生矛盾时,不但动口,还会动手。小朋友之间发生矛盾是正常的,但她反应太过了,太计较,从不谦让,决不委婉,太直了。批评她时她也能认识到自己的问题,可之后又故态复萌,不改正。因为她是住校生,所以回到家也没发现她这方面的问题,这种性格以后在社会上肯定会碰壁的,请问专家,我该怎样帮助她呢?

你女儿的问题,恐怕是寄宿引起的。她内心缺乏足够的安全感,所以表现得不能忍受挫折。这么小的孩子,怎么能离开父母生活呢?我坚决反对未成年孩子离开父母,无论是让别人代养还是寄宿学校,都会将孩子变成一名父母健在的孤儿。

从你女儿身上,我们能明显地看出寄宿对她造成的伤害。首先,她积蓄了很多愤怒,无论哪里有一个出口,就爆发出来。和同学产生矛盾是一个很好的宣泄口,她内心的一腔怨愤一泻千里,她自己根本控制不住。这些愤怒的来源就是她潜意识里感到自己被父母抛弃了,**她不敢对父母公开表示怨愤,她可能都无法意识到这些怒气的对象其实是父母,因为在每一个孩子的心目中,父母的一切作为都是无比正确的**。但是她的确很气愤,一有机会这些怒火就会熊熊燃烧,连她自己可能都感到莫名其妙。

其次,她容忍不了别人和她产生矛盾,因为缺乏父母的爱和接纳,她不能爱自己、接纳自己,也就无法接纳他人。她像一只浑身长满刺的小刺猬一样,无论谁来,都剑拔弩张,狠狠地刺过去,以保护自己。她觉得自己不可爱,感到很自卑,所以更受不了其他同学的不同意见。"爸爸妈妈都不容我,不

接纳孩子

爱我,还有谁会容我爱我呢?同学们肯定都不喜欢我!那好吧,我也不喜欢他们!看他们谁敢来惹我!"甚至有时候别人无意间的话语、没有恶意的评论,在她听来都是针对自己的,让她无地自容,只能操起武器,杀将过去。

安全感好的人,不会太在意别人的负面评价,他们能够将人和事分开,就事论事。别人提个意见,他们会理性地对待,看到是不是的确由于自己的行为引起了矛盾,而不会将其视为对自己整个人生价值的否认。缺乏安全感的人则恰恰相反,他们会感到所有的不同意见都是在攻击他个人、在否认他的价值,他们也会因此质疑自己,生活的意义受到威胁。这令他们痛苦万分,所以他们会表现得不能容忍他人的意见,这也是他们保护自己的手段。

孩子和父母拥有良好的亲子互动模式,父母无条件地接纳孩子,孩子才会接纳自己,转而接纳他人。**亲子关系是一切关系的基础,孩子会将与父母的互动模式带入与他人的互动模式当中**。孩子与父母关系亲密而温馨,孩子与他人也会和平相处。如果父母拒绝与孩子结成亲密的关系,孩子则会以冷漠、拒绝和攻击性来对待他人。跟父母不亲密的人,会害怕与他人产生亲密关系,因为他们在父母那里承受了伤害,就变得害怕亲密关系再次伤害自己,并且在内心和行动上都披戴上坚硬的盔甲,令人难以接近。

建议你将孩子接回家来,重新开始正常的家庭生活,并且修复女儿和父母的关系。孩子还小,一切都还来得及。

选择事业意味着"抛家弃子"?

因公司人事调动,3月份我将被调动去离我现在所居住的城市很远的北方城市工作(至少3年)。对我来说,这是我期盼很久的机会,所以,虽然对正处在创业初期的丈夫和刚满2岁的女儿感到非常的抱歉和愧疚,但我还是决定接受公司的调令。让我感到最不放心和不安的还是女儿,虽然原来她也一直是爷爷奶奶带的,但起码每星期我会去看她两三次(每次待3个小时左右),而且,基本上每星期带回家自己带一两天。可以后,我每个月只能回来一次(每次三四天)。而且,明年3月份(女儿26个月)孩子就要上幼儿园了,在孩子生活环境和模式发生这么大变化的时候我却不能在她身边。书上说3岁前是性格形成的重要过程,也就是说这个过程对孩子以后的人生影响很大,可我和她爸爸都不能陪在她身边(她爸爸也因为工作的关系,和孩子一起的时间很少)。

不过庆幸的是女儿虽然在缺少父爱母爱的环境中成长,但性格很不错,也很活泼,也还算懂事。也许是遗传,是天性,也许是环境逼的,现在的她表现得比同龄的孩子更独立和照顾人。

还有两个月我就要走了,小巫老师,现在和今后,我们应该为女儿做些什么,也许该说是能为女儿做些什么,来尽量减少我们给孩子带去的负面影响,或者是伤害。

我还很年轻,我不想停下我事业上前进的脚步,可我知道对孩子来说父母是不可替代的。所以我很害怕,怕我这次的决定会给她今后心理和性格的成长造成阴影。我很迷茫,我很害怕。

关于你的问题我想了很久,说实在的,我不知道你想从我这里得到什么样的回复。我能体会你现在的焦虑心情,我也感到很痛心,因为我无法向你提供安慰,更无法帮助你减轻你目前所感到的愧疚。如果你已经下定决心在事业和女儿之间选择前者,或者说,你已经决定让女儿成长为一个父母健在的孤儿,那么没有任何你可以做的事情能够减少给孩子带来的伤害。

每个人的行为都有一定的后果,一个心理健全的人会自动承担自己行为的后果,比如,选择做父母,后果就是制造了一个尚不能自立存活的生命,我们

接纳孩子

必须担负起养育儿女的责任。每个人的行为都会付出一定的代价，比如，放弃养育儿女的责任，其代价就是孩子要付出他一生的幸福和安宁来支持父母的这个决定。

你认为女儿活泼懂事，那是因为你仅仅是一个在她生命中偶然出现的陌生人。儿童在陌生人面前总是会表现得比较乖巧，因为她不能放松做自己，因为她不知道这个陌生人是否会有耐心来包容、接纳她的本性。你和女儿之间的这种陌生关系还有更复杂的一层，那就是她知道你是那个本应跟她关系最密切的妈妈。她不明白："妈妈为什么不要我了？是不是因为我不够好、不够乖呢？那我表现好一些吧，没准儿妈妈会喜欢我，再把我领回家。"

你说得对，对孩子来说，父母是不可替代的。我毫不怀疑孩子的爷爷奶奶一定非常爱她，但是隔代抚养出来的孩子，大多数都会产生各种各样的心理问题。无论爷爷奶奶怎样尽心尽力，孩子仍然摆脱不了被父母抛弃的感觉，并且会由此对父母埋下很深的怨恨，也无法确定自己生存的价值。

很多被父母抛弃的孩子不会在童年马上表现出来伤害的症状，但是这种伤害却深深植根于他们的内心，将来会找到宣泄的出口。如果你还计划将来有一天和女儿同住一个屋檐下，在她青春期的时候，你会为今天的省心省事付出代价的。当然代价最惨重的，还是你的女儿。她一辈子都会生活在自卑自贱的阴影里——连最亲密的妈妈（还有爸爸）都不要我，我还值得谁来爱呢？她和男人的关系会比较糟糕，她会追求那些不爱她乃至伤害她、抛弃她的人，因为对于她来说，得不到的爱才是爱，爱意味着距离、冷漠和痛苦。她也会变得忌妒心和占有欲都比较强，因为她害怕（再次）被抛弃，但是她似乎无法逃脱这个命运。（我祈祷她能幸运地遇见一个真心爱她的男人，包容她的一切，允许她修复自己的伤痕，真正成长起来。遗憾的是，这样的男人比较罕见。）

如果你真想减少对孩子的伤害，可以做这样两件事之一：要么留下来，把孩子接回家，自己抚养；要么把孩子带在身边，跟你北上。

如果你仍然决定将女儿扔在身后，那么将来你把她接回家的时候，请像一个陌生人那样尊重她的个性，而不要以一个长辈的姿态去参与她的生活，无论她的选择和决定如何令你难以接受。不要期待她会听你的，因为你早已经放弃了这个权利和资格。

借此机会，呼吁天下人：假如你没有准备好亲手抚养孩子，请不要轻易将一个无辜的生命带到世界上来。养育孩子不是一个纯粹的个人行为，我们的养育手段及其后果直接影响着社会的安定和发展。

孩子不是成年人的"安抚奶嘴"

我的女儿再有两个月就两周岁了，以前都是和奶奶睡，可最近一段时间总是爱缠着我，想要和妈妈睡。我知道对于孩子来说，母亲是任何人都不能替代的，可是我要上班，不能休息不好，孩子的奶奶也离不开她，更主要的原因是孩子对我表现得过分亲昵，奶奶心里有点接受不了的感觉，所以现在还是让她跟奶奶一起睡。但每天晚上她都哭闹，我只好先陪着她玩，直到她睡着了以后再悄悄离开。我总是觉得愧对孩子，孩子醒来的时候不见妈妈，这样的时间长了，会不会对她的心理造成阴影？

还有一个问题，就是孩子的奶奶是一个脾气比较暴躁的人，事事要求完美，总是因为一点点小事突然对家里人甚至是对孩子发火，家里的气氛总是很压抑。这时明知道孩子无法理解大人的情感，但我也不能说什么，幸好我女儿性格比较开朗，比较活泼。我们现在是和婆婆住在一起，在这种条件下，作为孩子的妈妈应该怎么做才能更有助于孩子的健康成长，尽量避免给孩子造成负面的影响？

接纳孩子

来信中给我印象最深刻的是这样几句话:"孩子的奶奶也离不开她,更主要的原因是孩子对我表现得过分亲昵,孩子的奶奶心里有点接受不了的感觉,所以现在还是让她跟奶奶一起睡。"也就是说,为了满足孩子奶奶的心理需求,你们宁可忽视女儿的心理需求,牺牲她的健康成长。这样说话有些过于直率,但事实的确如此简单明了。

作为母亲,你是女儿的首要抚养人,很幸运,虽然你的女儿跟奶奶朝夕相处,却依然坚定地将你认作首要抚养者,并且急切地要求和你建立牢靠的依恋关系。你为什么不能满足她的这个最基本的需要呢?

上班和休息不好,恐怕只是借口,真正的原因或许在于你觉得婆婆是一个非常难处的人,你害怕因为女儿和谁睡的问题而跟婆婆发生冲突。你的女儿恐怕也不那么喜欢她奶奶,2岁的孩子,不会因为有这样的奶奶而表现得心事重重,在表面上,好像开朗活泼。然而,如果奶奶真是她最亲的亲人,她为什么要闹着和你一起睡呢?我想,你也已经觉察到了女儿的这点心思了吧?

按照你的描述,你的婆婆实在不适合与孩子接触,她对孩子的伤害,目前一时不那么明显,却埋下久远的负面影响。我建议你首先让孩子跟你一起睡,下班和周末的时间,尽量多陪伴孩子。平时可以请一个比较温和的保姆来帮助带孩子,孩子大一些之后送到一个环境比较宽松自由的幼儿园。

至于你婆婆那边如何处理,还是需要你先生一起参与。让他跟母亲多沟通,说些软话,比如不好意思劳累她老人家之类的,不要正面发生争执,而是迂回地、巧妙地把她对孩子的影响减到最小。

"婚内单亲",孩子不是替补

我是一个3岁孩子的母亲,从小孩子都跟我一起睡一个房间,偶尔也让孩子跟保姆睡在他奶奶家,但这时我几乎每天半夜都会突然起床疯狂地找孩子，持续几秒后意识才恢复清醒。孩子7个月以后，我带他回家依然晚上自己带，虽然晚上不睡一张床，但一直睡一个房间。

现在有个很痛苦的事，就是我似乎撑不到他再大点独睡一室那一天。自从有了孩子以后我就没有睡过一个好觉，我发现我迅速地衰老，黑眼圈挥之不去，再加上与公婆恶劣的关系，我的心脏开始出现问题，而且有着越来越严重的趋势。我开始考虑把孩子送到全托的幼儿园，因为那样公公婆婆也就少有机会跟我在孩子的教育问题上闹矛盾了，在他们眼里孩子是他们的私有财产。

可是，另一方面，我又十分舍不得，他现在可以说是我唯一快乐的源泉，我怕身体素质并不强壮的他经不起全托的折腾，因为现在他到半天的托儿所都会经常生病。他跟我一样也是个很敏感而容易紧张的人，他现在跟我很贴心，非常地黏我，我一方面希望他有男子汉的气质，能更加独立一点，一方面又担心他会因此伤心欲绝，对他以后的心理成长带来负面影响。可我自己又已经很明显地心有余而力不足了，家里的老人也无法负担起晚上带他的重任。

我现在很矛盾，如此一直劳累过度睡眠不好，会导致健康越来越差。我很害怕，但要真的放他去全托，我也很害怕，他的爸爸又是一直在海外出差。

请您给我个建议好吗？我知道您是反对让很小的孩子离开父母身边的，我想从您那里得到更详细的分析，让我更有信心和毅力度过这起码的一年多时间，好吗？

我想，你目前最需要解决的问题，不是应不应该送儿子全托，因为导致你目前状况的根源，并不在于你带儿子睡觉，儿子是无辜的，他不应该为成年人的困境担负责任。

接纳孩子

你需要面对和解决的，是两个更加棘手的问题：你与公婆的矛盾，以及你和丈夫的婚姻。你的失眠来源于内心的焦虑，这些焦虑则恐怕来源于跟家人的关系。

你丈夫长期驻外，你自己带着孩子，属于"婚内单亲母亲"，非常容易出现各种各样的问题。你、丈夫、孩子之间的家庭动力结构，已经严重失衡。丈夫于你来说，几乎是不存在的，婚姻基本上是名存实亡。作为妻子，你迫切需要从丈夫那里得到爱情、温暖、保护和支持以及规律的性生活，丈夫却无法提供，这导致你身心一系列问题，并通过孩子体现出来。

由于缺乏实质性的配偶，你跟孩子的感情纠结过于紧密，你的脆弱、敏感、紧张和焦虑，都通过他表现出来，甚至体现在他的健康方面，即所谓的"身体素质不强壮"。他黏你，是因为你需要他黏着你，你对他的感情依恋，远远超出了正常母亲对孩子的依恋，可以说是一种非常态的依赖，**而孩子则在牺牲自己身心两方面的健康，来满足你的心理需求**。他经常生病，也是在满足你的心理需求，因为你舍不得他离开你。希望自己的孩子更有男子汉气质、更加独立，是每一个母亲正常而普遍的心愿，但是这个理性的愿望在你那里产生了巨大的心理矛盾，其根本原因在于如果孩子一旦独立了，不依赖你了，真正"伤心欲绝"的，恐怕不是他，而是你。

当看到你说，他是你"唯一的快乐源泉"，我感到非常难过和担忧。对一个3岁的孩子来说，这样的角色是极端沉重的负担。**他只是一个孩子，不是你的替补配偶。**

其实，在你身上体现的，是大部分单亲母亲或多或少都会经历的问题。在家庭关系失衡的情况下，孩子担负起双重角色：既是母亲的孩子，又是母亲的替补配偶。母亲对孩子过度依恋，将对缺席配偶的感情（无论正面与否）都宣泄在孩子身上，导致孩子成为母亲的精神支柱，必须满足母亲的所有愿望，言听计从、亦步亦趋，而自己则无法健全地成长。我们都知道寡母与孝子之间的关系，所谓孝子，充当的就是母亲的心理拐棍，他自己永远不能成为一个独立的人，因为他不能也不敢与母亲划清疆界、心理断奶，从而担负"不孝"的罪名。这种孝子的婚姻很难美满，因为他无法与母亲之外的女性产生健康的亲密关系。**真正亲密的关系，需要一个人拥有坚实的自我意识以及良好的安全感，明了自己与他人的边界。**但是寡母与孝子处于一种共生状态，不分你我，谁离开谁都会导致巨大的恐慌，这样的关系，对于孩子来说，实在是很糟糕的。

来信没有详细描述跟公婆的矛盾，但是我能体会到你绝望的心境。你不是因为带孩子过度劳累而搞坏了身体，而是相反，你的心情过于沉重，影响了你的身体。所以，别让孩子背这个黑锅，更不要把他推走。他是无辜的，他的处境已经很恶劣了，不要再雪上加霜吧。

你需要首先面对自己的心理问题，积极寻求一些解决方案，好好处理你和丈夫、和公婆之间的关系。你的家庭动力得到改善之后，你的身体也会好转，带起孩子来就不那么吃力了。

家长换眼光，孩子大不同

我的孩子3岁8个月了，非常内向，不善于表达，说话声音非常小。在幼儿园里总是规规矩矩地听老师讲，从不乱动乱讲话。早上去幼儿园的时候，很多小朋友都叫他的名字，他不理会，拉着我的手，让我快走。晚上接他，他就规矩地坐等老师叫，别的小朋友都站起来，他却老老实实地坐着，直到听到老师叫他的名字。可是回到家里，却不然，总爱表演，在幼儿园学的武术操啊或者三句半之类，声音也不小。

最近发现他不愿早上去做操，因为早上做操除了他们班之外还有别的小朋友和老师及部分家长，他就不想去了。他好像不愿让别人看

接纳孩子

着,有他不熟悉的人,他好像害怕似的。

他是一个非常慢热的孩子,比如出去玩,一开始总是兴奋不起来,需要一段时间才能进入状态。他喜欢安静,幼儿园的开放日我参加过,有的孩子非常活泼,声音非常大,他说吵死了,老师听不见我说话。

和老师沟通,说他缺少安全感。比如老师午睡的时候说,不要出声,他就发出一个怪声音,于是老师走过去,他用眼睛看老师一下。有时候,他表现得非常拧,你说吃糖,牙会坏的,他说:我就要牙坏。你说这件衣服脏了,他说:我就要穿脏衣服。你说不洗手吃东西,会生病的,他说:我就要生病。可我清楚地记得,有一次他生病,半夜,我说喝水吧,妈妈给你果珍,他却说:晚上怎么能喝,牙该坏了。那时我的原意是只要他喝水。

我从儿童心理学的书中读到过"违拗性严重"(不听指令,与家长或老师对着干),他算不算呢?和反抗期怎么区分啊?请问专家,这样的孩子家庭教育应该注意什么?和幼儿园的教育如何配合?

看了你对孩子的描述,感觉他还算正常,也并非你所定义的"内向、不会表达"。他只是没有达到你心目中的某些标准而已,你把不是问题的行为当作问题了。我推测,你平时对他要求恐怕比较严格,要求他按照你制定的道路和标准去成长,而你的某些要求和标准是他这个年龄达不到的。同时你们在家里也比较溺爱他,习惯包办他的生活,替他做一切决定、解决一切问题,尤其在社会交往方面。一般来说,在家里热闹、在外边怯懦,也就是俗话说的"耗子扛枪窝里横"的孩子,都是生活方面被家人包办代替、行为方面被父母严格要求,导致他们缺乏安全感和自信心,也缺乏与他人打交道的技巧。

孩子不喜欢在别人面前做操、遇到陌生环境比较慢热,一方面说明孩子的自我保护意识良好，另一方面也说明孩子害怕别人的评判，很可能因为他从父母那里得到的评判大部分是负面的。或许你比较爱面子，你在陌生人面前可能也不是很自在，孩子在这一点上比较像你，但你不喜欢自己的这个特点，因此希望在孩子身上纠正它。

午睡时孩子故意出怪声，说明孩子需要成年人的关注。孩子执拗、顶撞你，也是这个年龄段正常的表现，需要我们成年人开动脑筋，用巧妙的方式跟他讲道理，而不是命令他顺从我们。同时，不要以利诱的方式摆弄孩子，那个用果珍骗他喝水的方式就不可取，孩子也会糊涂的。其实他是一个很听话的孩子，"超我"过早过高地发展了，令他看起来脑、心、身是分家的。

我想，你也许应该换一种眼光看待孩子，接纳他的个性，不要过于焦虑，要求他跟其他孩子一样，比如要求他一定在外人面前开朗大方活泼。你可以放松一些对孩子的要求（也是放松对你自己作为母亲的要求，不要做超级妈妈），多亲吻拥抱孩子，多向他表达你无条件的爱。当你不斤斤计较孩子的行为时，那些问题会在你眼前烟消云散的。

多一份接纳，少一些批评

我的女儿4周岁了，也已经上了两年的幼儿园了。今天从学校拿回了去年在学校的评价表，我就有一些担心了。她在做一些老师交代的任务时，总是不能集中精神、按照老师说的完成。对于她这个年龄的孩子是正常的吗？

还有就是在穿衣吃饭时都爱依赖家长。请问，怎么才能让她自己独立地完成这些简单的事情？每次让她自己做，她都说不会，要不就做得很慢，很不愿意自己动手。

接纳孩子

不知道老师都交给孩子什么任务了？有什么样的要求和标准？是不是对孩子来说太难了？这个年龄段的孩子，如果某样事情对他们来说太难，他们又没有得到成年人的辅助和鼓励，就会对自己灰心丧气，放弃努力。

从孩子不喜欢独立完成吃饭穿衣这些事情来看，可能是家里人对她的要求过于严格，没有考虑到她的实际能力是否达到了成年人的标准。她唯一的借口就是干脆说自己不会。这也是事实：她的确不会按照你们的标准去做。尤其当她看到你们比她能干许多、做得又完美又迅速时，她对自己简直绝望透顶。

当一个孩子在家里就感到自己很笨、什么都做不好时，在幼儿园不能按照老师的要求完成一些任务，就不是令人吃惊的事情了。

作为一个刚刚4岁的幼儿来说，不能集中精神、不能按照成年人的标准完成任务，实在是太正常不过的事情了。绝大多数4岁孩子的注意力的确很短暂，如果他们能够聚精会神地坐上好长时间，全世界孩子上学的年龄都会提前。恰恰因为他们还没有发育到能够长时间集中精力的那个阶段，全世界4岁的小朋友都没有开始小学课业。那些偶然提前的孩子属于例外，也不值得提倡和效仿。

孩子在成长的过程中，即便是穿衣吃饭这样基本的生活细节，也是需要很多机会反复练习才能掌握的。在练习的过程中，他们会出错、动作比我们慢很多、做得也不够完美，这都需要我们宽容、接纳，容许他们用比较长的时间来学会一项技能，而不是要求他们一步到位。不要因为他们慢就催促，这只能令他们感到沮丧，而不会提高他们的速度。催促得多了，孩子就会放弃：你来替我做吧，反正我怎么努力都做不好。这个时候如果我们不由分说替他们完成，甚至告诉孩子，"瞧着点儿，学着我怎么做，我来教你"云云，对他们的自信心来说更是进一步的打击。

成年人往往忽略体验过程对于儿童成长的重要性，往往难以克制"教"孩子的冲动，难以约束在孩子面前展示自己的习惯。我们往往误将自己变成真理的化身，居高临下地命令孩子接受我们的想法。我们没有看到，当我们以成年人的成熟与完美在孩子面前"孔雀开屏"的时候，孩子仰望着我们，内心既对我们充满敬畏之情，也对自己感到自卑无能。我们每开一次屏，孩子的自信心就会一落千丈。（小巫，《给孩子自由——中西理念冲撞中的早教》）

我想，你们也许可以考虑改变对待她的态度，从比较简单的事情做起，多给她练习的机会。不要催促她、批评她，不要说她做得不够好、不够快，而是看到一点点进步就及时地赞赏她、鼓励她。接纳她目前的速度，只要她能独立穿上一件衣服，就大大地夸赞她，赋予她信心。儿童只有对自己的能力拥有足够的自信时，才会主动完成任务。

吃手源于压力大

> 我女儿今年已经4岁半了，但是她吃手的毛病已经有两年左右了，就是睡觉时吃得很厉害，尤其是她自己醒了或者做了什么不高兴的梦后，小手就不自觉地放到嘴里了，然后再继续睡。她的左手大拇指已经被吃成一个大鼓包了（她的姿势是手要摸着自己的背心或者揪着我的背心，鼻子闻着背心的味道，手在嘴里吃着），我和爱人也很困惑，老感觉是不是孩子有什么心理问题，但是我的女儿是个非常快乐的孩子，她在幼儿园里是从老师到家长都夸的快乐小天使啊！
>
> 我们怎么能帮助孩子把这个坏毛病改掉呢？

来信最抓我眼球的是你对孩子的这句描述："她在幼儿园里是从老师到家长都夸的快乐小天使啊！"不知道你有没有觉察出来，4岁半就要当人见人夸的小天使，是不是一个很沉重的负担？不要说4岁的孩子了，即便拥有相当自控能力的成年人，做个人见人爱的快乐天使也是非常困难的一件事。孩子为了

讨好成年人、得到夸奖和肯定，就必须压抑自己的个性，不敢做成年人不批准的事情。而这种压抑必定会找到一个出口宣泄出来，在你女儿身上，就表现为吃手，并且是在睡意蒙眬的时候，因为清醒的时候，她知道你们不喜欢她吃手，所以拼命克制住了不吃。

或许你们对孩子要求比较严格，限制比较多，不一定是那种严厉的态度，即便温和的限制，也是束缚。你们是不是对孩子期待比较高，希望她乖巧、懂事、听话？她听话了，你们就夸奖她、接纳她，而在她不那么顺从的时候，就拒绝她、排斥她？是不是说过"这么做，是坏孩子"或者"你再这么着，爸爸妈妈就不喜欢你了！就生气了"？孩子在这种威胁之下，的确会变得比较可人，但是也遗留了比较严重的问题，最根本的问题就是缺乏安全感。

很多孩子从父母那里得到的是有条件的爱，也就是说，他必须懂事听话、做个人见人夸的天使，爸爸妈妈才爱他，不然就会遭遇被父母抛弃的危险，我不是说你们会把他踢出家门，精神上的要挟——我们耳熟能详的那句"不听话我就不喜欢你了"就是一个最典型的例子——给孩子的伤害不亚于身体方面的虐待。这种有条件的爱对孩子的安全感最具杀伤力，因为孩子的基本生存完全依赖父母，离开父母，孩子不能独立存活，面临的是死亡。为了活命，孩子必须抑制自己的成长需求，全力以赴讨好父母，他们生命的正常轨迹也就被严重扭曲了。生活在这种没有基本生存保障的家庭氛围中，孩子无法拥有足够的安全感，对自己的价值也缺乏坚定不移的信念。

履行诺言是所有真爱关系的内在基础。父母对孩子做出爱的承诺，并且保证履行这个承诺：无论如何，我们永远无条件地爱你、认可你、接纳你、支持你。父母对孩子的爱必须贯穿如一、始终一致，而不是"你合我的意我就爱你，你不合我的意我就不爱你、不要你"。儿童在变幻莫测、经常遭受抛弃威胁的气氛中无法达到心理成熟。现实中，很多父母对待自己的孩子像是一个专制的老板对待自己的员工：达到我的期望你就留下继续干，达不到我的期望你就卷起铺盖走人。孩子胆战心惊、如履薄冰地在这种随时随地都可能被父母"解雇"的气氛中长大，无法建立安全感和自信心，无法建立对人对世界的信任，将来也无法对他人、对工作、对生活做出任何承诺和保证。（小巫《和孩子划清界限》）

一般来说，儿童习惯性吃手，盖因生活中有令他们焦虑不安的因素。这些因素有可能显而易见，比如搬家、更换保姆、开始上幼儿园、弟弟妹妹的降生、爸爸妈妈闹离婚，等等；有些因素则不那么一目了然。那些生活表面一片莺歌燕舞的孩子吃手，往往是内在的安全感出现问题，内心压力过大。你的孩子算是比较典型，她睡觉的时候一定要揪着妈妈的背心、闻着背心的味道（妈妈的气味），就是在寻找让她感到安全的象征啊！

建议你们审视一下自己对孩子的态度，找出问题的根源。当你们做到无条件地爱和接纳孩子，给孩子足够的安全感，孩子就不会因为焦虑而吃手了。

同时，也可参阅《小巫教你编故事》里的相关章节，给孩子讲治愈系故事，帮助孩子戒断吃手。

不要强迫孩子迎合成人

我有一个4岁的小外甥女萱萱，她的性格有些让人捉摸不透，很怪，时而外向时而内向，但是固执、任性是时刻体现的。从小到大不喜欢和人打招呼，不喜欢叫人，没有礼貌。起初以为是认生，但后来发现叫与不叫完全看她的心情，唯有和她5岁的小表哥腾腾在一起的时候，情况完全不同，因为她的小表哥很懂事很有礼貌，腾腾叫人的时候她也会叫人了，腾腾让我们抱的时候，她也会让我们抱，腾腾玩什么的时候她也会争着要玩，例如腾腾拿着相机给大家拍照，我们很高兴地摆姿势，拍好后腾腾会给我们看效果，这个时候萱萱就会去争

接纳孩子

着抢相机，若是不给就会非常委屈地哭，跟她讲"等哥哥拍好后给你好不好"就是不可以，她若是要的东西必须马上拿到，若没有就会又哭又闹。给了她之后她会去拍，但是完全不给被拍的人看效果，好像怕被抢走相机的感觉，只会她拿着给你看一眼，然后自顾自地拍。她平时不叫人，也不喜欢打招呼。大人提醒叫人打招呼她也是一副没听见的样子，说不好还会皱着小眉头瞪你一下。

我不知道萱萱这样的孩子长大会不会任性，得不到东西就要哭闹，别人玩什么就要玩什么、别人干什么就要干什么。总之感觉她是一种自顾自的心理，并没有与你交流的意思。并且对你本身并不感兴趣，感觉她自己没有思想，只是一味地任性。我不知道应该怎样教育这样的孩子。还有一次我们坐在车上，她爸爸在开车，她说她喜欢坐公交车，因为不会头晕，说公交车开得快，她爸爸说："瞎说！公交车开得慢。"她就非常委屈地哭了，说："妈妈，爸爸说我瞎说！"她妈妈就说："你小嘴巴平时不是挺厉害的么，爸爸说你瞎说你就哭了，你不会说你没瞎说，哭什么啊，哭能管什么用啊？你告诉爸爸你没瞎说，爸爸错了。"其实当时她爸爸开着车不过随嘴一说，但是我觉得妈妈不应该教孩子和爸爸去争执，而应替爸爸适当解释一下："爸爸没有针对你，不用哭，和爸爸开车的速度比起来，爸爸会感觉公交车更慢，你坐公交车上因为不会头晕会感到很快（可能这样解释她听不懂）。"但是我觉得不应该从小教会她去斗嘴，而是应该教会她忍让宽容。

我觉得这小外甥女很让我头疼，看到她的时候不知道应该怎样让她明白。她像个小男孩的性格，喜欢玩土，喜欢往脏的地方摸。你越不让她摸，她就越会去摸，直到摸得脏兮兮的时候，她就会特别地开心——令她开心的不是手脏而是你不让她摸，而她看到你的反应就很开心。她好像总是逆反的状态。

我想听专家帮我分析一下，这样的孩子应该怎样去引导和教育，这样的性格怎样才能改变呢？

我经常对家长说的一句话就是：孩子的任何行为都是正常的。无论他们的行为在我们看来多么荒谬，都是孩子对周围环境的一种正常反应。如果想改变孩子的某些异常行为，必须改变他们所处的环境，只要成年人改变了，孩子也会改变的。这条原则应用在萱萱身上真是太适合不过了。

首先，一个4岁的孩子不愿意跟人打招呼是很正常的。成年人要求她"有礼貌"，但这是成年人的一厢情愿，这种"礼貌"在孩子看来是难以理解的。你越强求她，她越反感。培养孩子有礼貌，有效的手段不在于督促孩子"叫人"，给家长挣面子；而在于平日里家长待人（包括对待孩子）的态度是否做到尊重、平等、有礼，通过这种点滴的以身作则来影响孩子。

其次，萱萱模仿表哥腾腾，让你们感到莫名其妙。其实这也是她对你们态度的一种正常反应。看得出来，你们都觉得腾腾懂事、听话、可爱，可能将萱萱跟腾腾相比，对她表现出诸多不满，甚至号召她向表哥学习、看齐。可怜的小姑娘，并不能理解她做错了什么，但是却能感受到你们偏向腾腾。于是，在她有限的思维里，能够讨得你们欢心的最直接手段就是模仿表哥的一切行为！表哥叫人，我也叫；表哥要抱，我也要；表哥拍照，我也拍，等等。

但是即便这样做，仍然不能让你们满意，因为她的行为没有完全符合你们的期待，你们还是要批评她。比如她并不能理解拍照后给你们看的重要性，在她看来，已经给你们看一眼了，还不够吗？为什么腾腾能够痛快地拿到相机、你们高兴地摆姿势，而她想拿到相机就这么艰难困苦呢？即便拿到了，你们还是不让她尽兴地玩儿。无论她怎样努力，都不能让你们对她的态度像对腾腾那样好。小姑娘真的糊涂了，她好绝望哦！怎样才能让你们对她高兴呢？怎样才

接纳孩子

能获取你们的关注呢？既然"好"的行为（模仿表哥）不能达到目的，那干脆标新立异吧，你们让我干什么，我偏不干什么，你们不让我干什么，我偏去做！把你们气坏了，你们知道我的厉害了吧。不管你骂我也好，打我也好，反正我得到关注啦！

一个不能得到足够关注的孩子，的确会花费很多精力去获取成年人的关注，不管这关注是正面的还是负面的。这种额外的精力则掠夺了孩子发展自我的空间。

恕我直言，看到你说"我觉得不应该从小教会她去斗嘴，而是应该教会她忍让宽容"，我觉得非常难过。你要求一个4岁的孩子忍让宽容，想想看，她能做到吗？你们对她又有多忍让宽容呢？你们对她的要求那么苛刻，她的父母对她的态度那么霸道——爸爸用不文明的语言驳斥她，妈妈否认她的感受、不容分说地讥笑斥责她（反而要求她有礼貌），你给我写了这么长的信，通篇都是在告这个孩子的状，给她贴了好多负面标签："很怪、固执、任性、没有礼貌、自己没有思想、一味地任性、让我头疼、逆反……"让我感觉你好像很讨厌她。而孩子整天处于不理解她、不接纳她、不容忍她的环境里，被压抑得只有通过哭闹来发泄自己，这哭闹难道不是正常的吗？

当然，我相信你们大家都很爱她，不然你不会写信来问我的意见，只是你们似乎不太明白该怎样去爱一个"固执、任性、逆反"的孩子。的确，爱一个像腾腾那样"懂事、听话、有礼貌"的孩子非常容易，谁都喜欢驯顺的小宠物，然而，孩子不是宠物，而是独立的人，如果我们仅仅在他们听话的时候爱他们，在他们"逆反"的时候感到头疼、厌烦，一门心思想去"引导、教育、改变"他们，那么我们给予他们的就不是真爱，他们也无法建立起坚实的安全感。腾腾和萱萱都没有得到成年人的真爱，他们的安全感都不够牢固，只是表现形式不同而已：腾腾察言观色、迎合讨好，萱萱则哭闹执拗、故意作对；在家庭星座中，腾腾占了"乖"孩子的位置，萱萱只有去占"坏"孩子的那个位置。

我认为，需要引导和教育的，不是萱萱，而是她身边的成年人。如果你们能够平心静气地接纳她，让她做她自己，而不要强迫她去迎合成人；如果成人能够无条件地爱她，多拥抱爱抚她，尊重她，关注她，倾听她，孩子会快活起来的。

就拿倾听来说，当她说她认为公交车更快时，爸爸粗鲁的驳斥当然不可取，你想说的那一番话也不是很恰当，因为都是在否认她的感受，给她的回馈是："你自己的判断是错误的，不可信的。"久之，孩子就会变得不再相信自己的感受，不敢有自己的思想。也许在你们看来，公交慢、轿车快，本身是事实，应该让孩子知道，她说的本来就是错的！但是对于一个4岁的孩子来说，得知事物真相并不重要，重要的是成年人乐于认可并接纳她的想法和表达："哦，这是你的感觉啊，在公交车上不会头晕，所以你更喜欢公交车，晕车的确很难受呢。"至于孰快孰慢，没有必要争个高低。孩子被倾听和接纳，会感到很愉快和自信，她就不会继续用闹的手段来争取你们的关注。

也许你和萱萱父母之间就孩子教育问题也存在一些差异，建议你们成年人好好沟通一下，多了解一些儿童发展的特点，不要以成年人的标准去要求孩子。

没有原则的宠让其实是一种软暴力

> 我的女儿5岁以前一直由奶奶带着，家里人多，有爷爷奶奶、女儿的姨婆，偶尔还有姨公、姨公的女儿等住在家里。
>
> 女儿好胜心非常强，什么都喜欢争赢，一旦输了就发脾气。在家里，大家都宠着她，她也由此养成对谁稍不如意，没有满足她的要求，她就不要谁，去要另一个人的习惯，他们也都将就着她。

接纳孩子

女儿有什么事情如果是她自己做错了她也不说出来，就是乱发脾气。现在上幼儿园大班，在学校如果被老师批评了，回家也不说，就对家长乱发脾气，或自己生闷气。她也不喜欢同比她小的孩子玩，只喜欢同比她年龄大的孩子一起玩，若小孩子叫她姐姐，她也是从来不答应别人的，还说只喜欢做妹妹。

现在我刚回家一段时间，也在这个家里带着女儿，她的情况也差不多，总是不满意就找其他人，我带她出门去玩，她表现也是挺乖的，但要是走到哪个不好玩的地方，她总会提出要求，如不能满足就大哭大闹的，找爷爷奶奶。但如果爷爷奶奶也不能满足她的要求，就马上又不要他们了，又去找另外一个人。

我现在决定做全职妈妈，可是我该怎样来引导她呢？

可能从表面来看，你的女儿似乎属于好胜心强、被大家宠坏了。但是，深层的原因在于孩子严重缺乏安全感。造成她安全感缺失的主要因素有两方面：一方面，她没有在父母的亲自抚养下成长，缺乏母爱和父爱，造成她心理的严重缺失；另外一方面，代理抚养人，即孩子的爷爷奶奶，虽然十分疼爱孩子，却没有做到尊重孩子，而是图省事儿，怎么能哄着她不找麻烦怎么来。你用词十分准确，即他们都"将就"她，而不是理解她、认可她。**没有原则的宠让，其实是一种软暴力，给孩子造成极大的恐慌，只有一遍遍不断地试探成年人的疆界，以期得到真正的保护，也就是树立并遵守规则。**

做全职妈妈是非常英明的决定，不过，你也需要做好一些思想准备。在5岁之前，你没有亲手抚养孩子，你们的母女关系并不亲密。这从你来信的描述中也能看出来，不像一个亲妈描述心爱的女儿，倒像是一个既厌烦又无奈的陌生人在跟我告状。你对女儿不亲，这是非常大的缺憾。

不仅孩子需要时间修复缺乏母爱的伤痕，你也需要时间来发展与女儿的亲密关系。当然，这并非意味着出于负疚心理，你要事事迁就她，这里提供几个原则：

利用一切机会让孩子感受到你对她无条件的爱和接纳，多多拥抱、抚爱、亲吻孩子，和孩子共处时光，提供高质量的陪伴，比如一起游戏、做家事、做手工、睡前给孩子讲故事，等等。

无论孩子做什么，都不要批评指责她，更不要给她贴标签；看到孩子做了可喜的事情，及时地肯定她、鼓励她，给她自信；不要仅仅在孩子闹的时候才给她关注，否则她会延续用闹这种手段来获取关注。

当你必须拒绝孩子的某样要求时，孩子会大哭大闹，建议你陪伴她、倾听她、认可她的感受，允许她发泄不满，但是坚持立场和原则，而不是她一哭你就妥协。开始几次，她可能会哭很久，你要忍住内心的痛，不要流露难过和烦恼的情绪。

孩子的修复过程会比较艰难，只要你坚持住，孩子会最终恢复过来，健康地成长。

孩子真的是在"偷"东西吗？

我的孩子快8岁了，活泼好动，但有个坏毛病：爱拿别人的东西。现在回想起来，不知道是不是下面这些事情对他的这个坏毛病产生过影响。

2岁前孩子没有和我们生活在一起，那个时候常常去邻居家串门，玩了别人家的玩具，人家见他喜欢就送给他了，特别是在一些亲戚家更是如此，奶奶没有制止这个行为。

2岁半上幼儿园，经常把自己喜欢的玩具放到床边睡觉，被老师批评以后没有做了，但到现在在家里还是如此，晚上睡觉前一定要放

接纳孩子

个自己喜欢的东西在枕头边,我发现他常常拿幼儿园的东西回家,被我发现后无论多晚我都要他送回去,有一次我几乎是晚上拖着他去还的,奶奶心疼他,总是建议第二天还。有一次是早上奶奶拿去还的,老师见了还特地善意地说是不是借去玩了,但是我感觉孩子已经"拿惯"了。

5岁的时候老师已经发现他这个坏毛病了,老师并没有告诉我们,反而是我主动和老师说的,老师才提起是有这回事。问孩子,孩子撒谎说是在路上捡到的,这样类似说捡到的情况无数次,他不到真相被戳穿总是坚持不承认错误。

我们一直没有因为这个打过他,主要还是以教育讲道理为主,比如说告诉他这是坏习惯,和小偷一样,同学不会和他玩,等等。他上小学后这个坏毛病仍然没有改变,我开始体罚他了,打手、罚站,但都没有用。

不知道是不是从小和爷爷奶奶老逛超市的缘故,他对物质的欲望总是很强烈,爱买东西,总是羡慕别人的东西。有段时间他去哪里就拿哪里的东西。甚至包括商场摆放的饰品。

因为他比较小气,所以我想出了一个法子,如果他拿别人的一个东西,我就给这个人买个新的,而且是用他的压岁钱。自从用了这个法子以后,他有十天没有拿人的东西,但是在第11天又拿了人的玩具,我说到做到,第二天去买了十个同样的玩具交给老师,因为丢玩具的同学把我孩子拉到老师那里去了。孩子那天送十个玩具给老师的时候心情非常郁闷,没有往日的活泼,我暂时觉得这个办法能管住他,但不知道以后怎么办。

现在的情况是,爷爷奶奶的观念和原来不同了,原来以为孩子从小拿东西长大会改的,5岁以后他们改变了观点,全家4个大人都认为

> 这是个很严重的问题，意见是一致的。但是我觉得孩子目前没有意识到自己的错误，因为他心疼自己的钱，所以不敢拿别人的东西了，而且他并不觉得拿人的东西不好，即使被同学拉到老师那里告状，还说是同学送他去老师那里。我有时候真的觉得他糊涂得像个虫子，我们家长该怎么做才好？

一般来说，**习惯秘而不宣拿别人东西的孩子，不是真的对拿来的东西感兴趣，而是在通过这个行为，索要他平常得不到的、对他来说又是至关重要的那样宝贝：父母的爱和关注。**

来信说孩子2岁前没有跟父母在一起，这对孩子来说是十分严重的缺失。在孩子回到父母身边之后，你们有没有采取行动弥补这方面的缺失？从来信中看，孩子的表现属于典型的缺少亲情关爱，因此把对感情的需求转化为对物质的贪得无厌。

两三岁的孩子，"拿"了别人的东西，我们不能称之为"偷"，因为他们没有这个严重的道德概念。他们还处于自我中心的时期，对于"别人"以及"别人的感受"都缺乏清晰的认识，看到喜欢的东西就想据为己有。"凡是我看见的就是我的，凡是我拿到的就是我的，凡是我喜欢的就是我的，我的是我的，你的也是我的。"曾经有人这样风趣地诠释3岁小儿的心态。批评他们没有用，只能让他们感觉自己坏，却不知道坏在哪里。我们成年人需要耐心地、反复地示范，"我的"和"别人的"之间的差别，带动孩子用交换、轮流的方式学会分享，并且以身作则向孩子展示怎样尊重他人的物权、怎样征求他人意见："我想玩这个，可以吗？"（成年人在动孩子东西的时候，首先征求孩子意见。）

5岁的孩子大概已经知道"拿"别人的东西是不对的，但是他忍不住，成年人批评他，他只有用撒谎来逃脱。这仍然无关乎道德，而是他们保护自己的

本能在起作用。你们只是简单地告诉他这是"坏、偷",他也就将自己归为"坏、偷"那一类了,并没有获得更正这个行为的动力和技巧。

我不太清楚你们平时跟孩子的交流如何。除了学习成绩之外,你们是否关心孩子的内心世界?是否花时间跟他在一起玩、交谈?是否每天都向他表达你们对他无条件的爱,让他感觉自己是一个有价值的人?当他做一个"乖"宝宝的时候,你们有没有给他足够的关注和赞赏?抑或是只有当他犯错误的时候,你们才给他特别的关注?如果是后者,那么孩子的确感到必须保持他的这个"坏习惯",因为这是得到你们关注的唯一途径。无论好关注(拥抱、亲吻、温情、关爱、玩耍、共度时光)还是坏关注(批评、斥责、打骂、体罚),只要是关注,孩子就会不择手段地去获取。哪种行为能够引起父母激烈的反应,哪种行为就会被延续下来,屡教不改。

你说孩子对物质的欲望很强烈,同时又很小气,这都是没有得到父母充足关爱的表现。一个孩子(或者成人)如果从亲人那里索求不到足够的爱,会转而从物质(商品、食物、金钱、酒精、毒品)那里寻求安慰,因为这些东西永远不会拒绝他,不会斥骂、指责、刁难他。然而它们却也永远不会爱他,不能给他作为人来说最需要、最不可或缺的精神食粮,因此给他的满足感也是短暂的、转瞬即逝的,他需要不断地"拿"(吃、喝、吸、挣)来填补心灵的空白,只是没有任何东西能够填充人类精神上的黑洞。

我建议你先淡化对孩子拿别人东西这个行为的反应和关注,不要把目光紧紧盯在他做错了什么,更不要绞尽脑汁跟他对着干。如果发现他拿了别人东西,就淡淡地跟他说:"你知道这不是你的,应该还回去。"如果他不好意思,你可以陪着他还,但千万不要斥责和惩罚他。

还建议你多关注孩子其他方面,尤其是感情方面。多跟孩子在一起,陪伴他、倾听他、理解他、接纳他、支持他。一旦孩子在感情方面获得了充分的满足,他就不会对物质方面表现过分强烈的欲望。

"别人家的孩子"我该拿你怎么办?

> 孩子今年12岁,女孩,她似乎很反感我们在她面前表扬其他的孩子。今天,我谈起她的好朋友妞妞,说听妞妞妈妈说妞妞在家一直坚持帮妈妈刷碗,而且干得非常仔细,碗刷完后不仅放得整整齐齐,还把水盆擦拭得干干净净。她听完后很是不屑,对我们说:"哼,妞妞的妈妈就爱炫耀自己的孩子。"转而对她的爸爸说:"我妈妈经常表扬过去我喜欢的朋友,弄得我现在都不喜欢他们了。"我和老公听了她的话,给她讲了很多道理,但她好像并没有听进去,想请教一下专家,针对这种情况如何做好孩子的工作,抑或是我们这样做的确不妥?

来信缺乏两条很重要的信息,一条是你们在女儿面前表扬其他孩子的动机,另外一条是你和丈夫"给她讲了很多道理",都讲了些什么。孩子的话透露了一个重要的信息,那就是你"经常表扬"她的朋友,令她十分反感。反感到什么地步呢?她以惩罚她自己来抗拒你们的这种良苦用心:不惜丢掉自己的朋友。

我想,你给她讲的道理,跟你表扬其他孩子的动机是相关联的。也许你的想法很简单,就是想以他人做榜样,激励你女儿向别人学习乃至看齐,也做一个值得其他妈妈拿去教育她们孩子的模范。当妞妞妈貌似"顺便"地提了提妞妞的先进事迹时,你并没有顺便地听听,而是十分在意,甚至可能觉得有些懊恼,你自己的孩子怎么就没有这么光辉的举动给你们脸上增光?于是你讲给女儿听,本希望她能因此而"求上进",没想到适得其反。

也许,你可以设身处地地从你女儿的角度出发,来看一看这件事:妈妈总在自己面前说别人家的孩子好,是不是她觉得我这个女儿不够好?既然她不喜

欢我，那她干吗不去给别人当妈呢？或者干脆找个她看得上的孩子给她当女儿？在妈妈眼里，别人的孩子都是完美的，自己的孩子却一无是处。妈妈夸赞的那几个孩子，那么优秀，衬托着我的缺陷，我感到无地自容，没法继续跟她们平等相处。那我不跟这些人做朋友了，我去找比我更差劲的人做朋友吧，免得我总是抬不起头来。

剥夺一个孩子自信心和自尊心最迅捷有效的办法之一，就是当着她的面夸奖别的孩子如何如何优秀。你大概还记得，孩子小的时候，最不愿意看到的事情之一，就是妈妈抱别的孩子。当看到妈妈对别的孩子亲热时，绝大多数孩子都会感到嫉妒和愤怒，大哭大叫，一定要妈妈来抱自己，我们俗称"气怀"。对于大一些的孩子，道理是一样的，妈妈不赏识自己，却赏识其他孩子，这让孩子感到非常绝望。孩子最害怕的事情，就是妈妈不爱自己，而孩子最努力做的事情，就是争取父母的认可和接纳。当正面的努力不起作用时，他们只能通过负面的努力来排除让父母不接纳自己的因素，比如疏远那些你们认为优秀的孩子。

我劝你们把目光从别人家孩子身上收回来，多放在自己孩子身上，多看到她的优点并给予慷慨的赞赏和鼓励。只有当孩子觉得努力能够收到成效时，他们才能产生足够的动力去继续努力。如果你们希望孩子帮助你们做家事，与其拿别人说事儿，不如直接跟孩子商量，让她选择和决定她愿意怎样帮助你们。另外，与其让别人做你孩子的榜样，不如你们自己直接做她的榜样，更有益于她的健康发展。

唯有温暖御风寒

那天和一群比我大的成年人一起讨论问题，他们中有很多人的孩子肯定都已经上了小学了。说到信任，有人举了一个例子：在国外有一个父亲将自己的孩子放在树上,告诉他"跳下来,有爸爸接着呢",孩子想也没想就跳下来了。事实上,爸爸并没有接孩子。孩子小摔了一下。第二次,同样爸爸许诺会接孩子,孩子犹豫了一会儿才跳下来,爸爸仍没有接。孩子又小摔了一下。第三次,爸爸费了好半天劲才说服孩子跳下来,这次爸爸接住了孩子,爸爸就是想告诉孩子这个社会上的人并不都是可以信任的,当然第三次是想让孩子知道世界上还是有好人。

那个人一边说我就一边在心里琢磨,怎么才能让他了解建立孩子的安全感是多么重要的一件事。等他一讲完,我立马就把自己想好的东西说给大家听。无奈功底太不深厚,理不服人,立马遭到所有人的攻击。"让孩子意识到社会的险恶性是对的呀。"唉,无奈。

我发现一些父母抱有一个很奇怪的逻辑:社会是复杂的,人心是险恶的,我不能总让孩子过阳光灿烂的日子,而是必须表现得像社会上的人一样,给他点苦头吃,让他提前做好准备。经常听到一些家长说:既然社会就是这个样子,我给孩子爱和自由,让他发展个性,将来他怎么能够适应社会?社会上哪有那么多的爱和自由?谁会尊重他的个性?与其让他将来受打击,不如让他现在就习惯!

这好比在说:反正他将来出去吃饭是会遭遇地沟油的,不如这会儿在家就全部用地沟油做饭给他吃,让他习惯!

我想,这些家长可能把自己作为父母这个具体角色,和"社会"这个笼统的概念,混为一谈了。父母和社会,不是一个概念。父母不是社会,社会也不是父母。父母给孩子的,和社会给孩子的,不是同样的东西。反之,孩子对父母的需求,和对社会的需求,也不是同样的东西。

也就是说,爸爸妈妈绝对不等同于社会上的陌生人。我们是孩子的底线和

 接纳孩子

靠山,无论孩子受到怎样的挫折和磨难,只要我们的怀抱是温暖的,他就能够积攒足够的勇气同命运抗争。

唯有温暖御风寒!

唯有温暖御风寒!

唯有温暖御风寒!

(重要的话必须重复重复再重复,这句话说多少遍都不为过!)

相反,如果孩子从我们这里得到的是冷漠、拒绝和斥责,他就会丧失生活的信念。的确,孩子也许会受到别人的欺负,但是陌生人对孩子的打击,不会造成深重的伤害,甚至都比不上父母的一个恶眼色。这是一个非常浅显的道理:**最能伤害我们的,往往是我们最爱的人**。孩子爱我们,我们不能对他凶,因为他会受伤。孩子不爱陌生人,陌生人怎样凶也不会给孩子带来很大的伤害。

儿童从父母那里最需要的,是无条件的爱、认可和接纳。他们在青春期前最重要的心理活动,是建立自我认知和自我评价。父母无条件的爱、认可和接纳,能赋予孩子足够的内心力量,让他无条件地爱自己、认可自己、接纳自己,建立正面的、积极的自我评价,获得坚实的自信心和安全感。

只有这样,儿童才能在长大后,坦然地面对他人和自己的不同之处,坦然地接受环境与自己的差异,并且运用自己的智慧,化解矛盾,与"社会"这个庞大的概念和平相处。

当儿童天性与所处环境产生矛盾的时候,父母对待孩子的态度,举足轻重。

如果父母接纳、支持、鼓励孩子:"我们相信你是优秀的,我们相信这不是你的错,我们永远爱你。咱们一起想办法解决目前的问题。"孩子就不会否认自我、压抑自我,他依然快乐地接受自己,自由地发展自己,健康地成长。同时他也知道,自己不是无能为力的,不必被动地任人宰割,只要积极地想办

法，就能摆脱困境。将来他遇到困难和阻碍，也会对自己负责，一方面平静地看待自己和环境的不同之处，另一方面主动着手改变现状。

如果父母不接纳孩子，而是站在"社会"这一方，批评、指责、纠正孩子："人家都那么好，怎么就你不行？你怎么这么差劲？你让我们丢脸！你给我们找麻烦！"并且强迫孩子去适应环境，孩子就会觉得"这都是我的错，我是一个坏孩子，我不值得生存"！强行的压制和修理，令孩子自卑，甚至自暴自弃；也会让他们积存愤怒和怨恨，导致他们将来仇视社会，做出更加叛逆的举动。由于父母强迫他们压抑自己的天性、放弃个性、顺从环境、变得跟其他人都一样，将来他们一旦遇到困难，要么认为"这都是我的错"，要么认为"这都是别人的错"，要么怀才不遇、愤愤不平，要么感觉无能为力，不能对自己负责。

另外，这个逻辑还透露出一个普遍现象：成年人往往把自己内心的恐惧投射到孩子身上。养育观=价值观=世界观，坚信世道险恶、人心不古的父母所秉持的养育观念，和坚信人间美好、人心向善的父母所秉持的养育观念，一定是大相径庭的。

我只想再次强调：孩子从父母那里最需要的是100%无条件的接纳。孩子需要父母的关爱、尊重、倾听、鼓励和支持。如果孩子能够确认，无论他是什么样子，父母都一成不变地爱着他，那么他就获得了最牢固的安全感；如果孩子能够确认，父母永远鼓励他自由地探索世界、接受他的独立性、支持他开发解决问题的能力，那么他就获得了最坚实的自信心。这是所有的父母能够给予孩子的最美好的礼物，一生享用不尽。

接纳孩子

男孩哭吧，不是罪！

我的儿子今年7岁，在同龄的孩子里算是比较好沟通、能讲道理的。一直让我头疼的就是，他特别爱哭。一点点细微的事情都会哭。比如小到几个孩子一起叽叽呱呱聊天，他一直想说一句话，但声音总是被别人的淹没了，试着再说几次还没机会，眼圈就红了。在幼儿园时，老师也和我说过这个问题。例如摆放椅子，他摆好后，老师说其实可以摆向另外一个方向，并没有批评他，就看到他眼圈红了。现在小学一年级了，如果功课上有错误，我还没有批评他，仅仅指出几处错误，他就哭了。

他跟同龄的男孩比，应该算感情比较细腻的，但又不是胆小内向那种，做什么事也很积极主动。无论是功课，还是一些协助班级的工作，他都会积极参与。他也不是内向的孩子，特别喜欢找朋友一起玩，和同龄孩子相处也能为其他孩子考虑，别人遇到矛盾他都能想出妥善的办法平衡。但他比较慢热，不是见到所有人都会热情奔放，和人相处要有个渐进的过程。老师给我的反馈也是因为他比较稳妥认真，是很放心把事情交付给他去完成的，他通常也能承担责任。

我不知道问题出在哪儿，为什么孩子一方面是很独立的、可以处理自己小世界的问题，一方面又特别的爱哭？孩子从小就是我们夫妻单独养育，没有老人参与，所以也没有溺爱，他想要什么、做什么都会直接和我们沟通，不会用哭闹的方式——我们没有因为他哭闹就答应他的要求。可是当事情和他预想的状况不一致了，即使不是批评，哪怕仅仅是建议的时候，他就会哭，还停不下来的哭。

我基本没因为他别的错误生过气，就是每次看他为一些微小的事哭，让我很抓狂。我认为一个男孩子不应该是这样的。这些年来因为他的哭和他反复沟通，没有什么效果。比如说他的作业有问题，我给他指出错误，他哭了，我问他，你为什么哭？是觉得妈妈不应该给你指出错误？是妈妈的态度让你接受不了？是为了你自己做错了事情，接受不了错误而哭？还是不想改正就想这样子哭？他会说不知道为什么，就是想哭。我不知道他是不想说出内心的想法，还是因为年龄太小表达不出内心的想法，结果往往是他哭得更凶我更火。

我一直和他说，人不是不能哭，哭是一种发泄方式，有问题哭一下是没事的。可因为一句话、一点小事都要哭，这玻璃心怎么坚强起来？特别是他年龄越来越大，一个大男孩还是动不动就哭，让我不知如何引导他才好。我也在思考是不是我的问题，让他从小到大如此爱哭？我该如何面对并更好地解决这个问题？

通过你简短的描述，我看到一个极为敏感、心思缜密、体贴周到而感情细腻的孩子，也就是华德福教育里所划分的"土相"气质类型，而且他真的非常典型，堪称教科书范本。我也能够感觉到，你的儿子长大后，会成为一个很受大家欢迎的"暖男"：善于倾听和理解他人，本能地替他人着想，能够体察别人的苦衷，乐于为他人提供方便。

这样的孩子内心异常敏感，非常在乎他人的评价，也格外需要印证父母对自己的爱。敏感带来体贴关怀，同时也带来容易受伤，这是一片叶子的两面，缺一不可。当你批评"风相"孩子时，他们会立马道歉转眼嘻嘻哈哈就忘掉了；当你批评"火相"孩子时，他要么立马动手纠正，要么立即跟你争辩；当你批评"水相"孩子时，他们看上去没什么反应，要过半天才明白你在说什么。只有"土相"孩子，受到批评时会难过得仿佛世界末日来临一般。别人眼里的轻微划痕，在"土相"孩子那里就是严重创伤。同理，你眼里的"仅仅指出错误"，在他看来，就是难以承受的严厉批评。

接纳孩子

通过你的描述，我也有一个印象：你好像是一个比较严格的母亲。你说没有"溺爱"孩子，不知道你对"溺爱"的定义是什么？你又是怎样爱他的呢？我看到了你非常了解孩子，总结出他的很多优点，同时也看到你要求孩子有什么事情必须沟通，看到了你从来不因哭闹而答应孩子的要求，看到了不接纳孩子的爱哭，看到了你经常指出孩子的"错误"。但是，这也意味着你对孩子的要求非常高，难以容忍他"犯错"。

这里边最难为你的一点在于，你内心有一幅理想男孩/男人的画像：男性必须是坚强的、泪点高的！泪点低的就不是正常男人！而你的孩子不符合这幅标准像，这给你带来极大的困惑。你好像很难忍受孩子哭泣，尤其男孩子的眼泪，会令你不耐烦甚至抓狂。

事实上，当孩子难过时，我们家长第一时间要做的事情就是倾听，营造一个安全的场域，让孩子可以自由而放松地表达自己，不必担心父母会评判、指责、安慰、提建议……这样孩子才能自行从难过的情绪中走出来。

而当孩子难过时，如果家长不理解反而发火，那么对孩子来说岂非雪上加霜？设若你在园子里遇到一个伤心哭泣的孩子，是不是会上前安抚他？即便他只是抽泣不肯说什么，你也会耐心陪伴他，而不是发火指责他吧？

你的儿子极其需要你的倾听、认可、理解和接纳。他积蓄（压抑）了七年的情绪，没有安全的出口，只会越来越沉重，他的"爱哭"也越来越"治不好"。

你想理解儿子在哭泣的时候，内心在想什么吗？那么我今天来代替他回答一下吧：

"你为什么哭？"

——因为我又做错了，我又让您失望和生气了，我真的太差劲了，什么都做不好！

"是觉得妈妈不应该给你指出错误？"

——不是的,我哪里敢这样想啊?您一直教育我知错必改,高标准严要求都是为我好,我也一直努力达到您的期望,但是我真的不够好,怎么做都没法满足您,恨不得一头撞死啊!

"还是妈妈的态度让你接受不了?"

——妈妈,妈妈,妈妈……抱抱我好吗?您别生气了好吗?您一生气我的天就塌陷了!您是我生命中最最重要的人,我爱您爱得五体投地,您是完美的,您也期待我完美,可我却是一个坏孩子,经常让您生气。您知道吗?我经常幻想自己是另外一个孩子,一个完美的孩子,一个从来不让妈妈生气的孩子……但我做不到啊!我怎么这么笨啊?

"你是为了你自己做错了接受不了错误哭?"

——我觉得自己一无是处,作业写不好,还那么脆弱,让您有无数的理由生气……您要是没生下我来,是不是就会高兴很多呢?我该怎么办啊?

"还是不想改正就想这样子哭?"

——我,我,我…… 我很绝望,我内心很苦很痛很委屈很难受,但我不敢告诉您,因为这又是脆弱的表现,您是不接受的,我怕您又因为这个生气……可我真的改变不了自己,我没有力量,也没有办法,按照您的要求,变成您心目中理想的男孩子……我只想把自己哭死,您再生一个孩子吧,一个让您开心的孩子……

希望以上的模拟对话,能够帮助你理解儿子。如果你能够做到,我推荐你不要在意他的"玻璃心",这是他的本性,你接纳就好了。一旦你看待他的眼光改变了,他在你眼里也就没有那么多"毛病"了。

关于孩子的气质类型,你可以在《小巫教你讲故事》等书里找到相关论述。

接纳孩子

关于孩子睡觉这件事

　　我的宝宝现在3个半月了，月子里他肠绞痛，看着宝宝难受的样子我就一直抱着，这样养成了他抱睡的习惯。现在宝宝肚子不痛了，但是白天睡觉一直要抱着，即使睡得很沉，但一放下有点动静就会醒。为了让宝宝睡得时间相对长一些，我们还在坚持抱睡。但是现在宝宝抱着睡时，有点动静就皱眉头噘嘴，睡觉不踏实，有动静醒了还要抱着站起来哄哄才能接着睡。我知道抱睡对宝宝脊椎发育不好，我很纠结是要继续抱睡，还是等宝宝睡沉就把他放下？如果睡一会儿醒了，是要接着哄他，还是直接不睡和宝宝玩？原来睡沉时放下也就睡半个小时（顶多一个小时），抱睡却可以睡三个多小时，有时还会睡五六个小时。现在天气越来越热，抱睡会让宝宝长痱子。看有的育儿专家说现在是全能自恋的时候，我们要顺着宝宝；但另一种说法是宝宝是来适应世界而不是世界去适应他。还有一个问题，宝宝白天每一个多小时就要喝一次奶，每次喝的量不多。我们现在喝的是奶粉，没有给宝宝喝上母乳，对此我深深自责，是不是原来母乳不足造成的？宝宝吃一点奶后，一会儿又要吃，每次睡觉前不是太饿也要喝点奶才睡觉。而且，宝宝喝奶的时候还特别生气似的，一边喝一边咕嘟，不给喝还不干，嘴里还发出嗷嗷的声音，听着像是生气了。每次看他要困了我就把奶沏好给他喝，也没有怠慢，不知道是什么原因在生气。我知道奶睡以后对牙齿不好，不知道这些问题是要都顺着宝宝，还是要调整一下？现在宝宝睡觉轻，会不会对成年之后的睡眠有影响？真心希望得到您的指点，在这先谢谢您。

　　你的提问反映出来几个不同的问题，我一个一个地说吧。

喜欢被成年人抱着睡，不是你们家宝宝因为肠绞痛而造成的习惯，而是绝大多数新生儿的嗜好。这是用脚趾头都能想明白的事情啊：宝宝从胚胎期到分娩，九个月都被温暖而舒适的母体包围着，猛然从母体分离出来，就推给毫无人体气息和温度的床褥被子，人家怎么可能一下子适应了呢？他当然更愿意被妈妈抱着，吃着妈妈的奶，感受世界是安全的、可靠的、温暖的，自己是被爱的、被保护的、被照料的啦！

不仅仅是抱着入睡，即便整天背着或抱着孩子，让孩子时时刻刻与父母肌肤相亲，也是对宝宝的健康发展有着深远益处的大好事。美国发展心理学泰斗詹姆斯·普莱斯各特老爷爷甚至这样强调，养育情感健康和社交能力良好的宝宝，最最重要的技巧就是妈妈或者看护人整天抱着新生儿或婴儿。关于让宝宝与妈妈（看护人）肌肤相亲的诸多论述，你可以参阅《让孩子做主》里的相关章节，这里暂不赘述。

但是，并没有数据表示抱着睡会影响孩子的脊椎发育。一百多年前，大部分人类婴儿都是在父母的怀抱里或者背上入睡的。即便当今也有相当一部分人类婴儿是被这样哺育的，婴儿床这种"奢侈品"更常见于现代化城镇。抱着睡的唯一副作用是成年人会比较累，其实我们的先辈也有解：用宝宝背巾啊！一条简单的宝宝背巾，把宝宝"挂"在胸前或者"背"在背后，解放了成年人的双手，"带"着宝宝到处走，宝宝随时随地可以睡，也方便母乳妈妈随时随地哺乳。

关于宝宝睡觉"轻""不踏实"，这也是成年人的评判。小宝宝睡觉不是很多人臆想的那样无比"安详"（人家不是雕像），而是会有各种表情和响动。再说了，你们难道是盯着人家睡的？把宝宝放到背巾里吧，你们做自己的事情，人家醒了就哄哄，看看是不是该吃奶或者该换尿片了。别草木皆兵地盯着他！谁能在众目睽睽之下安睡呢？

"看有的育儿专家说现在是全能自恋的时候，我们要顺着宝宝；但另一种

  接纳孩子

说法是宝宝是来适应世界而不是世界去适应他。"这句话所展示的问题非常关键！养育观＝价值观，不同的价值观会采取不同的养育手段，就看你信奉什么了。

首先，宝宝刚刚入世时，需要确认这个世界是良善的、友好的、温暖的、可靠的、安全的，他才有信心继续留下来。如果他首先面对的是敌意、冷漠和伤害，他就失去了继续生活的动力和信心。而能够提供爱、照应、温暖和安全的，就是他的父母。唯有温暖御风寒！吃饱了穿暖了才有能量应对外界的不测，这是极为简单的道理。

其次，我们做父母的职责，就是创造适宜孩子健康成长的环境，根据孩子在不同发展时期的需求，提供适宜每个阶段的、身体心灵各方面的丰盛滋养。如果这就叫作"世界去适应孩子"的话，那么全世界的确都应该竭尽全力去适应孩子！唯其如此，孩子才能学会"适应"世界，因为孩子是靠模仿环境来学习的。最后，说到底，孩子的确不是来"适应世界"的，而是来改造世界的。不然都适应了既定世界，我们如何进步？

关于孩子频繁吃奶，这也是新生儿的正常表现——就是宝宝有很高的吸吮要求。吸吮对于婴儿来说是一种安慰和娱乐，他们不只是在饿时才要吸奶，在困倦、不安、烦躁、不适等等情况下，他们都会在吸吮中寻求慰藉。通常，这种吸吮需求是在母亲乳头上得到满足，尤其是吸吮妈妈乳头带来的安全感，母乳中的荷尔蒙也有助于宝宝入睡。你的宝宝有时抗拒奶瓶，可能是因为他不需要吃奶，而只是需要吸吮。含着妈妈乳头入睡，是每一个宝宝的理想画面！而且不会有龋齿的顾虑。如果你有意愿，还是可以恢复一部分母乳喂养，三个半月不算晚，有不少母乳妈妈追奶成功的。

第2章

叛逆,儿童情商发展的过程

学会和一个执拗期的儿童和平相处,父母首先要学会接受孩子的"不",接受他们与我们不同的观点、意见、感受和要求,而不是在遇到分歧、反对、不从和别扭的时候,要么勃然大怒,要么冷漠待之。简而言之,我们必须学会接纳孩子的疆界,接纳他们的个体性。

接纳孩子

近年来，我们经常听到这样一个词："情商"，也经常听到各路专家告诫家长，一定要注重孩子情商的发展，情商与智商并重，甚至更重要。

什么是情商呢？借用心理学家萨洛威的定义，有以下五大方面：了解自己的情绪；管理自己的情绪；运用情绪产生做事情的动力；认识并理解他人的情绪；把握人际关系。

情商高的人，不是没有情绪，也不是不流露情绪，遇见什么都不动声色；而是接纳自己的情绪，也接纳他人的情绪，不被自己的情绪所左右，也不受他人情绪的控制。

心理学将人类基本情绪分为六种：喜悦、愤怒、恐惧、哀伤、厌恶、吃惊。无论民族、人种、文化、社会、环境差异如何，这六种情绪是人类共通的。

小宝宝从出生那天起就开始了情绪体验和反应，但是他们的情绪是逐渐发展、变化和成熟的。这个过程契合他们脑的发育进度，同时，也受到父母和环境的影响。

儿童情绪的发展具备如下几个特点：

> 1. 所有的情绪发展都跟随着认知的发展。儿童的智慧越成熟，情绪的发展也越深化和复杂。
> 2. 同理，儿童的情绪发展越成熟，智力也越发达。
> 3. 儿童的情绪和成人的不一样。在成人看来，儿童对事物的情绪反应往往令人不可理喻。
> 4. 儿童的情绪不是一成不变的，而是会随着成长而变化。

儿童的思维具有片面性和单一性，对于幼儿来说，他们不能理解两种感情可以并存，因此，当父母的意见与他们的心愿相左时，他们会认为父母不爱他们了。因为他们不能理解"我爱你，但是我不喜欢你刚才做的事情"这两种感觉可以并存。我们必须反复向他们印证这一点，在面对他们令我们"头痛"的行为时，采用平和、爱抚的态度，倾听他们的理由，找到行为背后的需求，千万不能使用"你这样，我就不喜欢你了"这种威胁。这样到了七八岁左右，儿童初步掌握守恒的概念，也初步感知情感守恒之后，我们与他们意见相左时，他们就不会惊恐地以为我们不爱他们了。

这一点做得不好，会导致孩子在成人之后，将任何人与自己相左的意见，尤其是批评性质的意见，误解成对方不喜欢自己，甚至是要抛弃（开除）自己，因而表现得不能容忍不同意见，也不能接受自己的错误或者失败。

在中国历史悠久的农业文明社会里，通常人们比较排斥强烈的情绪反应和表达，更趋向认同平和、中庸、不温不火。每当体验到激烈的情绪时，人们往往首先感到恐惧和羞耻。在这种传统文化氛围里，大家都需要压抑自己的情绪，而不能平静地接纳它们，更不能自由地宣泄它们。

因此，当有了孩子时，对儿童那种未受压抑、无拘无束、奔放自如的情绪表达，人们不免感到恐惧、惊慌，乃至羞耻。几乎出于本能，父母们千方百计约束、压制、否定、拒绝孩子的情绪。

然而，从儿童心理发展的角度来看，对自己情绪体验得越多，孩子的心态发展越成熟。每一次强烈情绪的经历，都是一次宝贵的经验。如果我们允许儿童完整地体验自己的情绪，接纳并认可自己的感受，有助于他们认知事物、总结规律、提炼经验，有助于他们今后遇到同类境况时做出理智的分析和恰当的反应，有助于他们获得坚实的自信心。

如果我们不允许孩子体验或者表达情绪，并非意味着他们面对同样状况时就没有情绪了——我们只是暂时地压抑了孩子的情绪。孩子也会感受到，自己

接纳孩子

这些情绪是可憎的，甚至认为自己是可憎的。然而他缺乏控制情绪的能力和经验，强行忍受着内心的煎熬，绝望地感到自己无能为力，从而产生自卑。孩子将来长大了，面对内心依然会产生的强烈情绪反应，会感到不知所措，也会感到羞愧难当；既不知道怎样表达，也不知道怎样处理。压抑良久，逐渐地，脑、心、身割裂，人不再与自己的内在相连接，不再是一个完整、和谐、平衡的人，而是支离破碎，会导致各种心理问题。

人们通常将理智和感情放到对立面，认为非此即彼。其实，任何理性思维都需要感情的参与。离开感情，我们就不能进行理智的思考，也不能做出明智的判断以及符合逻辑的决定。理智和感情相辅相成、缺一不可。儿童道德感的发展，除了需要认知领域的进步之外，也需要感情领域的参与。自我规范是生理、认知、感情三大领域的综合成果。

帮助我们的孩子开发良好的情商，我们要牢记几个重点：

1. 情绪没有好坏之分，所有的情绪都是合理的；
2. 情绪依据个人秉性而有很大的个体差异，我们需要接受孩子与生俱来的个性；
3. 接纳孩子的情绪，需要我们首先做到接纳自己的情绪。

以上这几点，最重要和最难做到的，恐怕是第三条，即接纳自己的情绪。我们大多数人从小到大，都不曾被允许自由自在地表达自己的内心，都不曾得到未加判断和不带指令的倾听和理解，都积蓄了很多未经宣泄、疏导和处理的情绪，有些情绪甚至十分强烈。我们都习惯了压抑（隔断）自己内心真实的感受，戴着被社会认可的面具生活。

然而，孩子尚未学会伪装，他们的情绪是鲜活的、原生态的。这往往会在我们的面具上戳破几个窟窿，我们内心的情绪"野兽"蠢蠢欲动、威胁着冲破牢笼,这令我们惊慌失措,令我们无地自容;于是我们无法容忍孩子的情绪,因为我们害怕自己的内心。

真正理解和接纳孩子的重要前提是:接纳自己。这需要我们在自己身上下很大的功夫,甚至是经历很痛苦的改变。

不听话是成长的表现

祺祺妈妈最近的头疼事越来越多:2岁的儿子,再不像以前那样好说话,而是动不动就对妈妈大声宣告"不行""不要""就不"。

一丁点儿小事,母子俩也能爆发一场战争。昨天带孩子去游乐场,到了该吃晚饭的时间,祺祺就是不肯乖乖跟着妈妈回家。妈妈哄他劝他,他不搭不理,说:"不回家!还要玩儿!"妈妈用冰激凌和电视诱惑他,他居然无动于衷,告诉妈妈:"祺祺不吃!祺祺不看!"最后妈妈急了,硬拽他走,他干脆就势躺在地上,号啕大哭,声嘶力竭。祺祺妈妈颜面丢尽,恼羞成怒,甚至动手打了宝贝儿子几巴掌。

那一刻,祺祺妈妈简直绝望了:"你才多大啊,我居然搞不定你了!"

几乎所有父母内心都期望孩子乐呵呵地顺从自己。当孩子还是个不会说话、不会走路、一切都依赖父母的小婴儿时,这简直不费吹灰之力。然而,随着他们日渐长大,父母们不约而同地发现,怀里这个小肉团,越来越难对付了。很多父母难以接受孩子挑战自己的权威,几乎克制不住严厉管教、高压制服孩子的冲动。

不过，劝家长们先松开拳头、压住怒火，让我们从孩子的角度来理解他们这一特定时期的特殊行为吧。

幼儿在学会走路之后，脑中的运动神经飞速发展。他们努力挣脱成年人的怀抱，不知疲倦地练习、改进、开发自己刚刚获取的行走和攀爬等运动技巧。在这个阶段，儿童开始把自己和他人分离开，开始建立自我意识，也就是说，开始走向独立。

身体的独立、心理的分离、自我意识的建立，是责任感的必要基础。儿童要学会为自己的行为负责，必须首先认清"我是谁""我能做什么"。在这个认知过程中，大约2岁，儿童进入执拗敏感期，有了强大的自主精神，用"不"字与反抗来与父母建立心理疆界。

对很多父母来说，这是一个令人头疼的阶段：几个月前还是那么温顺可爱的小家伙，突然变得难以应付，脾气很大，固执己见，反抗意识很强，专爱跟父母作对。深受传统观念影响的家长，在这个时期最常说的话就是——"听话！你怎么不听话！"

的确，这个时期的儿童非常不听话，这是因为他们在建立恰当的心理疆界，最常使用的一个字眼就是"不"。"不"字让他们避免感到自己完全无助无力，"不"字帮助儿童将自己与他们不喜欢的事物分开，赋予他们进行选择的权利，并且保护他们。

这个时期的儿童，在自由探索的过程中，一旦出现阻碍，会给他们带来极大的烦恼。2岁的幼儿尚不能控制自己的情绪，而是通过肢体直接宣泄出来，那就是发脾气。

因此，学会和一个执拗期的儿童和平相处，父母首先要学会接受孩子的"不"，接受他们与我们不同的观点、意见、感受和要求，而不是在遇到分歧、反对、不从和别扭的时候，要么勃然大怒，要么冷漠待之。简而言之，我们必须学会接纳孩子的疆界，接纳他们的个体性。

建议祺祺妈妈下次根据孩子当时正在专注的游乐项目，和孩子商量还过多久就应该回家，比如再滑6次滑梯、再荡20下秋千，或再玩5分钟沙子，等等。玩过之后要提醒孩子"现在该走了"。如果孩子不从，可以蹲下来握住孩子的手，看着他的眼睛，与他对视并告诉他"我们现在回家"。如果孩子发脾气，可以一边抱住他离开，一边允许他发泄情绪，并且给予认可："你实在太想多玩一会儿了！……现在回家让你很生气很难过……我们明天还回来玩。"

孩子发脾气，背后有缘由

> 我的宝宝8个月了，脾气非常坏。比如他要什么东西不给他，就哭。等他闹完了再给他的时候，他接过来就砸了。才这么点大，脾气就这么坏，请各位爸爸妈妈帮我出出主意啊。

来信中有一个细节让我感到好奇：宝宝要什么东西，你们的第一反应是不给他，那么我猜测想必是不能给他的东西，比如易碎、危险的物品，但是为什么又"等他闹完了再给他"呢？如果本来就可以给他，那么为什么不在他一开始要的时候就干脆痛快地给他呢？这个矛盾的态度不仅宝宝不明白，我这个成年人也闹不明白，所以无怪乎宝宝要发脾气呢。

在责怪宝宝脾气大之前，最好先看看我们的行为当中有没有让他发脾气的理由。一般来说，除非是困了饿了病了，宝宝不会无缘无故地发脾气。如果他发脾气是因为我们的某个举动，那再看看这个举动是否有道理。如果我们做的事情的确有道理，比如不能给他有危险的物品把玩，那么他发脾气也是正常的，我们不用太过在意，毕竟没有满足人家的愿望嘛，还不让人家抱怨一下？对于小小孩来说，最有效的方法是找一个替代品，转移他的注意力，他就停止发脾气了。**如果我们做的事情没有道理，比如这封来信里描述的前后矛盾，那**

么我们需要改进自己的行为,做到说话算数、坚守原则,不能给的东西无论孩子怎样哭闹都不妥协,能给的东西也不逗孩子,而是痛痛快快地给他。

借用这个问题,我们谈一谈儿童愤怒这个情绪。

大约4个月,婴儿开始表达这种非常激烈的情绪:愤怒。比如,当吃奶的愿望不能得到即刻满足时,婴儿会变得怒不可遏。

随着月份的增加,愤怒情绪出现频率也逐渐升高,到了8~12个月左右,婴儿会经常用愤怒来表达不满。如果父母没有及时呼应宝宝的喂养需求、如果有人把宝宝手中的玩具拿走了、如果看护人暂时离开宝宝,都会引起孩子的强烈反响,孩子会发很大的脾气。

人们通常认为愤怒是一种坏情绪,尤其是看到孩子大发雷霆的时候,家长一般都有点儿不知所措,会急于消除孩子的情绪,息事宁人,甚至强行压制孩子的愤怒,不允许孩子表达愤怒。其实愤怒这种情绪对于人类来说是在所难免的,也是必不可少的。最基本的愤怒来源于我们感到自己的生存或者安全受到威胁,因此引发激烈的反响,从生理到心理都会产生剧烈的变化。这是一种自我保护的本能。

如果我们能够了解孩子这种情绪的本质,并且能够预见孩子在什么情况下容易愤怒,我们在面对他们的怒气的时候,就会少一些惊恐,多一些冷静。我们需要帮助孩子认识自己的负面情绪,接纳自己的负面情绪,从而做到在发泄这种情绪时,控制自己,避免采用不恰当的极端手段。

通常引起愤怒情绪的因素有:

1. 恐惧。无论儿童还是成年人,一大部分愤怒来源于恐惧。当一个人感觉受到威胁,无论是人身安全受到威胁还是价值观受到威胁,都会本能地感到恐惧,继而转化为愤怒,宣泄出来。

2. 要求没有得到满足、预期受阻。这在儿童是最常见的愤怒来源。孩子要吃糖,爸爸妈妈担心孩子身体而拒绝;孩子要玩沙子,爸爸妈妈觉得太脏而拒绝；孩子要买玩具，爸爸妈妈认为太贵而拒绝；孩子正在专注工作，受到打扰——正玩得热火朝天，到时间要回家了等等。这些都是孩子的期待与现实发生冲突，因而导致孩子怒不可遏，大哭大闹。

3. 挫败、羞辱感。孩子到了3岁左右，会将自己的能力与他人作比较，也知道成年人对自己的期待是什么。如果做得不够好，或者达不到要求，孩子会感到很挫败。有些时候，这种挫败，以及与之相关的羞辱感，也会转化成为愤怒，发泄出来。

4. 受到伤害。孩子之间有些争斗，是正常的。有时候孩子会在这种争斗中受到伤害，有些孩子则比较容易感觉自己挨"欺负"了。这两种情况都会导致孩子愤怒。另外，成年人语言和行动上的暴力，也会伤害孩子。

5. 感到不公。五六岁的孩子可以初步判断一些行为的对错，如果他们感到受了冤屈，被错误地指责，他们会生气的。

隔代抚养，考验父母的智慧

虽然今天烦心事很多，工作也很忙，但还是忍不住要上来咨询一下，因为觉得孩子的这个问题真是蛮严重，十分让人困扰。

我儿子快2岁了，现在白天由我公公婆婆和保姆带着，晚上送回家来，由于祖父母的宠溺，他现在动不动就作天作地，很容易哭闹。因为还不太会说话，问他也问不出个啥，就是横不好竖不好的要闹。据保姆称，在他爷爷奶奶家，无论什么事，洗澡啊，吃饭啊，睡觉啊，他爷爷奶奶在旁边，就要作闹，如果他们不在，他还是蛮听话的。

这两天他又开始莫名其妙地作闹起来，不管是严厉的制止还是冷处理，似乎都不奏效了，动不动就哭着喊"爷爷奶奶"，我只好把他关在房间里任他哭闹，等他停下来再去和他说道理，安抚一下他。虽

接纳孩子

然最后他还是停了，并恢复了正常，但这样我真的太累了，而且我很担心他会变本加厉下去。

其实我自己也是被爷爷奶奶带大的，所以我对儿子的闹腾是有点了解的。小时候，因为母亲特别严厉而爷爷奶奶宠我，我的任何细微的情绪都会被爷爷奶奶无限量放大，引来他们的关注，所以我就肆无忌惮地发泄发泄，以至于成了习惯；他们越是耐心，我就越是容易烦躁，到大了一些的时候，甚至觉得他们很烦。我自己也意识到有时候我对他们的态度非常不好，但在心里我很明白，他们最爱我，比我父母爱我，而我也最爱他们。

现在轮到我儿子也开始要这样了，因为他是男孩，我就更担心这种负面的情绪对他的不良影响会远远超过我自己！一方面我是很反感溺爱的；另一方面，他这么闹我真的好累，我的老公还因为这个与我发生矛盾，我真的不知道该怎么办了。

我知道要祖父母不溺爱自己的孙子真的是挺难的。即使像我妈，观念总是在更新的人，从来就是很理智地教育我和妹妹的人，面对她的外孙也坦承严厉不起来。她说，毕竟是第三代了，不像对自己的儿女"狠得下心"，对孙辈是不知不觉就依了。连我自己妈也这样，我更不指望我公婆会有所意识了。问题是，难道就只有任其发展了吗？我自己还能做些什么？对于经常和他接触的四个人来说，有三个是会宠溺他的，由我一个人理智地扭转他，我行吗？难道最好的结果是把他培养成两面派？

从来信中透露的信息看，你可能把两件事情混为一谈了：一件事情是你儿子目前的一些行为是否属于他这个年龄段的正常表现；另外一件事情是家里人是否对他过分宠爱。

首先说说第一件事情。快2岁的孩子,刚刚开始建立自我意识,开始把自己和他人分离开,急需试探自己的力量和边界,也就是正在进入俗话所说的"第一反抗期",表现得自主意识很强,固执己见、执拗坚持、不肯服从,而且脾气很大。由于他们脑皮层尚未发育成熟,情绪不经高级中枢处理,而是直接通过脑干,以肢体语言本能地发泄出来,遇到不顺心的事情就大哭大闹,并企图以激烈的反应迫使成年人就范。在陌生人面前他们还不敢太"放肆",在熟悉的人面前他们可以自由自在地做自己。爷爷奶奶是你儿子最熟悉的人,所以他在你那里和别人那里受到的压抑,都跑到老人那里发泄出来了。

第二件事情,我认为你把两件毫无关联的事情混为一谈了。你儿子的爷爷奶奶,不是你自己的爷爷奶奶,他们是两代截然不同的人,也是两家没有血缘关系的人。因为你的爷爷奶奶曾经宠溺过你,使得你对自己的性格有很多不满之处,于是你断定你的公公婆婆也必然像你的爷爷奶奶那样,而你的儿子也必定像你那样。

其实很明显的,真正重复前一代行为模式的,恰恰是你自己:你在扮演过去你母亲的角色。而你内心真正的愤怒,不是针对你的爷爷奶奶,而是针对你的母亲;就像你现在的烦躁,也不是针对身边的亲人,而是针对你自己。你小的时候之所以有那么多的烦恼,经常跟爷爷奶奶发脾气,正是因为你在母亲那里太压抑了。而你的爷爷奶奶能够接纳你、宽容你,容许你发泄,反倒是你的幸运之处。

当然,你幼年时没有意识到的一件事是,你的爷爷奶奶之所以那样宠溺你——"任何细微的情绪都被他们无限量放大",其实是因为他们看不惯儿媳妇的一些做法,不一定是针对第三代的养育,也有可能牵扯到很多其他的事情。公婆与儿媳之间的矛盾,通过你体现出来,所以你会有那么剧烈的情绪反应。而现在,你与你自己的公婆之间显然也存在不少矛盾,你在重复当年你母亲与她公婆之间的关系模式:将两代之间的矛盾通过孩子体现出来。孩子无

接纳孩子

法清醒地说出成年人潜在的矛盾关系，他只是感到极端地不舒服，于是闹得厉害。

下一次孩子哭闹的时候，在心里多念几遍："这是正常的，这是正常的，这是正常的。"不要对他严厉，也不要离开他，更不要把他关在屋子里，你的这些做法都会给孩子带来心理创伤。请留在他身边，不需要你做特别的动作，只需要你默默地陪伴他，让他尽情地发泄。当他发现无论自己怎样做，妈妈都毫无怨言地接纳自己的时候，他获得了足够的安全感，也就准备好了迈出成长的下一步。

而你与公婆之间的矛盾、你与丈夫之间的分歧、你对自己母亲怀有的怨愤，以及你内心怀有的一些恐惧（比如害怕儿子变成两面派），请留在你自己这里好好处理，不要迁怒于孩子。

孩子做主，家长怕啥？

> 宝宝一定要穿红上衣，配绿裙子，怎么就不知道"红配绿，赛狗屁"呢？那么热还非要穿长靴子，说她也不听。要是都由着她选择，每天穿得像个花瓢虫一样，难看死了。其他选择也都不对劲，不让她挑吧，就发脾气。

记得一位美国育儿专家这样说过：任何人，无论是大公司的首席执行官，还是当权的政治家，抑或颇具影响力的金融家，都没有父母需要做的决定多，也不如父母面临的头疼多。最令父母们棘手的决定之一，就是何时、何地、如何让宝贝开始进行自己的选择。

当不会走路的宝宝还在我们怀里吃奶的时候，一切似乎都那么简单，我们几乎可以替他做出所有的选择和决定。我们决定他什么季节该穿什么衣服，我们决定他什么时候该洗澡，我们甚至决定给他玩什么，带他去什么地方。

而当宝宝学会走路、学会说话之后，事情就没那么简单了。个性逐渐萌生、自我意识日渐强大的小家伙们，颇有自己的主意，什么都喜欢做主，尽管在我们成年人看来，他们的很多选择令人哭笑不得。

身处五光十色的世界，做出明智的选择，并非与生俱来的本事，而是需要积累大量经验之后，才能获得的一种技巧。小小孩缺乏经验，怪点子却多得很，如果不尝试一下，他怎么知道什么行得通，什么行不通呢？如果我们替孩子做出所有的决定，那么孩子长大之后，就无法替自己做出负责任的选择来。当我们不在的时候，他们面临着各种诱惑，需要做出困难的决定，孩子会感到不知所措，他要么做出错误的选择，要么听从其他人的摆布。

因此，给孩子机会，让孩子从小锻炼选择的技巧，赋予他们能够把握生活的感觉，这样他们能够成长为有能力为自己做出正确选择的人。我们可以把这种锻炼的机会，巧妙地融入孩子每天的玩耍当中，让孩子在自由玩耍的过程中，练习做主、选择、决定。

给孩子选择权，并非意味着所有的可选之物都堆在一起。乱成一团的玩具，不会给孩子选择的自由，只能造成更大的混乱。我们可以把家里布置得有条有理，将孩子玩耍的物品分门别类，布置出不同的区域来，比如美术区（绘画和手工）、音乐区、玩偶区和建筑区（木工、积木等搭建物品），等等。让孩子首先根据类别来选择进行哪种工作，而后根据这一类活动所需要的材料，来选择他使用哪些、选择怎样使用。

给孩子一次的选择，不要太多的可选之物，最好就是两三样，让选择过程尽量简单，孩子感觉自己有能力做出决定。

不要插手干涉指挥孩子选择什么、怎样使用，即便在我们看来不合适的玩法，也放心让孩子尝试一下，让他自己意识到方形的木块无法插入圆形的孔中、纸和布是包不住水的、蓝天上涂抹了黄色云彩就会变成绿色，等等。

接纳孩子

相信孩子能够从"错误"中总结出经验来,即便他可能还会犯同样的"错误"。如果你能容忍自己有时候犯糊涂,做出不那么明智的选择,那么对于小孩子各种稀奇古怪的想法,你也会宽以待之了。

宝宝怕医院,妈妈有妙招

> 儿子现在1岁4个多月。他1岁的时候曾在医院输液,吃了不少苦头,自那以后就对医院充满了恐惧,即使换了一家医院,只要一进大门,他就开始大哭不止,现在发展到对陌生的房子、屋子都害怕,进去就哭,除非有什么吸引他的玩具,玩一会儿就好了,但对医院除了哭还是哭,去打预防针也是这样。看着他那个样子真是可怜,该怎么办呢?

来信没有说当孩子对医院大哭不止的时候,父母对此采取了什么样的应对措施。我能够体会到父母既心疼又束手无策的感觉,同时也感受到父母其实对医院也有既依赖又排斥的矛盾心理。孩子对医院的记忆和印象都很糟糕,看到医院就哭,这也是正常的反应,我们应该接纳这一点。可以买一些关于去医院看医生的简单绘本,或者给孩子讲故事,让孩子了解到医生是和蔼可亲的,他的工作是帮助小朋友的,医院是可信赖的地方。另外还可以给孩子买一些和医生工作相关的玩具,比如玩具医药箱,里边有玩具听诊器、血压仪、注射器之类的,让孩子扮演医生,给爸爸妈妈看病,这也有助于消除孩子对医院和医生的陌生感与恐惧感。下一次带孩子打预防针之前,做好充足的准备,带上孩子心爱的玩具,或者其他慰藉物。孩子哭的时候不要试图制止,更不要批评他,而是平静地告诉他,哭是可以的,只是打针时趴在妈妈怀里千万别动。尽量不要在接近孩子午睡或者吃饭时间,也就是说不要在他可能很烦躁的时候,带孩子去医院。

另外，你们也最好审视一下自己对医院的感觉，是不是既爱又怕？对医院是不是有一种依赖感，同时也害怕并且排斥它？是不是孩子一有毛病就赶紧吃药或者去医院看病？孩子才1岁多就输液，不知道是什么严重的疾病。或许就是感冒？现在的一些家长太焦虑了，孩子一感冒就输液（抗生素），这对孩子的健康来说有百弊而无一利，更不要提对孩子心理的影响了。其实孩子可以依靠自身的免疫系统来抗拒很多疾病的，我们所应该做的是相信大自然的安排，相信孩子有足够的力量自愈，给孩子做好护理，用一些民间自然方法给孩子降温、止咳、驱寒、补水，比如煮姜糖水兑柠檬汁治疗感冒就很见效，大一些的孩子还可以兑蜂蜜止咳，而不是动辄去医院打针吃药。

最后，来信提到孩子对陌生房间的恐惧，是这个年龄段正常的表现，学步儿往往会对陌生人和陌生地方产生恐惧，不愿意立刻离开父母单独去玩儿。我们需要接纳他们这一点，<u>在陌生的地方多陪伴孩子，不敦促他们马上融入环境，而是给他们充足的时间慢慢消除恐惧，慢慢介入环境</u>。孩子之间个体差异很大，有些孩子能够比较快地放松警惕，离开父母去玩儿，有些孩子则需要更长时间，还有些孩子根本离不开父母。这都需要我们接纳和包容，耐心等待和帮助孩子度过这一时期。

别把孩子吓得连屎屎都不敢拉了

儿子今年2岁4个月不到，上幼儿园的第一个星期是上午哭，下午哭；第二个星期上午哭，下午不哭了；第三个星期就比较适应了。但在第三个星期最后两天生病了就没上幼儿园，等第四个星期去上的时候，也就是昨天上幼儿园时，把大便拉在身上了（已经有一年没这样了）。今天上幼儿园之前我在家里让他大便过才去幼儿园的，但下午

接纳孩子

接时,老师说又把大便拉到床上了,而且还大哭,不愿换裤子。这很反常,我担心会不会出现心理障碍。而且在刚开始上幼儿园时老师还夸他干净,一提醒就去上厕所,现在我有点不知所措了,请专家答疑。谢谢!

你孩子这种情况,有两种可能。第一种可能是家里对孩子的如厕训练过早,并且过于严格,孩子一"出错"就会受到指责甚至惩罚,孩子还没有准备好自主大小便的时候,被强行要求自主。来信说孩子一年前已经结束如厕训练,当时他才1岁多,对于男孩子来说的确为时过早,孩子出于恐惧心理,强迫自己控制便意。然而一旦到了一个比较放松自由的地方,他的控制能力马上恢复正常状态——这个正常指的是他还不能控制大小便,还需要更多的时间,走完应走的过程。这种情况比较普遍,在给孩子充足关爱和自由的幼儿园,很多在家已经自主大小便的孩子突然出现"退化"现象。如果是这种原因,就让孩子重穿纸尿裤,弥补过去一年错过的正常路程,让他按照自己的发育时间表来决定什么时候可以完成如厕训练。可能你们需要等几个月,也可能几天就够了。

第二种可能是老师对孩子的态度比较严肃,孩子害怕老师,不敢告诉老师自己要上厕所。也可能老师过于关注孩子的大小便情况,让孩子比较紧张,总是觉得自己要大便。那么你需要跟老师多沟通,让老师换一种方式和态度。当然你们需要从老师的角度去理解她们,如果孩子不能控制排便,对于老师来说是很头疼的事情。

从来信透露的信息分析,你们平常对孩子可能比较严格,不允许他"犯错误"(不仅仅是大小便,也包括生活其他方面),所以他在做了"错事",比如把大便拉到不应该拉的地方时,会因为害怕受到斥责和惩罚而大哭,会因为不能够坦然面对这次"事故"而拒绝换裤子——在他幼小的心目中,如果不换裤子，就说明没有发生坏事情，或者这件事不是他做的；而换裤子，则等于承认自己做错事了，是坏孩子。

看得出来，孩子平时在家里承受的压力蛮大的，现在突出体现在大便问题上。一般来说，一个人承受了某种压力，可能在当时不会表露出来，却会在其他时间和方面把这个压力宣泄出来，如果总是闷着，人就会生病。孩子承受压力的能力本来就很小，所以更容易找一个口子就宣泄出来。人受压之后，首先影响的就是他的消化系统，曾有科学家将我们的消化系统比作我们的第二个脑，孩子更是如此，压力使得他首先不能控制大小便。

建议你们先把孩子接回家，让他多放松，不要给他施加做"乖孩子"的压力，也不要让他进行任何书本知识的学习。放手让他做他自己，给他成长的空间和自由。你们改变了态度，他的行为也会随之而改变的。

负面情绪是成长必经之路

> 我是一个2岁半孩子的妈妈。因为工作的关系，儿子在11个月的时候和我分开了（这是我一想起来就特别心痛的事），直到1年以后才重新回到我身边。孩子现在已经2岁半，上了幼儿园小小班，性格也是活泼开朗，可是特别任性。告诉他不能做的事他还非做不可，可要是大家都在做操，他偏不做，什么事情不依他就满地打滚。我真不明白一个2岁半的孩子哪有这么任性，我想请您告诉我，是不是我们分开的那段日子给他幼小的心灵造成了伤害，我该怎样教育我的儿子？谢谢！

看来，跟孩子分别一年，给你造成的心理阴影，远远超出了给孩子的伤害。你把正常的行为当作心理创伤的表现，孩子出现什么"情况"都会让你联

 接纳孩子

想到分离的那一年。小宝宝跟妈妈分开一年，的确对他们的成长是一种挫伤，但并非不能弥补、无法治愈。现在他跟你团聚了，你也有机会和他重新建立良好的亲子关系。他还小，一切都来得及。不要动辄将所有困惑都归罪到那一年上去，后悔和负疚心理对你对孩子都不利。

我想你首先应该了解的是，2岁半的孩子任性是正常的，孩子正处于自我意识萌芽、将自己与他人分离、树立心理疆界的阶段，也是通常说的"第一反抗期"，甚至被描绘为"可怕的两岁"。他们的意志往往会跟现实、跟其他人（尤其是成年人）发生激烈的冲突。而他们的情绪尚未发展成熟，不能控制自己的恼怒，也不会用语言来表达自己，最直接的反应就是大发雷霆。另外，这么小的孩子，还没有什么集体意识，在幼儿园不参加集体活动也是正常的。

你的孩子任性是一件可喜可贺的事情，说明他内心力量蛮强大的，在不顾一切地发展自己。你所要做的，不是去镇压他，而是无条件地接纳他。如果不是什么原则性的事情，不触及孩子的人身安全或者危害到他人，尽量给孩子探索世界的自由。如果的确属于孩子不应该做的事情，他又执意要做并且发脾气，先试着用其他有趣的工作转移他的注意力，如果不行，就平静地陪伴他、倾听他，允许他发泄。

这里多说一句，我们这些做父母的，有时很难忍受孩子的哭声，总以为我们应该也必须想办法制止住孩子的负面情绪，并且应该具备足够的"本事"让孩子高兴起来。事实上，负面情绪经历对于孩子的成长来说弥足珍贵，任何强烈的情绪体验都有助于孩子认识自己的情绪，有助于他们学习怎样把握自己的情绪，促进他们情商的发展。情绪没有好坏之分，只要是情绪，都是正常的。但是我们往往不喜欢负面情绪，认为那是坏东西，应该压制下去。我们尤其受不了孩子的负面情绪，内心希望他们痛快地接受任何失望，不要哭闹。这对于孩子来说，是不可能达到的境界（即便成年人也不可能做到）。其实负面情绪是上天赐给我们的礼物，它们有助于我们的生存，保护我们不受伤害。儿童对

自己情绪的认识和掌控是一个漫长的过程，我们需要接纳他们的情绪，把每一次情绪体验都当作辅助他成长的机会。与此同时，我们需要牢记：孩子的情绪是他自己的管理范畴，不是我们应该负责的，所以不要因为他不高兴就觉得自己很失败。

孩子不哭，问题更大

> 我女儿快2岁7个月了，她近来开始在吃饭后为大家分发牙签。今天，我上班出来时她把我的拖鞋装到塑料袋里让我带着。保姆劝说，上班不能带拖鞋，不起作用，我说不能带，她急得哭了，她平常不爱哭，一般摔倒也就"哼哼"一下，犯了错挨批评也不会哭，长这么大真是极少哭。保姆说给她换个大塑料袋让我趁机出门了。我心里放不下，站在门外听屋里动静，果真，她发现我走了，又开始大声哭。我就敲门进去，她递给我装拖鞋的塑料袋，没事了，我走了。我想，她大了，想参与更多的家庭生活，我不想挫伤她的积极性。她现在经常会说："唉，宝宝想起来的，妈妈都给忘了。"在我们说话时，她明明听不懂非要说"宝宝听得懂"。
>
> 我有些矛盾，都听她的，会不会宠坏了？哪能都让她做主呢？我今天拎着拖鞋来上班，太搞笑了。但是，对这么一个挺有自尊心的孩子，我又怕她太受压抑，老师，我怎么办才好呢？

我们先看看，到底的是孩子自尊心太强还是妈妈的自尊心更强？拎着拖鞋上班或许让妈妈感觉特别不好意思，其实这是个很好玩的事情，大家听到这是孩子的新花样，都会一笑了之。

孩子在认知这个世界的过程中，会做出很多让成年人不可思议的举动来，

接纳孩子

我们所需要做的，就是通过孩子的目光来看待世界，认识到他们的行为都有着合情合理的逻辑，以我们的智慧和爱心来接纳他们，而不是强迫他们接受我们的观点。（小巫，《给孩子自由——中西理念冲撞中的早教》）

保姆的做法不可取，这么欺骗孩子，让她受到比妈妈不接受拖鞋更大的伤害。或许你们平常可能不是很尊重孩子，觉得她小（"她明明听不懂"），就必须对成年人言听计从，按照你们给她设计好的人生道路亦步亦趋，也不能发表自己的意见。只要你们"屈从"了她，你们就担心会宠坏了她。你们把自己的权威和孩子的意志放到了对立面，把内心的恐惧投射到孩子身上，与她较劲，结果一定是两败俱伤的。

我在这里更关注的是你说到平常孩子不爱哭、极少哭。孩子不哭，对成年人来说十分方便，但是这个不哭，透露出来的问题，恐怕比哭本身还严重。孩子为什么不敢哭呢？是因为你们不允许她哭吗？

没有几个家长会听着孩子的哭声无动于衷。孩子哭，往往让成年人心里难受，甚至感到很烦，这是因为在我们成长的过程中，很少有机会痛快地表达自己的负面情绪而不受到镇压。成年人内心积郁了很多没有得到宣泄的负面情绪，因而受不了孩子负面情绪的流露，因为孩子的情绪直接触及我们内心的同类情绪，而我们担心自己情绪失控，于是也不许孩子发泄。

然而，不允许孩子表达负面情绪，等于告诉孩子"你的情绪是坏的，我们不接受；你的感受是错误的，我们不允许"。但是孩子无法控制自己的感受，面对失望和挫败，他们肯定会难过的，这个难过是没有错的。如果成年人接纳孩子的负面情绪，倾听、认可、陪伴，孩子会信任自己的感受，接纳自己的情绪，逐渐脱离负面情绪，积极地寻求解决问题的办法，为自己的情绪负责任，这就是情商的发展。但是如果成年人拒绝接受孩子的负面情绪，强迫孩子控制自己，或者想方设法逗乐孩子，那么孩子则会逐渐变得不再相信自己的感受、不接纳负面情绪，一旦产生负面情绪就感到紧张和内疚，甚至都不敢哭，强作欢颜，故作坚强，孩子的内心则处于分裂和无助的状态，他不能对自己负责任。

无论孩子还是成年人，在生活中难免遇到挫折，难免产生负面情绪，情商高低的指征之一就是如何对待自己的负面情绪。负面情绪不会因为压抑和控制而消失，它还是存在着，强行压制不会降低它的力度，反而令其破坏力成倍增长，一旦找到宣泄口，就会决堤。与其拒绝它、否认它、排斥它，不如接纳它、认可它、疏导它。"我承认我对目前这个情况很不高兴，我也接受我自己会因此而不高兴一段时间，但是我不会让这个情绪控制我的生活、左右我的选择，我会解决这个问题的。"这是情商高的标志。

秩序，关乎孩子内心的安全

一天早晨，未满3岁的嘉嘉在幼儿园门口号啕大哭，老师和阿姨怎么哄劝都不行。我问阿姨怎么回事，她说不知道，"本来都好好的，刚才下楼的时候，园长看见我们，让我们上她的车，她把我们捎过来。一上车嘉嘉就开始哭。园长是好心，我们这孩子真不给人家面子。"

我跟阿姨说："你把嘉嘉再带回8号楼，从那儿走过来，他就好了。"

阿姨和老师莫名其妙地看着我，不明白我在说什么。看着不停号哭的嘉嘉实在无计可施，阿姨只好按照我的提议回去重新走了一遍。果真，嘉嘉破涕为笑，平静下来。

老师悄悄问我这是为什么，我告诉她，这就是儿童的秩序感。嘉嘉每天早晨跟着阿姨从自己居住的8号楼走到幼儿园所在的5号楼，这是他生活的正常秩序。今天早晨园长用车带他过来，打破了这个秩

 接纳孩子

序，导致嘉嘉悲痛欲绝。

在每一个孩子的心里，都天生具有强烈的秩序感。这种秩序感，是孩子安全感的来源之一，是他对于事物做出准确分辨与判断的基础，也是他建立道德意识的奠基石。

还在襁褓期，孩子往往已经要求周围的事物有固定的秩序，一旦这种秩序被打破，比如原来放在钢琴上的照片被挪动到柜子上，孩子就会感到不安，甚至莫名地哭闹。

1岁之后，孩子对于秩序的完美，有着一种近乎顽固的追求：

他们坚持每样东西必须归其"主人"所有，他人不得动用。不仅不愿分享自己的物品，家里其他人的物品也不能随意交换使用。

他们坚持拿到手里的物品必须是完整的。比如，孩子要吃苹果，父母认为他不可能吃完一整个，擅作主张把苹果切成两半，孩子大哭着拒绝接受。给孩子买来冰棍，妈妈没有征求孩子的意见咬了一口，孩子撒泼打滚，一定要妈妈把吃进去的冰棍吐出来，或者干脆把咬过的冰棍扔掉。画画的纸破了一点点他们也会伤心不已，要求拿一张新的完整的。

他们坚持每个举动，必须按照一定的程序，或者是自己的设计来完成。如果父母忽略了他们的要求，或者没有准确理解他们的意图，而导致事件过程的偏差，他们会固执地要求"重新来一遍"！

孩子的秩序感来源于对环境的控制欲望，这种控制欲望的根源在于对未知的恐惧。**生活有序，孩子感到安全。一旦这个秩序有所变动，孩子感到未卜，就会产生焦虑和恐惧**。只有一遍遍重复原有秩序，不断巩固安全感，直到孩子把握了这个秩序的恒定，内化了守恒概念，知道在一定范围内的发挥不会影响后果，顺利地度过这个阶段，他才能进一步发展。

秩序感是道德意识的起源之一。当一个小娃娃为了没有摆整齐的木头块

儿焦急，为了掰成两半的面包大哭时，那是因为他认为整齐、完整是"对"的，凌乱、两半儿是"错"的。事物有了"对错"之分，行为自然也有"好坏""正误"之分，孩子的自律感应运而生。孩子开始意识到什么是"标准""正当"的，开始把行为和后果联系到一起。

如果父母不了解儿童秩序感敏感期的特殊心理和行为，误以为孩子"小气""被惯坏了""成心找碴儿"，批评、斥责甚至镇压孩子的情绪反应，从而逐渐破坏孩子的秩序感，阻挠孩子对标准和完美的追求，也扼杀他们的自律感萌芽，导致孩子将来在遵守规则和发展道德感方面，出现各种障碍与问题。

理解并尊重儿童秩序感敏感期的特殊要求，尽量满足孩子对事物固定秩序与完美无缺的追求。在这个时期，不强求孩子分享自己的物品，保护孩子的物权意识。

给孩子安排规律的生活，固定时间吃饭、外出、洗漱、讲故事、睡觉，等等。规律的生活给孩子安全感，有助于他们遵守规则。

当孩子因为某种"秩序"被破坏而哭闹时，平静地陪伴他、倾听他并予以共情，尔后协助孩子找到解决问题的办法。如果孩子要求"重新来一遍"，不妨花费几分钟时间按照他的设计重新来一遍，否则你可能需要花费很长时间来平息他的不安情绪。

别担心孩子会因此变得小气、浪费、任性。这只是儿童发展的必经阶段，不会一成不变。我们需要帮助孩子顺利度过这个阶段，以便今后更加健康地发展。

不给孩子自由表达的许可证，孩子就会懦弱

我的儿子今年刚满3岁，孩子性格较为内向、胆小，我们也从没有压制或者吓唬过他，似乎这种性格是与生俱来的。他在外面见到别

接纳孩子

的小朋友就很紧张,唯恐别人伤害到他。有时别的小朋友抢了他的东西,他也表现得很害怕,哪怕那个孩子比他弱小很多,他都只会眼睁睁看着自己的东西被抢走而不做反抗。

我们很焦虑,不知道对于他这种懦弱性格应该采取怎样具体的措施来改善。急盼专家的回复!

你所面对的问题,是很多家长都曾经咨询过的普遍问题。我能感受到,你们大概很希望自己的孩子热情活泼、开朗大方,面对挫折坦然自若、不卑不亢,应该保护自己的时候毫不犹豫,遇到进攻则奋起反抗。这里有三个问题需要你们思考并回答自己。

第一,你们家里有没有像我刚刚描述的这样性格的人?这个人跟你们的孩子是否很亲密?他是不是孩子信赖的人以及乐于效仿的榜样?

第二,你们的孩子在生活中是否获得了足够的自由?他是否被允许自己吃饭?他是否被允许自由运用身边的一切(安全)材料进行自主工作?比如,他是否被允许自由地玩水、玩沙、玩泥巴,而不会遭到成年人"太凉""太脏"的制止和阻碍?他是否被允许自由地探索、摆弄家里诸如锅碗瓢盆、米面豆菜、纸笔柜架之类的东西?他可曾在工作中获得满足和愉悦?

第三,你们的孩子是否被允许自由地表达和发泄负面情绪?

关于第一个问题,如果家里跟孩子亲近的人,都比较内向害羞,不善于表达自己的感受,那么孩子受到遗传和榜样两方面的影响,也会比较内向害羞。如果家里有比较强悍的人,在孩子遇见挫折的时候一个箭步冲上前,替孩子伸张正义,那么孩子则在这种过度保护之下变得比较懦弱,缺乏自我保护和解决问题的能力。

关于第二个问题,如果家人十分疼爱孩子,热衷于包办孩子的生活,不让孩子自己动手,也不允许孩子从事一些看起来比较脏乱的活动,那么孩子既不能学会对自己负责,也无法体会到工作的愉快。如果他对工作材料无动于衷,那么看到自己手中的材料被别人夺走,也不能产生强烈的情绪反应。

关于第三个问题,如果家人不喜欢孩子产生任何负面情绪,比如愤怒、伤心、恐惧等等,总是在这种情绪产生之初立刻竭尽全力压制、平息,那么孩子也变得不信任自己的感受,并且出于对表达后果的恐惧,不敢表达自己。

总之,在外表现比较懦弱的孩子,除非有强烈的先天遗传(即父母都是忍气吞声、唯唯诺诺、内向胆小的人)因素,大多数是因为家里溺爱、保护、约束过度,孩子没有自由发展的空间——既没有自由发展体能的物理空间,也没有自由发展情绪的心理空间,孩子缺乏足够的安全感和自信心,十分恐惧外界和他人,不知道怎样面对冲突,也不知道怎样解决问题。因此,如果你们希望改善孩子的性格,首先改善你们的养育方式吧。

说狠话,不可怕

我的儿子3岁半,应该很懂事了,因为他2岁就上幼儿园,很爱上学,第一次去就没哭。我妈妈在我家待了3年时间,我上班时儿子都是我妈带,但他不怎么听外婆的话,2岁多就会打外婆。有时我妈不准他做什么事,他就会咬她。最近儿子总是说些伤我妈妈感情的话,比如"这不是你家""不要在我家"之类的,甚至说"我就打你""把你的脑袋扔垃圾桶"。小孩子为什么会这样呢?真的很苦恼!

我妈妈是个很敏感的人,因为我爸爸的原因,他们分居了。她不能回老家,所以只有在我家,每次听到儿子这样说,她就会很伤心,一直埋怨是我们教小孩这样说。每次我一回家,包还没放下,她就当着儿子的面说儿子今天又怎样调皮,还埋怨我们对她不好,说我们没

接纳孩子

有打小孩，不然他不敢这样。

不知是不是老公的原因，老公很少跟妈妈说话。妈妈爱唠叨，什么事她都要说，要管，又很爱发脾气。儿子很听我的话，一点都不听外婆的话，不知这到底是怎么回事？

从来信描述看，这个问题既不是出在你儿子身上，也不是你们教育不当的后果，而是你们家的家庭动力结构使然。

你儿子对外婆的态度，是儿童对压抑他的成年人所表现出来的正常反应。他无力反抗外婆，也不能改变现状，只有通过打骂、说狠话来发泄他内心积郁的愤怒，也想借此引起你的关注。

从来信看，你妈妈对孩子的管教方式不恰当，总是要求孩子听她的话、顺从她，不然就批评指责孩子，这肯定会引起孩子的反感；尤其是当着孩子的面对你告状，这是非常伤害孩子的行为。你妈妈因为婚姻破裂，恐怕也积蓄了不少怨气和抑郁，不免在看护孩子的时候流露出来，这对孩子也是很深的伤害。

当然，你妈妈为你照看孩子，也是在尽心尽力，她并没有意识到自己对孩子所造成的伤害。亲外孙不喜欢她，她也很伤心，加上婚姻破裂给她带来的伤害，她大概处在非常自卑、惶恐和敏感的状态中。3岁的孩子不能体谅外婆的这些复杂心理，也不会伪装自己，所以你没有必要批评他。改变外婆的心态是当务之急，外婆变得开朗、快乐、宽容、慈爱了，孩子自然就不那么仇视她了。

如何处理这种家庭问题，需要你自己根据实际情况，找到合适的办法。你可以跟妈妈好好谈谈，让她寻求一些心理咨询的帮助；也可以暂时找一个保姆来协助你妈妈，缓冲祖孙之间的矛盾，减轻祖孙双方的负担。

最后，关于小孩子说狠话，我曾经在一篇相关文章里这样说：

对于一个语言能力正在飞速发展的幼儿来说，说狠话（或者"屎尿屁"之类我们成人觉得不够文明的话）几乎是一条必经之路。一方面，这种"厉害"的语言让他们感到非常新鲜好奇，于是模仿着说一说，试探一下别人的反应。另一方面，他们的能力与愿望尚不匹配，父母对自己约束甚多，每天都遇到令他们失望的事情，他们对自己的生活感到不能完全控制，内心怀有愤怒、焦虑和压抑，说狠话则是一种痛快而直接的发泄，又能引起对方强烈的情绪反应，让孩子感受自己的力量。

有些家长听到孩子说狠话感到莫名其妙：他从哪里学来的？是不是有人教他？其实只要家人平常说话不是粗口连篇，大可不必深究狠话的根源。孩子在日常生活中，难免接触这些概念：脏、臭、坏、死，并且理解这些概念是不好的；他们也许听到过其他成年人责骂孩子，或者开玩笑时，用"臭、坏"来形容。

有些家长听到孩子对自己说狠话感到又生气又伤心，其实这也没有必要。孩子并非真的要"打死"你，他并不理解"打死"是怎么回事，甚至不知道生命"死"后是不能复活的。父母过激的反应，反而中了他的小圈套：他就是想看到你暴跳如雷的样子。

避免强烈的情绪反应　你反应越激烈，孩子就越掌握了对付你的有效武器。不要让孩子的这些不良语言影响并左右你的心情，保持冷静。他按你的按钮，你没有反应，他就知道这样做达不到预期效果，也就会逐渐放弃使用这种方式来引起你的注意了。

倾听并认可孩子的感受　当孩子出言伤人时，蹲下来，看着他，关切地问："看起来你现在很生气。"等一等孩子的反应，如果他情绪很激动，不要急着给他讲道理，陪伴他倾听他，等他平静下来之后，再告诉他："看得出来，你刚才很生气，但是你那样说话，很不文明，我听了之后也觉得很难过。你可以说：'我很生气！'但是不能使用粗鲁的语言。"

接纳孩子

树立简单明了的规则 你可以平静而严肃地直接告诉孩子:"在咱们家,我们不使用这种不文明的语言,我们不用语言伤害别人。"你的态度平和,始终如一,孩子说狠话的行为会逐渐削弱,直至他们掌握如何用恰当的语言来表达自己。

正视内心的恐惧

我的小孩今年3岁5个月了,每逢周末都由我来带,其他时间都是我妈妈带着。我妈是一个典型的溺爱者,儿子天性非常善良,所有事物对于他来说都是有妈妈的,包括汤、桌子……

但是他做错事情的时候总会振振有词地抗拒我的批评,实际上我发现他已经知道错了,只是觉得面子很难搁下来或者不愿接受大人的批评。因为我妈妈就是这样一个人,做错了事情从来不会认错,只会大声吼叫,现在我儿子也是这样。我好担心这样的脾气长大了会难以适应社会。当我用比较温和的方式来批评他的错误,他会当没听见,屡屡再犯;当我压抑不了自己大为光火的时候,他比我还吼得大声,他甚至用尽全身力气来掐我或者打我;如果我打了他,他会哭,但哭完以后我再告诉他不应该这样做的时候,他反而会听,会表示以后不再犯。

由于我太了解妈妈的性格了,因此从我懂事起就开始大胆承认错误,坚决不像她那样。但是到了儿子这代,居然完全吸收了我妈妈这样神经质的缺点,我感到好恐惧。我不提倡打孩子的,但是我什么方法都用过了,他还是会用各种理由来掩饰他的过错。好担心这样的成长,会让他成为一个傲慢无礼的人。小巫,请你告诉我,我该怎么样教导他?

我认为，在这个问题上，你儿子没有做错什么，你妈妈对外孙的溺爱也是普遍现象，你之所以如此焦虑，关键在于你内心的一些未解之结。一方面，你过度夸大儿子行为的长远影响，认为他现在"不认错"，就意味着他会成长为一个傲慢无礼的人；另一方面，你把自己内心对你母亲的怨气，还有对社会的不满，投射到一个无辜的孩子身上，把孩子当作妈妈的化身，以及社会的投影，两者都是你必须战胜的敌人，于是你跟孩子展开殊死搏斗。这样做的后果，不会在纠正孩子行为方面产生任何效果，而是恰恰相反，会给他幼小的心灵带来深深的伤害。

首先，**没有任何一个孩子会心甘情愿接受成年人的指责和批评，更不会按照成年人的要求与期待，去痛痛快快地承认错误**。你对孩子的要求过高，也不现实。多小的孩子都有很强的自尊心，我们需要尊重他们，保护他们的自尊。

其次，**无论孩子做错了什么，都是他成长过程中不可或缺的经历，是促使孩子成长的大好机会**。我们需要做的，不是居高临下地批评他，更不是蛮不讲理地要求他认错，而是温和地向他指出，什么样的行为是恰当的，鼓励他采纳恰当的表达方式，帮助他掌握控制自己的技巧。很多时候，不需要我们多啰唆什么，孩子已经知道自己做错了，已经很内疚了，如果我们接纳他、宽容他、爱抚他，他会获得积极向上的力量，努力地改进自己。相反，如果我们批评他、呵斥他、冷落他，他会因为反感我们的态度，而忘记了自己到底做错了什么。你的儿子花费了大量精力来维护自己的尊严，他根本没有剩余的精力来反思自己的行为。你们娘俩较量完毕，他只知道不应该打妈妈，却不知道当初为什么对妈妈那么愤怒。他才3岁多，下一次他愤怒的时候，还是会使用3岁儿童最直接的表达方式：肢体发泄。

学龄前孩子的成长模式就是模仿身边的成年人，孩子就是我们的一面镜子；**无论孩子身上有什么我们不喜欢的特质，其来源都是我们自己**，也就是说，孩子不仅优点像我们，"缺点"也是从我们身上继承的。这一点往往令我

接纳孩子

们难以接受,尤其是当我们不喜欢孩子的某些特质时。其实这种不喜欢标志着我们内心的恐惧,我们害怕的往往是孩子像我们、但我们又不喜欢的那些特质。说白了,凡是孩子令你看不顺眼的,都是你自己身上已经存在的。改变自己很痛苦很困难,所以我们加倍努力地去改变孩子。

你说孩子不认错这一点像外婆,而我却觉得他更像妈妈。也许你会不承认,那么我们姑且说他是像外婆。而你不喜欢外婆这一点,你自己也努力做到不像外婆,但是你内心里特别害怕自己做得不到家,你把这个恐惧投射到孩子身上,结果误将孩子的正常反应当作缺点来对待。

你对儿子的不满,实质上,是你对自己母亲的不满。你需要解决这个心理障碍,看一看你为什么对母亲有这么多怨气,如何去化解这些怨气,而不要再将这些怨气投射到你儿子身上,不要再去折磨这个无辜的孩子了。

信任是给孩子最好的礼物

我的女儿快满4岁了,记忆力很好,但是注意力不太容易集中,经常一件事情还没做完就又去做另一件事情。她的性格挺活泼的,但是她的话比其他的同龄小孩子都要多,吃饭本来可以吃很多,但就是不停地说话,所以每次她吃饭都要吃很久,而且说了她之后她可以老实一下,过一会儿又开始说了。老师说她上课的时候如果是跟好朋友一起坐也会不停地说话。她总提很多问题,我知道这个时候的小孩子有很强的好奇心,所以我尽可能地回答她,但是她的问题实在是太多了。有的时候会把我们大人都问得筋疲力尽。还有一点,女儿特别爱编一些不存在的事情,比如说:妈妈,昨天我做了一个什么梦,梦见了什么什么……

女儿的学习能力挺强的,但是我不知道在这个年龄段应不应该对

> 她的要求很多，如果让她学习的话又怕以后会厌学，怕她聪明反被聪明误。希望老师可以给我一点建议，这么大的小孩子适合怎样的教育，应不应该加强她读书写字的能力，还是应该多给她一些玩的时间？真是伤脑筋啊！

真是看世界的角度不同，就会看出新鲜花样来。读你的信，我没有看到"很多问题"，而是恰恰相反，我看到一个特别优秀可爱的小姑娘。同时，我也为她担忧，因为她生活在一个不理解她也不接纳她的环境里，而最大的不理解和不接纳，很不幸地，来自她最信赖最需要的妈妈。

养育你女儿这样的孩子，对于成年人的智力、体力、耐力和心理来说，都极富挑战性。你女儿需要机智、耐心、坚强、自律并富有幽默感的成年人，需要大家理解她、接纳她、欣赏她，这样她才能身心健康地成长。从来信看，你对女儿有很多期待和要求，一方面这些要求基本上都是她达不到的，另一方面你没有采取恰当的措施来帮助她。

就拿吃饭来说，你要求她专心而沉默地吃，她做不到，你的措施仅仅是说她（我猜测是比较严厉的批评，所以能够获得暂时的成效），但是她不知道怎样做才能达到你的要求，她也缺乏足够的动力来改变自己的行为，因为除了被贬斥之外，没有什么更行之有效的举措来督促她。你可以试着在吃饭前发送"我信息"，告诉她你的真实感受和需求："如果一顿饭吃的时间很久，饭菜都凉了，我会担心你吃的不够，或者肠胃受凉，所以我希望咱们先专心吃饭再聊天。"这样讲话，孩子会乐意配合你。你也可以编一个小故事，睡前讲给孩子听，但注意不要直接把行为编进故事里，而是巧妙地运用暗喻，比如一只小兔子特别喜欢追蝴蝶，追着追着迷路了，然后仙女把她送回了家（请参照《小巫教你讲故事》和《小巫教你编故事》）。

对于一个刚刚4岁的孩子来说，坐在课堂里学习，读书写字，的确为时过

接纳孩子

早,甚至有害于她的正常发展,尤其是你女儿这样的外向活泼爱动脑筋爱动手的孩子。她问题多,你不妨多带她出去玩儿,尤其是亲近大自然,让她多用自己的眼睛去观察、多动手去探索。她说话提问,你认真听就是了,甚至可以跟着她重复她的问题:"是啊,为什么天空是蓝颜色的呢?"不一定非要给出什么精明的答案来,没准儿她自己已经有了出人意料的回答。她编故事,你也微笑着去听,她只是在表达自己,不是在撒谎,你不用担心。这个年龄段的孩子,的确处于"梦幻"时期,想象力极其丰富,可以说天马行空。对这一点,我们需要保护,而不是给她所谓科学的世界真相,否则我们会破坏她的创造力。

从来信看,你对孩子严厉过度、宽容不足。不要给孩子贴标签("问题实在是太多""注意力不集中"),她还只是个小孩子,你总是打压她,她哪里能够获得足够的自信和动力去发展自我呢?她花了很多精力去讨好你,而这些精力原本应该花在发展她自己上。

你的孩子有着自己独特的品质,她很优秀,需要你的理解和接纳。

接受孩子挑战父母"权威"

女儿在小的时候都很乖很听话,但是现在刚满5岁,最近一直表现得很叛逆很早熟。现在练钢琴开始找借口不肯练,和她谈心讲道理也听不进去,而且已经会顶嘴了。还有很多事情都是类似的状况。所以我很担心,请问孩子在这个阶段怎么教育呢?

我想,问题关键之处不在于孩子突然变得叛逆了,而是你能不能接受孩子是一个独立的个体、有自己独立的思维这样一个事实。你更喜欢女儿小时候很乖很听话的样子,因为她顺从你,对你没有挑战性,你也很省心。

不过，孩子毕竟跟你不是一个人，她跟你不一样，她要成长为一个独立自主、自食其力、成熟负责的人，就必定要开发、表达并且执行自己独立的想法。我们做父母的，必须保护孩子的这种自我意识，协助他们成长为一个独立的人。我们应该接纳他们的个性，尊重他们独特的想法（不论这想法在我们眼里是多么不可理喻），平等地对待他们，相信他们有自律、自理、自立的能力。

孩子跟你顶嘴，说明她感到你对待她不是平等的态度，而是居高临下、命令指挥的态度。你跟她讲道理，可能也没有从她的视线出发、理解她看问题的角度，而是将你自己的想法强加于她。儿童之所以"叛逆"，是因为我们不够接纳他们的独立性，令他们感受到压抑，于是采取反抗的手段来争取自己的权益、引起我们的关注，如果能够引发成年人的怒火，他们就能感受到自己的力量。

建议你首先驱除内心对孩子自立的恐惧，接受孩子的挑战（这说明她有内心力量能够坚持自己）。跟孩子商谈她的生活安排，倾听她的想法，给她认可和理解，不要急于反驳她，也不要急于让她同意你。如果她实在不愿意弹钢琴，不妨让她休息一下。才5岁的孩子，兴趣不是很稳定，也没有什么"毅力"可谈，不要给她太多学业方面的压力。

暴力"镇压"：无能的管教

我的儿子读一年级了，早上因为不肯穿新买的白球鞋去上学，被我们狠狠地打了一顿。他哭叫着喊痛也还是不肯去上学，最后连打带恐吓又叫上爷爷奶奶才把他拖到了学校。

这次事件只是因为昨天学校安排，让学生今早穿白鞋子参加学校组织的活动。晚上我们给他买了一双回来，可他坚持认为我们买的白

接纳孩子

鞋与他学校里见到的同桌穿的花纹不同，老师会批评的，同学也会说他，所以坚决不肯穿也不愿上学。让他与老师通话，他又死活不肯，说老师不喜欢和他通电话讲这事。总之，他不穿鞋也不想上学了。

我们实在没办法只好动粗，把手指粗的棍子都打断了，后来连皮带也用上了。我觉得非常无奈，到底是什么让孩子什么话都听不进去，坚持花纹不对就不能上学校，否则就挨老师批被同学说？觉得上学比父母的打骂还令他恐惧？

看了你的来信后，我最关心的事情，并不是你们提出的那个问题——"到底是什么让孩子觉得上学比父母打骂还令他恐惧？"而是另外一个可以类比的问题：到底是什么，让你们觉得同意孩子不上学，比毒打和伤害孩子还严重？

看到你们对待孩子的暴力程度，令我毛骨悚然："手指粗的棍子都打断了，后来连皮带也用上了……最后连打带恐吓又叫上爷爷奶奶才把他拖到了学校。"天哪！一个一年级的小孩子，大概还不足7周岁吧，犯下什么滔天罪行了，以至于使用如此暴烈的手段啊！我都不敢想象当时的场景，是何等的惨烈；也不敢想象，孩子弱小的身体和稚嫩的心灵，承受了怎样的痛楚和创伤。

所以，我建议你们几个成年人好好想想我提出的那个问题，为什么，在权衡两者之间哪个害处更大的时候，你们宁可忍心残害自己的孩子，也不能容忍他休学一天？孩子不去上这一天的学，和你们用暴力逼迫他听从你们去上学，哪一样危害更大？你们平静下来之后，能不能看到，当时其实可以有另外一个选择？

退一万步说，你们允许孩子那天不上学了，又能有什么严重的后果呢？

我想，这个后果在你们看来十分严重，跟孩子是否落下一天的课没有关系，而是同意孩子不上学，会使你们感到自己的威严受到了挑战，这是你们万万不能容忍的。在你们看来，孩子必须听从你们的所有意见，却忘记了孩子这一方的感受。孩子其实并不是在闹那双鞋，而是在争取自己应有的人权，即作为一个独立的个体，意见受到尊重、接纳和理解的权利。可能他就是因为你们没带他去买鞋、挑选的鞋子没有经过他的意见参与而感到憋屈，赌气不上学。如果你们能够保持平和的态度，少发表你们的意见和建议，多听听他到底怎么说，问问他除了不上学之外，还有什么其他的解决方案，等等，事态就不会愈演愈烈。

你们拼命维护自己的尊严，孩子也在用生命捍卫他的尊严，但是毕竟他太弱小了，他打不过你们，只能屈从。身体上的伤痛会随着时间而减弱并痊愈，而心灵上的屈辱却会伴随他一生。

我建议你们再认真思考这个问题：现在他小，你们可以使用武力来逼迫他就范。将来他大了，你们打不动了的时候，他也更富挑战性了，你们该怎么办呢？

更多相关论述，请参阅本书附录《绝对不能打孩子》。

顺其自然，静待花开

> 我有一对双胞胎女儿，8岁，都比较爱玩，我也赞成她们多多游戏。现在两人的成绩基本上是中等，学习习惯还不错，比较讲道理，爱阅读，很多时候我觉得挺满足的。但我还是想向您请教如何解决大女儿的问题。大女儿性格急躁，注意力不大集中；小女儿相对灵巧和安静一些，能听进大人的劝说，人缘很好。所以我在两个人的抚育上，把更多的精力放在我们家老大的改变上。
>
> 我曾带老大做过沙盘游戏，她注意力不集中的状况有了很大改观。大女儿在处理人际关系上也差一些，有时回家会说被谁打了，而且当时也不敢出声，回来才感到很委屈。这种性格有点像我，我常爱

息事宁人，不愿起矛盾。她们的爸爸因工作较忙，在家里时间不多，也缺乏耐心。

作为两个孩子的母亲，我总怕因自己的不当养育影响了孩子的发展，因此除了咨询心理师，我还看了很多儿童心理方面的书籍，听过一些讲座，总体上看还是有些效果，但由于很少有双胞胎的教育方法可以借鉴，这种效果与我的付出似乎没成正比，这种等待是不是太长了？

看得出来你是一位特别用功的妈妈，抚养双胞胎也的确需要比其他人付出更多的辛劳。从来信看，你带出来的两个孩子都很好，你所描述的满足心态也很难得。

至于你的困惑，我觉得可能是一些误解。比如，你说担心自己的不当养育影响了孩子的发展，因此看了很多书、咨询了心理师、听了讲座，但是却又感觉在孩子身上的效果与你的付出不成正比。我不知道你对孩子的期待是什么，如果你担心自己有所"不当"，那么在看了这些书听了这些讲座之后，你有没有思考过改变自己？换句话说，你有没有想到过，其实没有必要把全副精力投入到改变孩子身上，而是应该匀出大部分精力来改变你自己？你不太满意大女儿处理人际关系的能力，同时又说她这方面像你——那当然了，这不仅是你的基因遗传给了她，你平时的行为也深深影响了她的行为。儿童是靠模仿来学习的，你是孩子们最亲近的人，她们的第一模仿对象。

现在你有两个选择，一个是接纳大女儿这种老实隐忍的性格（也就是说，接纳你自己这种性格），不去关注和试图改变她这一方面。另外一个选择是，首先改变你自己的人际关系处理方式。只有当你能够做到坦然面对矛盾、勇于表达自己的时候，你的孩子才有可能改善她的人际关系。

另外，你说你现在常爱息事宁人、不愿起矛盾，指的是和谁呢？是跟孩子爸爸吗？丈夫那么忙，没有时间和耐心陪伴孩子，你心里是不是隐藏了一些委屈呢？但是考虑到丈夫的处境，你又"把一切问题都自己扛"，并非意味着你心里没有怨气哦。你们夫妻之间的关系，也会反映到孩子的行为上来。

你可能会问，为什么小女儿的性格跟姐姐不一样呢？那是因为在多子女家庭中，所有孩子的脾气禀性都各不相同。双胞胎则比较明显，一个孩子是什么样，另外一个孩子几乎肯定是相反的。这是家庭星座或曰动力结构的特点，老大占据了急躁、爱吃零食的位子，老二就只能占据安静灵巧、不吃零食的位置。所以不要把她们两个人互相比较，并且拿其中一个的"优点"去训导另外一个的"缺点"，这样做只能适得其反，引起孩子的反感和反抗。接纳她们各自的特点，根据她们自身的需求去调整你的养育手段吧。

另外，养育孩子需要极大的耐心，你的孩子还小，不要太着急，也不要过于关注她们的情况。看一看家庭整体的状态，也同时好好思考并分析一下你自己。不同的视角，会给你不同的信息。

让孩子做生活的主人

我的儿子今年快9岁了，上三年级，上个学期时就有一次拿了家里的钱，去买小玩意儿，我们教育了他，还让他写了保证书，这以后，很长时间里他都没有再犯类似的错误。可是昨天，我检查他的书包时发现他又背着我们买了一堆小东西，虽然钱不多，只用了几元钱，可性质却不同，我和他爸爸问他为什么，他说班里的同学都在玩这个，他已经忍了很长时间，实在经不住诱惑才买的。他自己也承认知道这是不对的，但他说就算是和我们说了，我们也是不会给他买的，所以就拿了家里的钱自己去买了。

我真是快崩溃了，家里什么都不缺，吃的、玩的，他的玩具有几

接纳孩子

箱子,而且基本上是流行的那些玩具,只要是益智的,或是有意义的,我们都买给他了,为什么他还要去买这些小摊上的小东西?我们该怎么教育他呢,说什么呢?希望专家能够给予解答,或其他的家长与我交流!谢谢!

快9岁上三年级的孩子,应该早就有属于自己的零花钱了吧?不知道你们每个星期(或者每个月)是否按时给他一定数额的零花钱,让他自己来支配?不过,从来信看,你们不是很信任自己的孩子,并且非常害怕他会买"不该买"的东西。在你们看来,家里什么都不缺,但是在儿子看来,他缺乏最基本的一样东西,那就是自由,就是属于他的那份支配权。没有这种对他独立人格的尊重,不允许他自行选择一些购置品,他真是很难受的。尤其是同学们都在玩的东西,可他偏偏没有,他也知道你们不会答应给他买,所以忍不住偷偷拿了你们的钱去买,非但没有得到你们的谅解,却招致你们的责怪(以前甚至让他写保证书,这对他来说是莫大的屈辱)。

先别急着崩溃,先把自己放在儿子的位置,设身处地为他想一想,他有多么为难。你们给他买的,在你们看来有教育意义的东西,是不是的确是他想要的?这些东西首先满足的是谁的心理需求?你们有没有跟儿子平等地讨论一下,他到底希望买一些什么东西呢?有没有尊重他的意愿呢?这个听话的懂事的而又可怜的孩子啊,他只敢"偷"上几元钱,买一些实在眼馋的小玩意儿。买什么还在其次,儿子只不过是想享受一下自己做主的滋味儿啊!

我能给你的建议,不是怎样去教育你的儿子,而是首先改变你们的态度和做法,尊重孩子,跟他协商,给他发零花钱,让他自己支配。其实一般来说,五六岁的孩子就可以每周按岁数领取零花钱了(即5岁的孩子给5元钱,你们家的孩子可以领取10元钱)。不要对他所买的东西指手画脚,他很可能一开始买一些"垃圾"回来,他需要通过不断的实践来发现物品的价值;而做家长的，则需要耐心等他渐渐地学会管理自己的钱财，这对他将来独立持家是一个非常好的锻炼，他也会因此而增强自信心。说实在的，在自己做主这方面，获得你们的信任，对他来说至关重要。

孩子是父母的镜像

> 我是一位母亲，儿子10岁，爱玩游戏，易发脾气，尤其在别人批评他或指出他的不足之处时，不愿听并显得不耐烦，不愿承认错误，常常强词夺理反过来挑剔别人的错处，以此来逃避别人对自己的指责，他说班上的同学都不跟他玩，是因为他长得黑，说他是从非洲来的，都欺侮他，因此他很伤心。似乎这件事很伤他的自尊。我想同学不跟他玩并不一定是因为他黑，但我不知如何去开导他。是不是他把外观的美看得太重要了？在我们看来皮肤黑根本是一件微不足道的事，但他却把它作为很多不顺利事件的根源，给人小题大做或是不讲道理的感觉。我希望他能平心静气地听取别人的建议，但我该怎样做才对他有所帮助呢？有时感觉他不愿面对现实，他喜欢看科幻片，对反映现实的影片兴趣不大。希望能给我一些建议或意见。

在面对孩子的种种不如意时，我一贯建议家长先看一看，孩子出现这样的情况，跟家长自己本身的状态是否相关。从你的来信描述我发现，你的儿子跟你很像。的确是这样，孩子最初的成长和学习，就是以模仿为主，无论是有意的模仿，还是无意的秉承（其实无意的成分更大），所以我们说，**家长是什么样的人，孩子就是什么样的人；家长希望孩子成为什么样的人，我们做父母的首先需要成为那样的人。**

我建议你先把目光聚焦从儿子身上收回来，先放到你自己身上，看看你本

 接纳孩子

人,或者孩子身边跟他亲密的成年人,比如你丈夫,对待批评的态度是怎样的。当孩子抱怨生活中的不如意时,你们是否做到认真倾听他、认可他的感受、理解他的不满?抑或是像信里写的那样,你们马上否认他的感受,将其视为"微不足道",指责孩子"小题大做""不讲道理"吗?另外,在生活中,每当你们听到其他人的抱怨,即便跟你们无关,你们是否也会觉得对方在批评你们,因而产生抵触情绪,找到各种理由来解释这不是你们的错?

我还建议你想一想,为什么一定要让孩子"服软"呢?多小的孩子都好面子,都有很强的自尊心,都很难做到痛痛快快地承认错误。你越要求他承认错误,他越难受,也越不服气。如果我们相信孩子识别正误的能力,只是很温和地指出他某个举动的不当之处,而不是迎头批评指责他,每一个孩子都会意识到自己的错误,都会感到内疚,也会检点自己的。

直接批评孩子,从来都不能达到让孩子认识错误的目的,而是往往适得其反。我们平静地告诉孩子,"这样做,会对他人有××的影响,会令对方有××的感受",孩子的注意力会集中在自己的行为上;我们大惊小怪地指责他,甚至严厉地要求他认错,孩子的注意力就集中在我们的负面情绪上,并且由此而本能地产生恐惧和抵触情绪来保护自己,却忘了到底是因为什么而导致我们生气。他们将本来应该运用到自己身上的能量,转而应用到对付成年人的情绪和保护自己不受惩罚上来,也会因此感觉自己是一个很糟糕的人。

对自己感觉好的人,改正起错误来,易如反掌。而对自己感觉很糟的人,面对自己的缺点和错误往往感到无能为力。如果我们宽容孩子,允许他们犯错误,帮助他们认识到自己的不当,鼓励他们下次做得更好,那么孩子感觉自己被理解被接纳,感觉自己是有能力把握自己生活的人,也会有信心改进自己。如果我们过于严格要求孩子,不能容忍他犯错,对他唇枪舌剑,还不容许他申辩,那么他会感觉自己没有得到理解,会感到很委屈,也不乐意听我们的道理,而是觉得自己没有掌握生活的能力。

从来信中看得出来，你的儿子平时缺乏成年人耐心的倾听、理解和宽容，这种孩子更难做到承认错误，也无法平心静气地听取别人的意见。当他抱怨班里的同学取笑他黑时，他不需要你给他上一堂关于外观美的伦理课，而是希望在你那里获取同情和安抚，你恰恰给了他相反的东西。如果你换一种方式和态度，从他那个角度来看待问题，理解他的委屈和难过，认可他的感受："被大家这样取笑，让你很伤心"，再问问他对于这些事情有什么想法和建议，你和儿子之间的关系，就不会像目前这样剑拔弩张了。

当然，改变你对儿子的态度之前，你可能首先需要改变对自己的态度。如果你能接纳自己，听到别人抱怨（不一定是对你的批评）时，不感觉都是自己的错，那么改变对儿子的态度，会容易许多。

给孩子机会自行找到解决办法

我的孩子今年4岁5个月，男孩。2016年的9月上了一所公立的幼儿园。幼儿园环境、老师都很好，第一个学期为了帮助小朋友适应环境，幼儿园是上半天，午饭后就接回家了。第二个学期开学，因为我们在外地一直没有回家，所以就请了20多天的假。回家后上幼儿园的第一天早晨才知道，幼儿园有38个孩子，但是屋子里面只摆下了36张床，我的孩子和另外一个小朋友要被送到别的屋，和大班的小朋友一起午睡。我们和老师商量了很多次，加床或者有些小朋友请假的，换上我们的褥子，先让我们适应一段时间，但是都被老师否决了。去了两天，每天中午吃完了饭小朋友都准备睡觉了，他就被老师领到别的屋子，交给大班老师，和大班小朋友一起午睡。孩子回家后说，只要走到大班门口，他就开始哭，躺在床上也哭，有的时候哭完累了就睡着了。我们在孩子面前一直正面引导，告诉他大哥哥大姐

姐都很喜欢他,去那睡觉很好。但是每天晚上临睡觉前,他都会说,我就不喜欢去大班睡觉。孩子情绪很低落,还想着不去幼儿园了。我的孩子一直是比较敏感型的孩子,我很担心,这样让孩子离开他的班级,看着小朋友都在一起睡觉,他却被送到别的屋子,而且只有两个小朋友被领到别的屋子,孩子心里很委屈,继续下去会不会对孩子的心理造成影响。我应该怎么解决这件事情呢?我想再去找老师沟通一下,如果还不给解决我就中午接孩子回家睡觉,下午再送孩子去幼儿园。不知道这样做可不可以。希望能尽快得到老师的回复。谢谢!

看起来你很心疼孩子在幼儿园受到这样的困扰,也希望尽快找到一个妥当的解决方案。

当孩子小的时候,作为家长,我们几乎是无所不能的,孩子遇到的任何问题,我们都能想出多种办法来解决。因为我们比孩子拥有更多的经验、更多的能力、更擅长逻辑思维、更会从全局角度考虑问题。我们不仅密切关注孩子的心态,而且很乐于运用自己的智慧帮助孩子、保护孩子。投胎到咱们这种家庭的孩子,也是蛮幸运的,他们很安全、很有依靠。

当我们一马当先为孩子披荆斩棘时,比较容易忽略一件非常重要的事情:倾听、理解并且接纳孩子的感受,给他们机会,开启内在的智慧大门,自行找到解决问题的办法,靠自己的力量走出困境。

其实,很多时候,孩子需要的,不是我们冲在最前方,替他们解决问题,甚至都不是我们牵拉着他们,给他们指路,开导或者引导他们。当孩子到了一定年龄时,我们需要适度地朝舞台边儿上靠靠,做孩子生活剧中的配角,支持和辅佐他们。

你的孩子刚刚进入一个陌生的环境,刚刚开始全天离开家,在陌生的房间里，和不那么熟悉的同学一起午睡。这对孩子来说，是非常大的变化，无论安排在哪里午休，小朋友内心都会有一些剧烈的波动，需要倾诉出来，需要妈妈倾听并且理解和接纳。你的孩子又遇见更加让他为难的情况：被老师挑出来送到更加陌生的环境里午睡，可想而知，他的内心戏是十足的。

其实，解决这个问题的方案，不一定在你手里，而是在孩子那里。他此时迫切需要的，是妈妈倾听他的感受，而不是用"正面引导"去堵塞他的表达。这个年纪的孩子还无法从成年人的角度去看待事物，"大哥哥大姐姐都很喜欢你，去那里睡觉很好"是成年人的看法，对他来说毫无帮助，甚至会让他感觉更糟——他不愿意去大班睡觉，跟谁是否喜欢他，没有半毛钱关系。

当他再次表达"我就不喜欢去大班睡觉"时，请不要否认他的这个感受，而是认可它，因为感受没有对错，所有的感受都需要被看见、被认可。"哦，你不喜欢去大班睡觉"，这样开放而接纳的回应，会让孩子内心舒服很多，他也会感到说心里话是安全的，那么就会更加深入地触碰并且放松地袒露更多的心声。

在无法当场演示案例的前提下，我只能列举一部分孩子接下来可能会透露的感受，比如：不能在自己班里睡觉让我很难过，我害怕去大班，谁都不认识；老师不喜欢我吧，要不怎么"罚"我去别的班睡觉呢？我不喜欢在幼儿园睡觉，我想妈妈想家，等等。当孩子倾诉时，请千万不要反驳他，不要辩解"老师很喜欢你啊！有什么可害怕的呢？大班的同学和老师都很友善的！去大班睡觉是因为小班床不够了……"我们习以为常的"讲道理"从来都不会改变对方的感受，而只会让对方觉得你根本没听懂人家在说什么。无论你内心如何想辩驳，都请用力按捺住，试着感同身受地理解他当下的感受并且认可。

在这个过程中，孩子可能会哭，可能会提出来不去幼儿园……请你依然按捺住挥舞魔法棒的冲动，继续倾听和认可。慢慢地，孩子的感受全部"晒"出来了，这些折磨他的小怪物也就失去力量了。此时，他内心智慧的大门会开

接纳孩子

启,他会提出一些办法来帮助自己,比如,带一个他心爱的玩具或者枕头、被单之类的东西去幼儿园,要求你提早一点点来接他,或者其他一些小"条件",只要不是严重妨碍你做事的要求,你都可以答应下来,这足以慰藉他。等他不再抗拒去大班睡觉后,这些要求也就会自动取消了。

你也可以找到老师沟通一下,对老师表达孩子的感受,表达你自己的感受和担忧,看看老师能否配合你们,让孩子更加顺利地接受目前的安排。比如,让大班的某个或者多个小朋友和孩子建立起友情;每天中午来接他过去时,大班的老师是否可以花一些时间,跟孩子建立链接,让孩子信任她,乐意跟她的班级睡觉,等等。成年人的办法有很多,在尊重孩子感受的前提之下,为孩子提供充满爱意的帮助。

把孩子接回家午睡是下下策,这会干扰他在幼儿园的生活节奏,也可能会影响同伴。

在这样简短的回复当中讲清楚"倾听"这个沟通技巧是非常困难的,我推荐你参阅《P.E.T.父母效能训练手册》或者参加P.E.T.父母效能训练工作坊,系统地学习有效亲子沟通。

孩子爱尖叫,父母别抓挠

> 我家大宝母乳至2岁,彬彬有礼;二宝是个女孩,现在1岁半,但是最近有个非常头疼的问题,孩子在跟小区小伙伴玩耍的过程中学会尖叫,不高兴或者期望没有满足就尖叫,分贝特别高,试过冷处理也试过小惩罚,但是都没什么效果。请小巫指点有什么好办法可以让宝宝改掉这个坏习惯?

1岁半的宝宝,不高兴或者期待没有得到满足时,用大哭或者尖叫或者其他我们看来比较"激烈"的方式来表达，是非常正常的。因为他们还不具备能力，通过其他不激烈的方式来表达。其实成年人在不爽的时候，有时也难免做出激烈的反应来，更何况一岁半的小宝宝呢？试想一下，如果这么小的娃娃，就已经能够心平气和地说："妈妈，你没有满足我的某个期待，我很生气。"岂不是违和感十足啊？生活中连这样的成年人都少见，要是遇见这样的孩子，估计多数人会被吓坏的！

这么小的宝宝，也不具备"因果关系"这种概念——她不知道你的"冷处理"或者"小惩罚"是因为她尖叫来着，她不能将这两者联系起来。即便她神奇地明白了这两者之间的联系，在这个年纪，她还缺乏长期记忆，下次遇到同样情况，她不会立刻回忆起来"上次尖叫让俺娘不爽了，这次不能尖叫了！"更何况，现在是她不爽啊，她还是会本能地做出第一反应，而且是最能引起你们反响的举动：尖叫！

所以，说来说去，人家这不是什么坏习惯，只是你们不喜欢这种表达方式而已。但是，你喜欢什么表达方式呢？不许哭不许闹，人家怎么告诉你"我不爽"呢？不过，你喜欢的表达方式，估计人家也不知道，或者，现在还学不会。

她尖叫的时候，都是因为她不高兴或者期待没有满足，那么她这个时候遇到了困境，需要成年人的帮助，而此时最好的帮助，莫过于倾听，发自内心地共情她："你想做的某件事不能做，很难过"（此处你自己填写具体的事情和感受哈），当孩子的内在感受得到理解和接纳时，她的情绪温度会降下来。你可以陪着她，让她难过几分钟，本来么，愿望不能达成，连难过的情绪都不能有吗？

因为她年纪小，不会太多的表达，在恰当的时候，你可以提出一个替代的办法，用其他的活动替代她无法做的事情。不要过多地讲道理，在她这个年纪，巴拉巴拉地讲道理，是白费力气，人家耳朵里只听见噪音了。

 接纳孩子

孩子有激烈反应的时候,最考验我们的耐力和内心力量。很少有父母听到孩子的哭声和叫声而不翻江倒海的,要么急于平息孩子的情绪,要么自己也不由自主地火冒三丈起来,甚至做出伤害孩子的举动。我们内心的平静,是第一要素。不受孩子激烈反应的左右,能够看见孩子此时行为背后的原因并理解之、接纳之,是我们需要修炼的"本事"。

第3章

玩耍，儿童认知发展的途径

我们首先需要认识到的就是——对于人类儿童来说，认知并不意味着坐在屋子里念书，而是不安分地到处探索、攀爬、触摸，等等。简单地说，儿童认知的模式就是亲身体验，就是一个词——玩耍。儿童在生命的头几年，需要运用大部分能量去好好长身体，为将来的生活打下健康的基础；他们需要运用能量建立安全感和自信心，为将来的生活奠定心理基础。

接纳孩子

如果有外星人来观察地球上的父母,我相信他们一定会得出这样的结论:"中国的父母是这个星球上最重视孩子学习的家长。"

的确,不知道有多少孩子是在父母"只要学习好"的指导思想下长大的。学习是父母们最关心的话题,也是养育孩子最重要的内容。很多父母在这方面舍得花钱,舍得花时间,甚至不惜像训练动物那样,给尚在襁褓中的婴儿"闪卡",追求立竿见影的功效。

然而,儿童的发展是有规律可循的,是循序渐进、慢慢成熟的。就像我们不能催生孩子的第一颗牙一样,我们不能催生孩子的认知能力。任何提早、拔高、揠苗助长的行为,有可能取得暂时"辉煌"的成果,却会给孩子的身体和精神带来损伤。

儿童在生命的头几年,需要运用大部分能量去好好长身体,为将来的生活打下健康的基础;他们需要运用能量建立安全感和自信心,为将来的生活奠定心理地基。他们需要运用能量确认父母无条件的爱和接纳,从而爱自己、接纳自己,才能在将来的生活中百折不挠。如果我们在这个时期让他们过早学习书本知识,那么我们则提前透支了他们用以发展生命的能量。

有些看过我的书的读者说:"小巫不重视孩子的学习。"这样的说法未免失之偏颇。在我看来,学习并非不重要,而是我们很多时候误解了孩子的学习,在评判儿童认知方面也使用了不恰当的衡量标准。我不支持过早给孩子灌输书本知识,让孩子把生命的能量损耗在获取某些技能方面。我一向坚信,一个安全感牢固、自信心坚定、自我意识强大、生活体验丰富的孩子,不会被书本知识难倒。

其实，每一个孩子在基本生存得到保障之后，生命中最重要的事情就是学习。孩子就像外星人来到地球上一样，他什么都没见过，如果不刻苦学习弄明白这个世界怎么回事儿，他就无法作为一个独立的人来存活。因此，我们总是说，孩子的每一个举动都是在学习。尤其生命头几年，儿童生活在他的行动当中，行动和思维不可分割。孩子活动的时候，说明他的脑在积极运转；孩子什么都不做的时候，说明他的脑也放慢了脚步。

因此，我们首先需要认识到的就是——对于人类儿童来说，认知并不意味着坐在屋子里念书，而是不安分地到处探索、攀爬、触摸……简单地说，儿童认知的模式就是亲身体验，就是一个词：玩耍。

玩耍是儿童内心世界的直接表达。因此我们需要特别关注孩子的玩耍，鼓励他们，给他们玩耍的自由。

这个时候，你爬了进来，好奇地打量着地板上的插头，抓起来，把玩着。准备转身去上班的我转回身来，坐在你的旁边，安静地观察着你。你举起插头，用它去触碰墙上的插座，一遍一遍地尝试着去发现它们之间的关系。你是那样的专注，我知道你在working（工作），在学习，在探索，我不去打搅你，只是静静地看着你，让你慢慢来。半个小时过去了，如果你要继续，我会用更多迟到的时间，来换取保护你不受任何打扰探索世界的时间。……走出门外，几片薄薄的乌云中透着亮光，眼前的一切都似被着重地强调了轮廓，显得格外清晰。空气是那么地透彻，我最喜欢的阴晴天来了。一阵秋风吹来，让人感到格外清爽。我毫不犹豫地挎上背包，这样的天气当然不能选择开车，边走路边戴上耳机，传来了清脆动听的吉他声，看着远处天空中飞着的一只变得很小却很清晰的风筝，这一刻，我感到很快乐。（子晏爸爸的日记）

如果你看完这一段，第一时间的感慨是"插头！怎么能让孩子玩这么危险的东西"，或者"难道你提倡让我们都迟到吗？扣除的奖金你给我发"云云，

接纳孩子

此刻,我请你放下书,深呼吸,而后再看一遍。

这一章节大部分文字都在讲年龄段比较小的孩子,大孩子的父母可能觉得不耐烦,没有用。我自己的体验是,即便我自己的孩子已经大了,却仍不敢轻易放过论述小孩子的文字,每看一次,都有新的感悟,帮助我以再次更新的目光去看我的大孩子。

学习是一辈子的事情,并非局限于上学考试取得成绩那几年。因此,对于孩子的学习,我们需要具备远见,要看长期的成效。我们要着眼于孩子的后劲儿,而不是急功近利,让孩子累倒在人生起跑线上。

贪玩是儿童的天性

十年前隆冬雪后的一天,户外阳光明媚,我带着女儿和另外一位小姑娘艳丽到楼下院子里玩儿。她俩分别拿了一把小铲和小耙子,找到一栋楼后一片小树林,开始挖地上的积雪。我建议她俩把铲下来的雪块放在楼台上,让太阳施展"魔法",把雪块和冰块变成水。她俩兴奋地比赛着挖,看谁挖出来的雪块大,一块一块地摆放在楼台上,看着它们从固体变成液体,滴滴答答地往地上滴水。看了一会儿,两人又讨论了一下太阳好不好,我们能否靠近,挨得太近了我们是不是也化了。

那个位置恰巧挨着楼顶排水管出口处,地上结了一些冰,也积了一些水。她俩发现这个宝地之后,又开始忙碌地剁冰、铲水、挖土。我女儿嫌自己的耙子盛不上水,跟艳丽交换她的铲子;艳丽发明了耙子盛水的办法,示范给我女儿看。两个三四岁的小姑娘专心致志地玩了一个多小时,满身的泥点儿,最后心满意足地离开树林,到游乐场荡秋千去了。

如果换了其他的一些家长，他们可能不会"纵容"这两个孩子这么玩。因为在这些成年人眼里，这样玩让孩子手脏了，衣服湿了脏了，手冷了，身上也冷了，还可能冻病了。他们也许根本不允许孩子在冰天雪地里停留，而是最好待在温暖的家里，跟着他们念书认字、背诵诗词。

事实上，这样玩，有助于孩子认知雪和冰的模样、质地和手感，观察冰雪融化的过程，体会太阳的温度与冰雪之间的关系，了解泥土在冬天的触觉，通过一系列踩、踏、剁、挖、铲、盛、搬运的动作，锻炼她们的协调性、发展她们的多种感官、开发她们解决问题的能力。相对于那种安静的学习来说，这种又脏又乱的活动才是适合儿童年龄段的学习。

玩耍，是大自然赋予儿童的一件特殊礼物。 刚出生的小宝宝，身体尚没有说话、走路、自理的本事，内在却已经具备了归纳、提炼、认知的能力。这种天生的智慧，需要与自由的玩耍相结合，宝宝才能按部就班地健康成长。

在成年人看来，让儿童自由地玩耍，会带来很多"副作用"，比如，会弄脏了身体和衣服，会弄乱了家里的摆设，有时会搞得灰头土脸，有时又弄得全身湿透，甚至有时会出危险。

让宝宝自由玩耍，对成年人来说的确比较麻烦，既需要我们事后勤奋地收拾和洗涮，又需要我们巧妙地引导和保护。我们多费心不怕麻烦，换来的是宝宝身心健康的发育和成长。如果我们怕麻烦，将宝宝的玩耍视为调皮捣蛋，阻止宝宝的玩耍，我们则阻止了他们思维的发展，妨碍了他们智力的进展，拖累了他们成长成熟的脚步。

智力开发始于探索身体

都说让宝宝自由探索是好事，探索从什么时候开始？大家说探索开发宝宝的智力，我怎么才能知道他智力哪方面得到了开发呢？

接纳孩子

小宝宝对这个世界的探索，从他们出生那一刻就开始了。在生命开初的几个月，婴儿探索最多的，是自己的身体，因为对于一个新生儿来说，自己身体的一切感觉和反应都是前所未有、新鲜未知的。从呼吸、吸吮、吞咽、咳嗽、打喷嚏，到饥饿、困倦，乃至大小便，许许多多我们成年人习以为常、难以觉察的感觉，对小婴儿来说都是刻骨铭心的经历。

这种对身体的探索，会贯穿整个身体发育阶段，而有意识的探索则集中发生在头两三年。你会看到小宝宝津津有味地吃手指头、不屈不挠地扳着脚丫子伸进嘴里、饶有兴致地玩弄自己的手，甚至在纸尿裤里排泄的时候他们会停止手头的工作，聚精会神而又露出不解的神情。

在婴儿期，小宝宝的探索对象还包括他环境中的一些物品，尤其是那些对他有所回应的物品。实际上，他最喜欢探索的，是对他进行积极响应的——人！而在生命初始，对他响应最积极的，就是妈妈和爸爸。所以不要小看我们当父母的在儿童探索中的角色，因为我们也是他们的探索对象，而且是最重要的对象。

为什么说人是儿童探索活动中最重要的对象呢？因为探索活动首先开发的，是小宝宝的情绪，在开发情绪的基础之上，探索活动开发他们的智力。儿童的智力活动与他们的情绪紧密结合，相辅相成。可以这样说，情绪将宝宝构建成为一个独特的个体，将宝宝形成一个社会性的人。身体反应、情绪感受在先，认知能力和智力活动的开发随之而来。身体接收的信号激发感觉和情绪，这些感觉和情绪继而激活认知功能，让宝宝觉察和认识到自己的感受，并试图诠释、归类和掌控自己的情绪，总结出前因后果，还有把握和左右引发这种情绪的环境。因此，**探索—感受—情绪—认知—尝试（再探索），形成一个延绵不断的循环，在这种循环中，宝宝逐渐长大。**

在最初的几个月，宝宝逐渐将身体的感受、父母的回应，与情绪挂上钩：欢乐意味着温暖、乳汁、拥抱和轻柔的哼唱声；与之相反，难过意味着饥饿、寒冷、困倦、过强的刺激，还有自己的呼唤得不到及时的响应。父母跟宝宝的交流，让宝宝积累起情绪感受的数据库，并简单地分类成好和坏这两种。

接下来，宝宝进行的重要探索活动，就是识别他人的情绪，并根据这些识别来调整自己进一步的探索行为。比如，他把一个东西使劲儿扔到地上，妈妈惊叫一声，批评宝宝，捡起来告诉宝宝不许再扔。宝宝听不懂妈妈说了些什么，但是妈妈的激烈反应却让他感到十分有趣，于是他再次把东西扔到地上，并且饶有兴致地看着妈妈的脸，甚至咯咯地笑，因为在他看来，这个游戏真好玩儿！如果妈妈继续给宝宝负面的反应：皱眉、生气、训斥，宝宝知道这样的举动会改变妈妈的情绪，自此他掌握了控制妈妈的一件秘密武器。如果妈妈给宝宝正面的反应：平静地微笑，带着宝宝一起将东西捡起来，宝宝则获得鼓励，对自己的行为感到安全，并会将注意力转移到一扔一落这个现象上，对物品与空间和地心引力之间的关系进行进一步探索，满足自己的好奇心。他也乐于探索新事物，因为探索带给他欢快的情绪，他也会继续根据父母的情绪反应来调整自己的行为，充实情绪和认知数据库。

探索行为得到父母及时和正面的响应越多，宝宝对自身和环境的认知越积极，他越会是一个平静而快乐的宝宝。相反，探索行为得到父母负面响应越多，宝宝对自身和环境的认知则越趋向负面，并对此感到不解和困惑，继而引发宝宝难以控制自己的负面情绪。所以我们说，自由少的孩子脾气大。

在婴儿期和学步儿期，宝宝需要父母关注的信号，就是他对人生和世界探索活动的重要组成部分。父母及时和积极的响应，会让宝宝对自己形成良好的评价，树立最初的自信心。

对孩子来说，世界就是玩具

我的宝宝宁宁快1岁了，他最近越来越淘气，喜欢乱爬乱摸，拿到书就撕，还总是把东西往地上扔。陪伴他玩耍的时候，我总是提心

接纳孩子

吊胆的,不知道他又有什么花样,会搞出什么破坏。另外我不知道怎样和他一起玩,他对我的提议常常不感兴趣,我只是在一边看着他而已。我应该怎样做,才能陪宝宝一起快乐玩耍呢?

老实说,处于这个年龄段的幼儿,对于家长的体力来说,是一个极大的挑战。陪伴会爬和刚刚会走的学步儿,往往令成年人筋疲力尽。孩子的语言能力尚处萌芽期,他不能领会你的意图,也听不大懂你的道理,他自己还不太会表达,你也经常揣摩不透他的心思。

不过,交流的不便,并不能抑制孩子探索世界的热忱。对于快1岁的孩子来说,四周的一切都那么新奇,原来只能躺在床上或者爸爸妈妈的怀抱里,被动地看一看,现在自己可以挪动身体,主动亲手摸一摸了!所有的孩子都乐此不疲,到处爬到处摸,他们并不知道什么是可以摸、什么摸上去是有一定危险的,这需要他们在家长的帮助和引导下慢慢地发现。

另外,在他们眼里,书不是拿来看的,而是拿来撕的;物体自由降落这件事,充满奇妙,于是拿到什么都往地上扔一扔,不然他怎么理解地心引力这种现象呢?更何况,他自己正在跟地心引力做斗争,要努力脱离地心引力的束缚,把脚抬起来,迈出去,跨出人生第一步。

儿童在玩耍过程中的一大特点就是,他们只对自己特定年龄段能够把握的事情感兴趣,对他们能力之外的活动往往视而不见。如果你的提议得不到孩子的回应,说明这项活动不适合他目前的年龄段。家长不妨多观察孩子,看看他到底热衷于什么,针对孩子的兴趣,找到跟孩子有效互动的游戏方式。

比如,这个年龄段的孩子正在构建客体永久性的概念,他们正在玩的一样东西,如果你藏起来,几个月之前他们会以为这样东西就消失了,不会去找,现在他们则会付出一定的努力去寻找这样东西,所以,这个时期的孩子比较喜欢玩躲猫猫——藏玩具也好,藏人也好,不过注意不要藏得太隐蔽,孩子的注意力转瞬即逝，找一会儿找不到他会放弃的，甚至会难过。

有些时候，孩子对你的提议没有响应，而是埋头玩自己的，你只能在一边看着他，这其实是一个很好的机会，不仅培养孩子的专注力，也有助于鼓励孩子逐渐脱离成年人的辅助，自己玩儿，你不妨就安静地坐在一边陪伴他，让他体味到自己独立玩耍的乐趣。

家有"外星人"，什么都好奇

> 我的宝宝佳佳快2岁了。最近我发现，她的好奇心远远超出我的预料。大人们平日司空见惯的东西，她都觉得新鲜，什么冰箱贴、遥控器、电灯开关、煤气灶、饮水机、牙膏、牙刷、擦脸油，在她看来都是玩具，摆弄个不停，而且频频发问："妈妈这是什么？""为什么？"要是不让她动，她就哭闹发脾气，最后我只好妥协了。一遍遍解答她的问题，我倒是有耐心，但是我担心好奇心会给她带来危险。而且她的好奇心像个无底洞，好像怎么也满足不了，我真有点黔驴技穷了。

如果一个孩子生下来就什么都知道，看见冰箱贴就知道它靠磁铁粘在冰箱上，看见遥控器就知道那是指挥电视的，看见煤气灶就知道那是做饭用的，看见擦脸油就知道那是护肤用品……那么生活对于这个孩子来说，恐怕也了无情趣：缺乏新鲜事物的刺激，她会感到很无聊。她会呆呆地坐在那里，什么都不想做。

再让我们仔细想想，什么样的人对什么都不感兴趣、没有好奇心呢？老人。他活了好多年，几乎什么都见识过了，身边没有什么新鲜的事物能引起他的好奇心了，他也就很安静地待在那里，不再乱摸乱动了。其实即便是老年人，如果保持了高度的好奇心，积极活跃地探索和学习，他仍然会显得充满活力，显得比实际年龄年轻，我们甚至会说他童心未泯。所以，好奇心可以说是

接纳孩子

儿童的一项专利,是他们赖以生存的动力。活了一辈子,我们谁也不敢说自己什么都知道了。就是这种对世界的未知,以及要解决未知的强烈渴望,促使我们积极地面对每一天新升起的太阳。

而一个2岁的儿童,就像一个外星人对世界充满了未知,也充满了乐趣;一切的一切,都那么新鲜,那么好玩儿。我们司空见惯的东西,在她看来,却是闻所未闻;她内心拥有一股强大的力量,促使她看到什么都要摸一摸、碰一碰、研究研究。

这种好奇心的发展,与儿童身体能力的发展相辅相成。学会走路意味着能脱离妈妈去探索世界,她对自己身体的感觉不一样了,以前她必须依靠妈妈才能动,现在自己就能动了,一旦发现这种新的自由,孩子都会很兴奋。当孩子学会走路之后,父母们立刻发现自己面临着更艰巨的挑战:孩子哪儿都要去,什么都要动;即便那些在我们看来有些危险的物品,孩子也兴致勃勃地去摸索。如果我们制止她,她会非常生气,大发雷霆。很多父母面对孩子的这种特性,感到很头疼,不知道怎么办才好。

只要我们认识到这种好奇的探索对于儿童发展的重要性,就不难发挥我们的智慧,既满足孩子的愿望,又巧妙地避开危险和伤害。可以按下面这些小贴士来做:

> 将易碎物品、贵重物品、危险物品以及药物收到孩子够不着的地方,把电源遮挡起来,加固门窗开关。
>
> 一般来说,两三岁的孩子能力有限,只要我们布置有方,看管得当,他们既不会造成严重的破坏,也不会给自己带来很重的伤害。因此,我们首先要放松心情,不要紧张兮兮亦步亦趋地盯着孩子,更不要事事处处阻拦他们。
>
> 在必须制止孩子的情况下,不要流露强烈的情绪,而是平静地把孩子抱开,用另外一项有趣的工作吸引开孩子的注意力。

只贪玩不学习,我的孩子能聪明吗?

> 妞妞快2岁了,她可是个出名的淘气包,从早到晚上蹿下跳,一刻也停不下来。她只对玩兴趣十足,凡是需要静下来做的事情如看书、听故事、画画,妞妞一概没兴趣。她怎么这么好玩好动呢?只玩耍,不学习,我的宝宝能聪明吗?

我总记得我们家阿姨说过的一段话:"孩子嘛,就是要活蹦乱跳、东摸摸西碰碰,一刻也闲不下来。要是他安安静静地不动弹了,那一定是生病了;要是他总是老老实实地不动,那就是傻子了。"

虽然是大白话,却道出儿童发展的真理:儿童的思维和行动是一体的,越是活泼好动的孩子,越聪明。

我们总希望孩子能够安静下来,做一些在我们看来是"学习"的事情,这其实是我们误解了学习是怎么回事。我们误以为看书、画画、写字、听故事才是学习,我们误以为玩儿不是学习。

事实上,孩子自从出世以来,他的每一个举动,都是学习的过程。儿童生命初始的几年,学习的发生,都不是仅仅通过眼睛(阅读),或者耳朵(听故事),不是的,儿童的学习肯定不会通过这些单一枯燥的途径,而是通过他全身的感觉器官(一共十二个呢),去吸收四周的一切。

想想看,刚出生的宝宝,连自己的四肢都不能控制,他根本不知道手的感觉是什么,他还需要几个月的时间才能坐起来,需要一年左右的时间才会站立和行走,他所接触到的一切都是陌生的、新鲜的、充满未知的。因此他也需要反复的接触和练习,才能稍稍掌握他自己的身体。而他听到的和看到的,更是需要长时间的消化,才能升华到一定程度的理解。

儿童接触到的一切,无论通过哪种方式,都会在他身上留下印迹,为他将

接纳孩子

来进行抽象的思维和学习,打下最初的地基。

在这个过程中,玩耍帮助宝宝成长、成熟。**宝宝通过各种形式的玩耍,慢慢控制自己的身体,认知周围的世界。玩耍对于宝宝来说是一门学问,不同的玩法,带给宝宝不同的收获。**当宝宝能够独自站立的时候,他喜欢扶着支撑物站起来,蹲下去,再站起来,再蹲下去,反反复复好多遍。这是玩耍,也是宝宝学习更好站立的过程。父母不要忽视宝宝的小小举动,要仔细观察宝宝的需求,帮助和鼓励他更好地练习。

在学步阶段,不必担心宝宝过于好动,他其实是在通过玩耍和行动进行学习和探索。父母可以和宝宝一起游戏,在保证安全的前提下,放手让他尽情玩耍。比如托着他的胸和腹像小飞机一样飞,或在扶他走步的时候,悄悄松开手。让他自己去掌握平衡。运动在给宝宝带来兴奋的同时,也促进了宝宝协调、平衡等各种能力的发展,从而促进脑的发育。

更何况,儿童是慢慢发展成熟的,他的记忆力和理解力也是逐渐成熟、成形的。对于纯粹文字、语言和图像的理解,需要他达到一定的年龄,并且积攒了丰富的实际经验,才能落实下来。

所以我们常说,儿童的学习,是在行动当中发生的。即便成年人的学习,离开行动和体验,也不是真正意义上的理解,而不过是会背诵一些乏味的文字而已。对于一个幼儿来说,身体动得越多,脑也动得越多,只有在行动当中,他的脑才处于积极转动的状态。

理解了这一点,我们就不会把孩子的玩耍与学习对立起来,而是将它们合为一体。我们可以这样理解:越爱玩的孩子,越聪明;越会玩的孩子,越聪明;能把一切都玩出新鲜花样的孩子,最聪明。

多带孩子出去玩吧,在安全的前提下多让孩子接触不同的玩耍材料,比如水、沙、泥、米、面、豆,乃至锅碗瓢盆,都是可以玩的,以充分满足他们的好奇心,而不要把他们的生活体验局限在书本、图画、故事这样单调平面的东西当中。

当孩子全神贯注工作（玩）的时候，我们不要打搅他，也不要离开他，而是坐在旁边陪伴他，分享他工作、发现、创新的快乐。

帮助宝宝建立自己的玩伴圈

> 今年春节在越南旅行时，一天我乘坐宾馆的班车进城，坐在我旁边的是一位英国父亲，抱着他6个月大的女儿。小宝宝一上车就盯着我看，我当时戴了一副大墨镜，看着小宝宝可爱的小脸儿，我想逗逗她玩儿。于是我低了低头，让墨镜滑落到我鼻子上，我从墨镜上方看她。小宝宝看看我的眼睛，又看看墨镜，很仔细地研究着这两者之间的关系。我又把墨镜摘开，她的目光立即跟着墨镜移动。我不断地把墨镜戴上，滑下，摘开，小宝宝也全神贯注地跟随着墨镜的动静，直到班车到达目的地停下来。
>
> 整个过程，没有一句语言的交流，但是这个小宝宝却跟我进行了一场内容丰富的社交活动。换句话说，在班车上，她碰到了一个特别有趣的玩伴。小宝宝的父亲坐在一边，饶有兴致地看着他的女儿跟一个陌生阿姨进行无声的互动。

我们都知道，人是群居动物，每个人都需要伙伴，需要社会交往。小宝宝生下来的第一个社交对象就是他的父母，父母对宝宝的精心照料，让他感到世界是可亲的，人们是可靠的，使得他建立起对人的信任感。随着宝宝逐渐长大，他开始注意到他人，并且根据自己以往积攒的对世界和人的印象，来开展他的社交活动。

宝宝尚处于婴儿期时，父母就应该有意识地多带宝宝外出"见世面"，接

接纳孩子

触其他的儿童以及成人。父母首先需要为宝宝建立一个社交圈，在身边多找一些同龄的宝宝，跟他们的家长建立联系，平时互相串串门儿，周末和节假日大家一起带孩子出去玩儿。一开始这种活动不需要很多宝宝参加，有两三个孩子足矣。家长们也不必着急让孩子之间进行交流，更不要督促孩子分享玩具、一起玩儿。**孩子在幼儿期，跟伙伴之间的关系都是"平行游戏"，即各玩各的，但是却会关注另外的伙伴在做些什么。合作与分享，是在宝宝更大一些，有了合作与分享的需要和愿望时，才会进行的活动。**

有些时候，小伙伴之间由于争抢玩具，也会发生矛盾和冲突。家长们不必担心，这种冲突是宝宝学习社交规则的宝贵机会。父母可以充分利用这些机会，以示范和引导的手段，让宝宝锻炼表达自己、体贴对方、解决问题、致谢致歉、友好相处等等方面的能力。在这种时刻，父母应该以宝宝的感受为主体，不要斤斤计较自己的孩子是否"挨欺负"了，更不要跟对方的家长较真儿。

虽然每个孩子的秉性脾气各不相同，家长还是应该尽早、尽多地让孩子接触人群。很多家长对于孩子过分呵护，不愿意带孩子出门，怕冷、怕风、怕脏、怕传染上疾病，孩子在封闭的环境中长大，对外界缺乏认知并充满恐惧。待到孩子需要社交时，难免受挫折挨欺负，那时家长再着急，恐怕晚了一点——难道你能每天跟着他、护着他，甚至帮着他打架？倒不如早一些培养他处变不惊的品质，让他面对外界和他人时感到自信和友好。经验的丰富还是匮乏与孩子的社交能力有很大关联，社交经验丰富的孩子较之缺乏早期社交经历的孩子更加容易交上朋友。

模仿是最重要的学习方式

乐乐和天天是两个1岁多的男孩，两个孩子的妈妈是好朋友，他们经常聚到一起玩儿。妈妈们观察到，两个小朋友在一起的时候，基本上没有直接的交流，各玩各的，可是，好像他们后脑勺长了眼睛一样，无论对方在玩什么，另外一个孩子必定做出同样的举动来。如果乐乐拿着小锤子到处砸，天天也会将手中的玩具砸来砸去；如果天天搭了一个积木塔，乐乐也会找到能摆起来的玩具，搭成一个小塔。有时候，天天搭完塔，会一把推翻，然后放声大笑，乐乐也如法炮制，而后仰天大笑。这样子玩儿，他们都很快乐。有时候也不好玩儿，因为他们会去推翻对方搭起来的积木，然后你打我一拳，我给你一巴掌，出手的方式和速度都差不多，再同时放声大哭，这时妈妈们就要介入了。

曾经有科学家做过试验，让一个演员在近距离对一个出生才几天的婴儿做出各种表情来，结果发现小宝宝竟然会模仿对方的表情。这归功于我们脑中的"镜像神经元"，这组在二十世纪九十年代才得到研究和重视的神经元，对于我们理解儿童的学习和发展有着至关重要的意义。在喂养婴儿的过程当中，婴儿也会模仿母亲的表情，继而模仿成年人的动作，尤其从1岁左右开始，妈妈们发现孩子努力而笨拙地模仿好多动作，很多妈妈特别喜欢在这个时候教孩子挥手"拜拜"，抓挠挠，虫虫飞，捂脸藏闷闷儿，等等。等孩子会走路了，特别是2岁左右，妈妈们发现小不点儿特别喜欢跟在大孩子后边，对年龄大的孩子的兴趣，远远超过同龄人，而且大孩子做什么，他们也做什么。在一起的时候模仿，不在一起的时候，也会学着大孩子做事。而孩子模仿父母，则是无时不在，无处不有，潜移默化。有时候，如果把两个年龄不同的孩子聚在一起，会出现这样有趣的现象：他们拼命互相模仿，大孩子仿佛变小了一样，小孩子则好像一下子长大了似的，他们都那么渴望相互的认同。

可以说，人类婴儿从出生开始，就具备了模仿的能力；人类婴儿生命最初

接纳孩子

几年的学习和成长，绝大部分是模仿。模仿的习性贯穿我们一生，是我们最重要的学习方式。模仿是物种生存的基本工具，大多数动物都以模仿来学习怎样觅食、梳理、找路、防卫、迁徙，总而言之，如何生存。人类婴儿也不例外，模仿对于他们来说太重要了。随着孩子年龄的增长，模仿的花样越来越多，意味着他们的心理活动也越来越复杂。模仿的基础是对自我的识别、对他人的辨别，在脑中形成意向，而后参照着做出相似的动作。在游戏和玩耍中，孩子们会扮演角色，会让他们手中的玩具扮演角色，模仿生活中的场景，这是他们智力开发的重要组成部分。毫不夸张地说，善于模仿的宝宝都聪明。

父母们需要特别重视这样两件事：

第一，从学步儿时期起，要有意识地多带孩子外出结交小朋友，孩子从同伴那里模仿而来的，是父母无法给予孩子的，这种模仿对孩子的成长至关重要。如果家里有多个子女，孩子们之间会互相模仿，但是由于大多数家庭都是独生子女，同伴结交就显得尤为迫切。

第二，成年人要特别注意自己的一言一行，要给孩子做好的典范。小宝宝像一块海绵一样，吸收着我们的一切举止，这就要求我们做父母的，先检点自己的为人，提高自身的修养，做值得孩子效仿的榜样。

不要好为"娃"师

还是乐乐和天天的故事。两个孩子，都在玩同样的拼插积木；两个母亲，不同的处理方式。

乐乐把积木摆来摆去，翻过来掉过去，怎么都插不进去。他感觉有些沮丧，举起积木，像敲钉子一样地砸向带插口的底座，"梆梆梆"，这声音令他兴奋，心情一下子好转，咯咯笑着看看坐在一旁的妈妈，妈妈也向他报以微笑。乐乐觉得受到鼓励，继续探索积木的不同用途，甚至把积木放进嘴里尝一尝，再聚精会神地看着、研究着、把玩着。他尝试了多种拼插的办法，好像都不行，他又看看妈妈，妈妈还是耐心地报以微笑。他继续尝试，突然间，"啪嗒"一声，积木插进去了！乐乐先是愣了一下，继而兴奋地大笑，第一时间去看妈妈，妈妈这时才移上前来，拥吻着乐乐，说："哇，你经过多种尝试，终于插好了，一定很高兴吧！"

天天把积木摆来摆去，翻过来掉过去，怎么都插不进去。天天妈在一旁指点他："你这么摆不对，把它掉过来。"天天不明白妈妈的意思，感觉有些沮丧，举起积木使劲儿扔到地上，天天妈嗓门一下子抬高了："怎么了？你扔它干吗呀？扔坏了怎么办？"天天受到抢白，本来沮丧的心情变得懊恼，开始哭泣。天天妈心疼的同时也感到更加不耐烦："哭什么哭？不就是一块积木吗？别哭了，乖，来，妈妈教你，你好好看着啊。"天天妈麻利地把积木插好，说："喏，这不是很简单吗？"

从这两个场景我们不难看出，乐乐妈的处理方式，更能有效地帮助孩子建立自信心。妈妈放手让孩子自由地探索、尝试，失败的时候不予干涉，以平和的态度陪伴孩子，无声地鼓舞孩子自己产生足够的动力坚持继续尝试，直至孩子自己找到解决方法。孩子于是深信，无论遇到什么样的阻碍，他都能够凭借自己的智慧和耐心来解决问题。他也深知，无论遇到什么样的挫败，他的亲人都不会指责他、抛弃他，而是会接纳他、鼓励他、支持他。

天天妈妈急于让孩子"学"会怎么做，她心疼孩子，不忍心看到孩子经受挫折，于是帮助孩子"成功"了，但是天天从此类经验中得到的信息则是："我很笨，我不会也不能独立完成任何事情，妈妈是万能的，没有她，我什么也做不了。"天天学会仰仗成年人，今后他还会仰仗书本，以及其他现成的答

接纳孩子

案，唯一不能相信的，就是他自己。无论遇到什么样的困难，他都会第一时间去寻求成年人的帮助，希冀得到一个最快的标准答案，并且对他人的说法深信不疑，对自己的能力却毫无信心。他不敢尝试、害怕犯错、害怕失败，因为他的亲人会批评他、拒绝他、不接纳他。

探索／尝试—失败—再探索／再尝试—再失败，直至成功，是人类学习的模式。看看几个月的小宝宝练习爬行，我们就知道了。小宝宝努力地撑起身体，左右晃动，试图保持平衡，试图移动身体，时而撑不住或者摇摆着摔倒，再撑起来，他想往前爬，身体却不听使唤，向后出溜。宝宝锲而不舍，不屈不挠，不断地练习、摸索、尝试，直到有一天，他能顺利地向前左右交叉地爬了。这种反复尝试反复失败，再尝试直至成功的经验让宝宝认识到自己具备掌握身体、把握环境、克服阻碍、解决问题的能力。我们教不会孩子爬，只能任由他自己摸索。然而，在其他事情上，我们很难按捺住帮助孩子的愿望，很难做到静静地在一旁守候着。我们没有看到，当我们以成年人的成熟与完美在孩子面前"孔雀开屏"的时候，孩子仰望着我们，内心既对我们充满敬畏之情，也对自己的无能感到自卑。我们每开一次屏，孩子的自信心就会一落千丈。

在安全的前提下，我们应该多放手让孩子对环境中所有的未知事物进行探索。孩子通过自由探索来认识世界，获取知识，获得生存技巧，成长为一个独立自主的人。探索在孩子成长过程中占据举足轻重的地位。探索、工作、创造，使得孩子对自己的能力产生信心，相信自己能够独立解决问题。这种自信，会让孩子在今后的学习和生活中取得成功。

玩耍，培养宝宝的社交能力

有一年的春节，我们全家回新西兰奶奶家度假。北半球的隆冬，恰值南半球的盛夏，孩子们每天在户外奔跑游玩。一天下午，我们来到一处儿童游乐场，我的两个孩子和他们的朋友都去玩一种叫作"飞狐"的器械。那里已经聚集了五六个孩子，从两三岁到四五岁都有。那天好像是其中一个孩子的生日，他们的妈妈带着蛋糕小吃饮料，举行一个小小的野餐会。这群孩子自发地组织起来，排队轮流登上"飞狐"飞驰下去，再荡回来。每个孩子都自觉地耐心等待，轮到自己再上去玩，玩过一次之后把"飞狐"拉回起始点，交给下一个孩子。

"飞狐"实在是太好玩了，一名年纪小一些的孩子忍不住玩过一次之后，把住"飞狐"不交出去，还要趁机再玩一次。这时他的朋友们一拥而上，有的抓住"飞狐"手把，有的抱住他，大家纷纷告诉他："不能这样做，我们需要轮流，否则对大家不公平，请你下来，待一会儿就又轮到你了。"在朋友的请求、说理和簇拥之下，那个犯规的小朋友乖乖地松了手，排到队伍最后边。

这些孩子的妈妈，远远地坐在游乐场安置的木头桌子和长凳上，边喝咖啡边聊天，并不关注孩子们之间发生了什么。

我当时想，如果换到某些地方，家长们恐怕会虎视眈眈地盯着孩子，紧紧地跟着孩子，一旦出现任何矛盾和冲突，家长们一个箭步冲上前，评判、裁夺、批评、指正。"让着他！别打架！你怎么这么霸道！"诸如此类让孩子糊涂的指令脱口而出。

对于儿童来说，自由地玩耍，从来都是一项具有社会交往意义的活动。即便孩子独自玩耍的时候，他们也需要从社交经验中提取角色和象征符号来进行活动。玩耍的内容和主题永远和孩子的社交与文化背景紧密关联，孩子们在玩耍当中，模仿成年人的行为，自发建立规则，积极主动寻找解决问题的办法。

对于家长来说，最重要的工作是，<u>相信孩子的智慧，放手让孩子自由地玩</u>

接纳孩子

耍，让他们在玩耍中认知并建立规则，开发社会交往的能力，在矛盾和冲突当中，学会协调伙伴之间的关系，形成团体合作意识，掌握解决问题的技巧。

的确，当我们放手让孩子跟小伙伴自由交往时，他们获得了宝贵的机会，来觉察他人的感知与理解力，并且体验到他人的感受和想法跟自己是不同的，甚至是矛盾的。在这种时刻，如果他们希望玩耍继续进行，就必须学会商议、妥协和变通。

女儿5岁的一天下午，我去幼儿园接她。她正在院子里和要好的朋友林林荡秋千，林林去卫生间，托付我女儿帮助她看管秋千。这时另外一个小朋友毛毛过来要玩儿，我女儿对毛毛说："这是林林先拿到的秋千，她去卫生间了。"林林过来的时候，我女儿问她："毛毛要玩秋千，你同意吗？"林林摇摇头，我女儿转脸对毛毛说："她不同意，请你等待，好吧？"

看到这一幕，我感慨万千：即便成年人，恐怕也很难做到如此思路清晰、有理有礼有力吧？

▎贪玩宝宝个性乐观

5岁的涛涛生性好动，对身边所有的事物都充满了好奇心。今天，涛涛在玩沙的时候突然发现了一只小虫，涛涛把这只虫子抓在手里，把玩个不停，整整一个上午，涛涛都玩得喜不自禁。

3岁的璇璇最近总爱问为什么，小脑瓜似乎想要找到整个世界的答案。今天正巧看到了摄影师的三脚架，这个铁家伙很快就吸引了他的注意，那上面有那么多以前没见过的螺钉螺母，璇璇实在是太喜欢它了，小手在上面不停地摸来摸去，那架势像是要把它给研究个透。过了一会儿，璇璇又发现了一个新玩意儿，一种顶端长了毛毛的植物，碰到手上会有很痒痒的感觉，璇璇觉得这很好玩儿，想让别人也尝试一下痒痒的感觉，于是，璇璇把它当成了新玩具，见人便往手上挠，看到别人痒痒得哈哈笑，他也高兴得忘乎所以。

5岁的球球是个机灵的小家伙，总喜欢出些稀奇古怪的点子，今天，球球和东东发明了一种玩大皮球的新花样。他们把自己的肚子当成是滑板，肚皮贴在球面上，双手撑住地面，借助惯性向前冲。每次向前俯冲的时候，球球和东东都像断了线的风筝一样，在球面上失去重心，东倒西歪，有时候还故意重重地栽倒在地上。他们似乎一点儿也不觉得疼，每次摔得人仰马翻，浑身是泥，他们不但不停下来，反倒玩得更起劲。

喜悦是人类发展的第一个情绪。婴儿在第一个月开始有意识地微笑，表达对自己生存状态的满足。他发现，对养育者微笑能够带来积极的反响，成人也回馈他微笑和良好的照料，他则会更加长时间、更频繁地微笑。笑有利于他的生存，这是他控制环境、把握生活的开端。笑得多的宝宝，即开心快乐的宝宝，生存概率远远高于笑得少的宝宝。

玩耍能够给孩子带来最大的喜悦，从而培养宝宝乐观开朗的性格。在玩耍过程中，宝宝能够发现新事物，这给他们带来极大的欢乐。从襁褓期开始，儿童对新鲜事物感兴趣，看到新鲜的事物就会乐不可支，同时也在告诉自己和大家，他能够认识这个新出现的物品或者现象。即便我们成年人看来没什么了不起的东西，他们也会高兴得像发现了新大陆。

同时，儿童在玩耍中发现自己的能力，尤其是成功地运用工作材料之后，比如搭好了积木，把一样东西穿过一个孔或者镶嵌进去，挖沙子，戏水，等等，对自己的认识，对周围环境的控制，给孩子带来喜悦，也有助于培养他们的自信心。儿童对自己的能力有了足够的信心，遇到困难的时候就会积极主动想办法解决，从而成长为一个乐观开朗的人。

接纳孩子

让儿童自由玩耍,其实是保障他们生存的一种手段:对世界兴致勃勃才有生存的动机;一个对什么都感觉索然无味的人,生活了无乐趣,也没有活下去的动力。

让儿童自由玩耍,也促进他们的学习和探索:对一切产生兴趣,对很小的事情能够产生愉悦,是儿童学习的最基本动力。

谁说玩耍不是学习?

经常看到一些家长,给孩子买来玩具,拆了包,孩子兴致勃勃地摆弄新玩具,家长却来干涉:"不是这样玩的,应该这样这样做!你这么摆就不对,你看妈妈给你摆一个,你学着点儿!"孩子的思路被打断,他既不能理解妈妈为什么强迫自己按照另外一种方法玩儿,也缺乏完美地模仿成年人玩法的能力。当看到自己不能达到妈妈的期待时,他很快失去兴趣,甚至发脾气、扔玩具,或者开始哭闹。

一天在电视里看到一期育儿节目,一位家长抱着孩子,由一名"老师"指导着用积木搭火车。"老师"不断地把孩子探索的手拨开,不断地告诉孩子:"这样是错的,这样才是对的,看老师怎么搭,对了,宝宝真聪明!"她在告诉所有的观众:积木搭火车,只有一种标准答案,其他的,都是错的。

事实上,玩具怎么玩儿,并没有固定的标准,孩子自有他自己的想法。只要有兴趣,他就会聚精会神,不断地尝试,发现自己的错误,再尝试其他办法,直到自己满意为止。在探索的过程中,孩子获得宝贵的经验,认知事物的秩序和规则。同时,自己琢磨出来的成果,才能够给他深刻的印象,给他成就感和自信心。

儿童非常享受玩耍的自由，特别是他们感兴趣、与自身有关联的玩耍材料，由他们自己来控制，这种玩耍赋予他们极大的满足感。儿童教育专家们早就发现，自由玩耍有助于开发宝宝的创造力，表现在以下几个方面：

> 1. 解决问题——在玩耍中，儿童在脑中形成假设，对其进行试验、评估，并对他们识别出来的问题得出结论。玩耍鼓励儿童用多种多样的途径考虑问题，并且进行抽象思维。
> 2. 独立学习——玩耍鼓励儿童自主学习，对自己的行为负责，进行自由选择。玩耍有助于儿童开发兴趣、获得经验和知识。玩耍能够有效地提高儿童的语言、文字和数学能力。
> 3. 独创意识——自由的玩耍，让儿童自己运用材料，而不是拘泥于现有的方式与经验，促进儿童的灵活性、自主性、独创意识与自由发挥，极大地开发他们的创新能力。

这些理论早已在我自己孩子身上获得应验。从一开始，儿子就拒绝我们干涉他怎样玩玩具，经常把阿姨的手扒拉开，要自己琢磨。往往他把一件玩具或者物品玩出不同的花样来，他的点子多得数不清。总之，一切他都要自学成才，一切他都能琢磨出与众不同的道道来。有时在家里，他自己发明规则，和我们几个大人玩游戏，该怎么藏、怎么找、怎么奖罚，都由他来规定。

观察到儿子天生的创造力，对于女儿，我们更是放任自流。我们自己缝制了很多玩偶，还买了一些布头。有一阵子，女儿特别喜欢用娃娃、动物、布头、木头块以及椅子这些物品，摆出山河湖海树木森林——蓝色的布是大海、黄色的是沙滩、绿色的是草坪、花色的是岛屿、白色的是雪山，雪山上垂下瀑布，在地上淌出河流——摆好之后，让小动物们和娃娃们演绎故事。她也特别喜欢瑞士画家莫妮克的那套无字书，每每翻看着每页的小老鼠，给

接纳孩子

我讲故事。

如果你想培养出来一个富有创造力的孩子，请放手让宝宝自由地玩耍吧！

会玩的孩子更成熟

一天下午，山山妈妈去幼儿园接儿子。她看到儿子正在院子里的沙坑里勤奋地工作着，于是轻轻地走过去，静静地蹲下来观看。山山抬头看见妈妈，并没有丢弃手中的工作跑过来扑进妈妈怀里，而是小大人儿似的向妈妈宣告："我修理电线呢！"随后，他指着沙坑边的玩具命令妈妈："我要工具！妈妈帮拿给我！"

山山妈妈把一只小铲和一只小塑料盘子递给儿子，山山对妈妈解释："电线坏了，要修理。"他挥挥小铲子："我用大改锥！"说着他用小铲子奋力地挖着沙子，挖完了放进盘子里，再拍打一番，然后送到沙坑的另一端。

过了一会儿，山山妈妈说："咱们该回家了。"山山继续忙活着，说："不走！"妈妈举起手中的衣服，说："走吧，回家妈妈还要做饭来，穿上外套。"

山山抬头看了看妈妈手里的衣服，突然说："不是我的外套！"妈妈感到莫名其妙："这就是你的呀！今天早晨你穿来的！"

"我不要！"山山大叫，"我不喜欢！"他开始大哭，"我不要！"山山妈妈困惑极了：刚才还那么沉静独立的小家伙，怎么突然间急风暴雨起来？

发展心理学家维果斯基有这样一段名言："在玩耍中，儿童通常超越了自己的年龄，超越了他每天的日常表现；他好像高出自己一头。就像放大镜的聚焦点一样，玩耍将所有的发展趋向凝聚起来。"

换句话说，玩耍为儿童提供这样一种机会，让他们提前开发并运用某些技巧和能力。其中最重要的发展趋向之一，就是促进儿童独立。儿童基于内在的动机而参与玩耍，也就是说，他们自愿选择参与玩耍。他们也可以选择不参加，或者改变游戏方式。总之，儿童对玩耍的经历拥有控制权。这种自愿的选择意味着玩耍不仅是快乐的，儿童也愿意花费时间与精力进行对自己来说重要的体验，他们通常在自由的玩耍中表现出高度的专注、执着和独立。

所有的玩耍都不可避免地牵扯到规则，比如，玩耍的时间限制，如何使用器械和工具等等。儿童往往自行设立规则，比如，谁来当"妈妈"，谁来当"电工"，这些角色都在干什么，哪样玩具代表角色所使用的工具（比如山山用小铲子代表改锥）。这些规则既然是儿童自行设置的，也就意味着儿童掌控玩耍的自主权。这个时候，儿童会表现出超常的自我控制力，有助于他们学会承担责任，走向独立。

然而，如果他们的体验由成年人来控制，比如，成年人告诉他们应该玩什么、怎样玩、玩多久，那么儿童就不认为这是玩耍。

理解了这一点，我们就不难理解山山的表现。在扮演电工的玩耍中，山山控制局面，因此他能信心百倍地与妈妈沟通、自行分配玩具的角色，他表现得十分成熟和独立。但是当妈妈催促他离开，他失去了控制权时，他立刻回到了幼稚的年龄，看见自己不喜欢的外套却不能跟妈妈进行有效沟通，而是以符合他年龄的方式来表达：发脾气哭闹。

理解了这一点，我们也就明白了：儿童的独立不是我们成年人敦促出来的，而是在自由自愿的玩耍中，逐渐锻炼发展出来的。

接纳孩子

不必规定孩子玩什么

  2007年夏季，女儿跟着我去芝加哥参加国际母乳会50周年庆典大会。会休期间，我带着女儿和同行与会者的儿子凯雷去芝加哥儿童博物馆玩耍。博物馆分很多不同主题的房间，两个小孩在里边东奔西跑，看看这个摸摸那个，乐不思蜀。在一处叫作"发明家"的房间入口，摆放了一座特殊的滑梯，孩子们滑下来的时候，梯子会叮叮当当地响起来。女儿和凯雷在叮当作响的滑梯上反复下滑，每每被响声逗引得哈哈大笑。这样滑了好多次之后，他们对响声的源头产生好奇，跑到滑梯下方去观察。滑梯下方的结构是透明的，看得见里边有一系列的齿轮，带动着一系列的小钢管，只要滑梯上有孩子的重量压下来，小钢管就会顺序逐次摆动，发出叮叮当当的声响。

  这个发现使得两个孩子兴奋无比，他们不断地跑上滑梯滑下来，又跑到滑梯下方去观察。看着看着，两个孩子把小屁股撅起来，又重重地蹲下去。每次滑梯上方有孩子滑下，铜管声响起，他们都会重复这个动作：撅屁股，使劲儿蹲，还颠一颠，而后相视大笑。

  看了一会儿我明白了：他们在模仿齿轮和钢管的运动。这个年龄段的儿童，尚处于皮亚杰认识理论的奠基人海因茨·沃纳所划分的"感知—运动—情感"阶段，他们用全身心（全部的肢体、感官和情绪）去体验感受事物，去吸收吸纳并且内化这些体验，为今后的抽象认知积累和储备素材。看到这个滑梯的有趣结构，他们无法用语言来描述它，更不明白其中的机械原理，于是就用身体来模仿它。这种模仿看似幼稚，却对他们智力的发展至关重要。

  那天，两个孩子在这架好玩的滑梯上逗留了将近半个小时，爬上滑下无数次，满头大汗却兴致盎然。我安静地在一边陪伴着他们，直到他们一个口渴了，另一个要去厕所，才带着他们离开了那座滑梯。

做到了解儿童、理解儿童并帮助儿童，其实是很不容易的一件事。我们往往在无意间、匆忙中，对孩子的成长和发展起到破坏作用。那天那个场景，也许有些家长会觉得花了许多银子进来，不参观完所有的展厅就亏了，而催促孩子快些走，这个小滑梯有什么好玩儿的，外边有的是免费滑梯！也许有些家长不明白孩子撅屁股下蹲的动作是在干什么，上前询问或者制止，打断孩子学习的进程。也许有些家长认为这是一个不容错过的大好时机，抓紧时间向孩子解释齿轮和钢管的科学原理，试图让他们提前拥有对这种结构的语义性记忆，却不知道他们无法消化和理解，并且会引起负面情绪反应，导致他们丧失兴趣。家长在一旁保持沉默几乎是难以想象的，至少也要不断去提醒孩子们慢些跑！小心摔倒！让着其他的孩子！不要大声笑！如此喧宾夺主，分散了孩子的注意力。

儿童的世界和成年人的世界迥然不同，自由玩耍对于儿童就像空气与水一样不可或缺。成年人在儿童玩耍过程中，不应该占主导地位，而应该作为后台人员，管理玩耍的时间、空间和材料，不露声色地协助和引导儿童专注地探索，或者作为配角，参与儿童的玩耍，让孩子们感受到：玩耍是重要的！

为了孩子的身心健康，请关掉电视和录音机

女儿快满2岁了，平时喜欢听儿歌，也喜欢看动画片，尤其喜欢看《天线宝宝》《猫和老鼠》。但是最近发现女儿不管是听歌还是看动画片，都表现出很没有耐性，没有哪一首歌或哪一集动画片是看完整了的。比如她先要听"妈妈"（《我有一个好妈妈》），刚听了不到两句，然后又马上要求换成听"爸爸"（《好爸爸坏爸爸》），"爸爸"听了没两句又要求换其他的歌。看动画片的时候也是，一集

接纳孩子

还没看完,她就自己拿着遥控器换成下一集或直接对我们说:"妹妹不看这个了,妹妹要看……"总之她看动画片的时候,始终看不完一个完整的故事。特喜欢换来换去的,不知道女儿这是怎么回事,平时该怎么引导她?

2岁的孩子本来就没有多少"耐性",他们如果能够对一件事情集中精力做10分钟就不错了。不过你这里说到的"耐性",是指看电视和听儿歌,这又比较特殊一些。电视是目前最普及的大众传媒手段,它跟报纸、杂志、电脑等不一样,不需要任何教育水平都能欣赏。现在家家都有电视,电视频道很多,节目种类繁杂。快速变换、丰富多彩的画面对孩子有很大的吸引力。只要家里开着电视,就很难阻止孩子去看。

然而,过量地看电视,对孩子的身体健康和脑发育都有损害。各国儿科专家和儿童心理专家经过多年的研究,早已指出,电视看多了,有以下危害:

1. 在身体方面会导致儿童肥胖症。因为孩子总是坐着,缺乏运动,久之难免体重超标。缺乏运动的孩子,身体灵活性和控制力得不到发展,直接影响他们的自信心和认知能力。对于人类来说,身体的运动直接关联到脑的思维;对于人类儿童来说,在头几年的生命中,运动与思维不可分割,运动促进智力发展这一点尤为凸显。

2. 在神经发育方面会导致儿童多动症。电视画面变换迅速,和现实生活的节奏不吻合,扰乱儿童脑神经元的连接,妨碍儿童集中注意力;很多儿童在看电视的时候"聚精会神"(属于假象专注),电视关掉之后兴奋不已、烦躁不安,就好像吸毒上瘾似的,只有电视能让他们安静下来。

3. 在认知方面阻碍儿童学习能力的正常发展。电视剥夺了儿童阅读、玩耍、锻炼、探索等等体验生活的时间,让儿童处于被动状态,逐渐销蚀儿童积极解决问题的动力。

4. 在心理方面会导致儿童孤僻、难于和他人发展正常的人际关系。长时间看电视，而不是和家人朋友在一起，儿童缺乏练习社会交往技巧的机会，不能积攒足够的经验；不适宜儿童看的电视内容也容易引起甚至强化孩子的反社会行为。

总之，我们大力提倡父母关掉电视，陪孩子玩儿，尤其是带孩子到户外去，接触大自然，让孩子在自然环境中自由自在地奔跑玩耍，发展他们的体能，同时也开发他们的智力。

我也建议你们关掉录音机，因为儿童的听力十分稚嫩敏感，他们需要听到自然的有实质的声音，而不是电子产品发出来的虚假的声音。不要给孩子放录音，而是爸爸妈妈亲自给孩子讲故事、说歌谣、唱儿歌。不管你发音是否准确，歌喉是否美妙，只要是你亲自给孩子说的唱的，孩子从中吸取的养分，远远高于录音录像等工业化产品。

要不要让孩子上补习班？

我女儿10岁，上四年级，健康活泼可爱漂亮，主要问题是成绩不好，尤其是最近的一次期中考试，几乎是全年级最差的！老师说，再这样下去恐怕就会跟不上了。我跟我先生因为都在外企，平时比较忙，女儿几乎是老人带大的。老人带孩子的弊端在于溺爱，事事都让着她，结果她在学习上也缺乏主动性，动作慢半拍。因为我跟她爸爸都有在国外工作的经历，因此认为对孩子一定要宽松一点，从没有给过她太大的压力。譬如课余补习上只是凭她的兴趣一直在上画画课，我们希望尽可能给她一个单纯快乐的空间去发展。但现在的情形让我们有些愕然——是去参加补习班，按部就班地去提高成绩（这是我们不想的，有点夹生的教育），还是念个私立学校将来出国？这虽然也

接纳孩子

是一条路，但总觉得目前有些牵强，难道在国内就念不好书吗？怎么能找回她的自信和读书的兴趣呢？要不要给她转校呢？

我想，目前的当务之急，不是想办法找回女儿的自信和读书的兴趣，而是你们夫妻之间商议一下，做出一个决定和选择：你们认为对于孩子来说，到底什么是最重要的？怎样才能达到这个目的？

看你的来信，我感觉你们在女儿教育这个问题上并没有想明白。一方面，你们希望女儿在宽松的环境中成长，另一方面，你们又想享用应试教育的过程，让女儿接受国内所谓比较"扎实"的基础教育。现在这两者出现了矛盾，你找不到平衡点了，所以感到焦虑。

我注意到你说希望给孩子"单纯快乐"的空间，也就是说，不想让孩子承受任何压力、担负任何责任，其实这是你所误认为的国外环境，国外长大的孩子并非"单纯、不谙世事"。在真正的自由和真爱中长大的孩子，会显得更加成熟，能够经受挫折和压力，能够积极主动地寻找解决问题的办法。我想，你说孩子是在溺爱中长大的，这倒是一语中的。你的孩子恐怕是因为没有得到过恰当的训育，所有的事情都被家人安排妥当，缺乏独立自主的经验，也没有经受过什么挫折和压力，从而显得缺乏自信、缺乏主动性、不能为自己负责。

全信没有提孩子在其间的感受，不知道她有什么想法？也许你们可以跟她交流一下，按捺住发表宏论的冲动，用完全不带主观判断和分析说教的"积极倾听"法，鼓励她表达自己，并且尊重她的意见。是否参加补习班、是否转学，还在其次，关键在于你们是否将孩子当作一个独立的人来对待，在于你们是否愿意让她承受一些压力，学会自立、自理、自律。我这里所说的，并非那种要她成绩拔尖的压力，一个自由自立的孩子，在应试教育系统中，成绩的确不会非常出色，只要家长不强迫她，保持学习兴趣和乐观开朗的心情，应该不是难事。最重要的是让她成为一个具备自我意识、拥有强大精神力量的人。

丢掉虚荣心，万物皆有时

我家有个5岁的宝宝，可能是家庭引导原因也可能是天赋，他对未知的世界充满了好奇和学习的欲望，总体上是个非常聪明敏感的孩子。我总引导他对未知的东西提问，然后从父母或老师那里得到答案，或者网上检索答案。慢慢地，他成了一个知识储备量很足的小男孩。在幼儿园，他学习东西最快，知识面最广，得到表扬最多，慢慢孩子习惯了这种表扬，也习惯了问题总是能解决的思维方式，轻易不放弃，总在找解决途径。现在问题出来了，幼儿园有外教，外教不会汉语，纯英文交流，上了半年多，孩子开始跟不上外教的节奏了，有些听不懂，而他又找不到解决方法。听幼儿园老师说别的孩子也听不懂，可是听不懂就不学了，自己玩儿，听不懂也不会造成什么心理负担。可是我家宝宝就很沮丧，跟我说妈妈我不想上学了，因为英语听不懂……想让您给一些建议，我是该在家辅导他英语让他能跟上，还是让他也像别的孩子那样就当英语课是玩儿，听不懂就不听？这种聪明早熟的宝宝在育儿方面您有什么建议？多谢！

5岁的宝宝的确会对世界充满好奇，而您也希望孩子成为一个渊博而好学的人。请别介意我下边要给您泼点儿冷水。在面对孩子天真无邪的好奇心时，我们首先需要了解什么是"知识"，也需要了解人类儿童学习的途径和规律。

每个人天生都有求知欲，都有追求真理的本能。对未知领域怀有问题是求知的开端，而问题的答案则需要我们自己从亲身体验和观察中积累素材，再通过独立的思考和判断，得出属于自己的结论。这个过程，也要根据孩子在不同年龄段的发展特色，以符合其年龄段的方式来获得。父母和老师给的答案，是从这些成年人角度出发的某种说法；网络上检索出来的，也是别人的东西，不

接纳孩子

见得是正确的,更不见得是事物真相。习惯从别人那里得到答案,人就会放弃自主思考的权利。

请恕我直言,您的孩子"知识储备量很足",实际上只是存储了很多别人灌输的信息,这些并非真正的知识。相信您不乐意自己的孩子只是一只小小U盘吧?他还没有能力判断这些信息的真伪,更无法从亲身体验中淬炼出自己的答案。更令人担忧的是,他的这种储备量,得到了正面而积极的反馈(表扬),作为一个幼儿,他把这种表扬认同为自己的价值,认为只有"学习快、知识面广",自己才是值得被爱的,那么他会为了得到持续的表扬(爱)而表现得更加积极。

这个英文外教的出现是一件大好事!这其实是用事实告诉您:学习不是您理解的那样子的!语言的习得有赖于人际互动,而不能单纯指靠机械的储备。其他孩子因为没有追求表扬的压力,所以听不懂也无所谓(更何况从语言习得的角度看,这并非真正的不懂),而您的孩子因为有压力,所以害怕失败,担心自己不能表现出色而失去成年人的爱,因此他想放弃,因为不做这件事就没有失败的风险了。而您希望孩子成为一个遇到困难就放弃的人吗?

另外,5岁的孩子,和世界还是一体的,以完全的融入感生活着。智性学习则会将他们与世界生硬地剥离,也会导致他们自身的硬化,包括思想的僵化,更会提前透支他们塑造身体的生命力,给未来的发展埋下隐患。您的孩子不是自然地早熟,而是被人为地拔苗助长了。

我给您的建议是:丢弃成年人的虚荣心,不要再让孩子过早接受不符合他年龄的信息,让他做回一个5岁的孩子,享受童年。至于英文么,此刻头脑的"听懂"不是最重要的,重要的是孩子喜欢外教,喜欢跟外教一起玩儿。您呢,也不妨学学怎么跟孩子一起玩儿,从孩子的角度探索世界。说实在的,他能教会您的,比您能灌输给他的,要多得多呢!

第4章

冲突，儿童社交能力发展的助手

很多时候，我们成年人往往误解了孩子的世界。儿童的社交能力强，并非意味着他必须彬彬有礼、见谁叫谁、谦让合作、没有冲突；儿童社交能力的发展也不是一蹴而就，我们教给他，他就会了，一劳永逸。儿童的社交能力是在不断的体验和学习中逐渐开发的。在这里，我们不妨向动物学习。小狮子打打闹闹的时候，狮子妈妈和爸爸都懒懒地躺在一边，不理不管不干涉。因为它们知道，如果自己以成年的力量替孩子解决矛盾，虽然能够取得一时的和平与宁静，却阻挠了幼狮的生存技巧的开发进程。

 接纳孩子

近些年来,大部分中国家庭只育有一个孩子,这唯一的孩子从降生那一天起就被无所不能的成年人团团围住,所有的事情都有人替他操办,他唯一的任务就是做一个乖孩子,给他身边的成年人带来欢乐。

人类是群居动物,无论独生子女如何娇宠,都无法避免走出家门,与其他人打交道。这个时候,家长的焦虑往往成倍增加,因为父母们突然发现,这个肉嘟嘟的小宝贝,居然不懂社交礼仪!他不肯跟小朋友分享,还伸手打人;他不肯跟邻居朋友打招呼,拒绝叫人问好;他认生、害羞、怯懦、自私、没有礼貌……

很多时候,我们成年人往往误解了孩子的世界。儿童的社交能力强,并非意味着他必须彬彬有礼、见谁叫谁、谦让合作、没有冲突;儿童社交能力的发展也不是一蹴而就,我们教给他,他就会了,一劳永逸。儿童的社交能力是在不断的体验和练习中逐渐开发的。无论成人还是儿童,社交能力的基本功就是认可他人存在、体会他人情绪、接纳他人行为,这些都需要我们积累大量的经验才能练就。

面对孩子之间的冲突,家长们往往倍感头痛。因为我们从小到大都被灌输了这样一个理念:冲突是坏事情。我们没有建立起良好的心理疆界,一旦起冲突,就意味着关系破裂,所以我们一向避免冲突、压制冲突。因此我们也难以接受孩子之间发生冲突,难以克制自己一个箭步冲上前,替孩子解决矛盾的冲动。

在这里,我们不妨向动物学习。小狮子打打闹闹的时候,狮子妈妈和爸爸都懒懒地躺在一边,不理不管不干涉。因为它们知道,如果自己以成年的力量

替孩子们解决矛盾，虽然能够取得一时的和平与宁静，却阻挠了幼狮生存技巧的开发进程。打闹是在为幼狮成年做准备。

培养孩子的社交能力，并非把他推给社会就行了；不干涉孩子之间的冲突，也并非意味着我们袖手旁观，毫无作为。孩子的社会交往活动是从他降生第一天开始的，他的第一任社交对象，就是作为他父母的我们。他与别人的交往模式，都首先在我们这里得到练习，所以，我们怎样跟孩子打交道，孩子就怎样跟别人打交道。我们怎样处理我们与孩子之间的冲突，孩子就怎样处理他与别人之间的冲突。从这个角度看，我们是孩子社交能力的训练师，是他们社交行为的模板。

对于儿童的社交活动，家长们问得最多的问题就是——要不要让孩子学会谦让？别人"欺负"我们家孩子了，我该怎么办？要不要教他打回去？

你可能已经在其他地方读过我写的下面这段文字，不过我认为放在这里，依然恰如其分：

童年时期，孩子正在建立安全感，他需要知道这个世界是善良的，人类是可信的，自己是值得存在的。有了这种坚实的安全感，孩子才有足够的内心力量去迎接生活的挑战。

很多家长这样说：我的孩子太谦和了，别的孩子抢他的玩具还打他，是不是应该教他谁要打你就打回去，谁抢你的玩具你也抢回来，或者干脆站在一旁看着，谁抢我孩子的玩具我就上去教训他，甚至教训对方孩子的家长，让孩子知道必须抢打争斗，不教育他这些不行，他将来无法适应这个社会，他谦让别人，别人不谦让他呀！

由于我们社会大环境的一些问题，但凡遭遇孩子社交方面的冲突和矛盾，父母的焦虑和恐惧就跟开水一样滚滚沸腾，家长们生怕孩子眼前吃亏，将来挨欺负。其实这是把成年人内心的担忧和偏颇投射到孩子身上，而孩子所需要的恰恰不是所谓世界的"险恶真相"。

接纳孩子

孩子尚处于分辨善和恶的朦胧状态，如果我们教给他一套怀疑一切、锱铢必较的作为，他成年后会怎样对待这个世界呢？谁还敢跟他来往呢？如果我们给孩子营造一个善良的环境，他成年后会善意地看待这个世界和他人，他会主动去做善良的事情，他会下意识地寻找并且吸引同样善良的人跟他做朋友，而且他会排斥那些不善良的东西。一旦他很清楚"善"是什么，识别"恶"就不那么难了。无论在怎样的社会环境里，一个善良、真诚、谦和、友爱、协作的人，都是受欢迎的，成功的概率也很高。

但是如果我们过早地教习孩子打、抢、斗、不能吃亏、竞争、竞争、再竞争，那他就真的不知道什么是善什么是恶了，不知道什么是好什么是坏，不知道怎么和人打交道。把世界涂抹成一片漆黑，会让孩子充满恐慌，甚至失去生活的动力。当一个孩子把"恶"当成常态时，即便遇到"善"，他也认不出来，反而会误以为那是异态，并加以排斥。

有这样一个真理，你自己相信善良、真诚和爱，善良、真诚和爱才会来到你身边；你敢于做一个善良、真诚和有爱的人，你才会体会到这中间甜蜜幸福的滋味。否则你总是什么都不相信，抱着那种虎视眈眈的目光看这个世界，你心里也不好受。

说句大白话吧：你怎样对待世界，世界就怎样对待你。你看这个世界充满险恶，你就会遭遇很多险恶的人和事；你看这个世界充满善良，你就会遇到很多善良的人和事。就这么简单。

不分享，很正常

跟着妈妈出门去院子里玩之前，菡菡特地带上妈妈给自己新买的礼物：一只粉嘟嘟毛茸茸的玩具猪。

邻居家1岁半的冬冬晃晃悠悠地跑过来，看见菡菡手里的小粉猪,立刻伸手去拿。菡菡手疾眼快把猪往身后一藏,对着冬冬大吼一声:"别动!"冬冬吓了一大跳,小脸儿皱皱地看着身后的奶奶似乎要哭,菡菡妈妈过意不去,赶紧对菡菡说:"给弟弟玩一下吧,别那么小气啊。"菡菡脖子一挺,大声宣告:"不行!是菡菡的!"

冬冬又绕到菡菡身后伸手去抓,菡菡转过身来劈头给了冬冬一巴掌:"不给!别动!"冬冬放声大哭起来,奶奶心疼地抱起孙子:"别抢姐姐的,待会儿奶奶给你买去!"菡菡妈妈也批评菡菡:"你怎么变得这么自私啊?弟弟看一下都不行吗?不就一个玩具吗?干吗那么舍不得?还打人?真不像话!"说着她拿过菡菡手里的小猪,意欲交给冬冬。

没想到,菡菡不依不饶地跟妈妈奋力争夺,还哇哇大哭起来:"呜呜,是菡菡的,就不给冬冬!"抢不过妈妈,菡菡伸手又打了妈妈几拳头:"臭妈妈!"冬冬奶奶观看着母女俩的争夺战,眼神十分复杂。

菡菡妈妈感到无地自容,同时心里也很纳闷:菡菡怎么越大越小气呢?想当初,菡菡未满周岁直到快2岁,都那么大方那么好说话。手里不管有什么玩具,只要妈妈要求给其他小朋友玩一会儿,她都毫无怨言地让妈妈拿走。拿着吃的,只要别人逗她"给我吃一口",她都会把小胖手伸到你嘴边,在邻里眼中,菡菡得了一个"慷慨大方"的美名,让菡菡妈妈很是自豪。可最近,怎么越来越让妈妈下不来台呢?她会不会变得越来越霸道呢?我该怎么办才能让她懂得分享呢?

事实上,对于一个两三岁的学步儿来说,"自私"是一个正常现象,甚至是通向分享的必经之路。首先,学步儿正在建构自我意识,正在迈向独立。在这个阶段，儿童正在建立所有权的概念：我、我的、我的东西。在这么大的孩子心目中，所有的东西都是"我的"，并没有意识到别人也有"我的"这种观点，也不明白为什么要跟别人分享。其次，他们尚未掌握"借"与"还"这种概念，不知道"借"出去的物品还能完璧归赵，而是片面地认为一旦离开手边，就意味着丢失。

作为人，不及时确立"我的"这个概念，我们就没有自我：不知道什么属于我们，我们可以支配什么，应该对什么负责，我们就无法发展责任心，也不能有效地保护自己的资源。因此，我们应当尽力保护儿童"所有权"概念的建立和发展，让他们确认自己的"财产"不会受到随意侵占。

孩子只有确认什么是"我的"、什么属于自己之后，才能逐渐意识到什么是他人的，把自己跟其他人的物品分开。分享意识的建立是一个漫长的过程，孩子首先要建立自我意识，建立我、你、他的关系，知道什么是"我的"，什么不是"我的"。尔后才能在反复的社交活动中，逐渐体会到分享的快乐。

分享应该是一件快乐的事情，不要为了面子而强迫孩子分享，让孩子感到恐惧和痛苦。

让孩子分享之前，一定要征求孩子的同意。如果孩子不同意，则尊重孩子的意愿，告诉另一方"很抱歉，他不同意"。切忌家长说了算，为了显示大方而替孩子做主，把玩具交给他人，或者指令孩子"一起玩儿"。

在家里，让孩子分清每个人的所有权，未经许可，不能随意翻动父母的私人物品；在外边，拿到他人玩具之前，一定要征得对方同意。

帮助孩子学会遵守"轮流""等待"等规则，比如在游乐场，大家轮流玩秋千，谁先拿到谁先玩儿，后来的小朋友要等待。

出去时，多带一些玩具，包括一些孩子不那么在意的玩具。首先让孩子学会交换，有助于孩子学会分享。

不要批评孩子，更不要给孩子贴上"小气""自私""霸道"的标签。理解、接纳孩子此刻对于分享私人物品感到困难是正常的，耐心等待孩子按部就班地成长。

在群体接触中学习分享

儿子刚满2岁那年的复活节，我们去朋友家吃饭。那天一共有三个年龄相仿的小男孩在场，都带了一些自己的玩具。孩子们到了小主人的卧室，先是各自为政，各玩各的；慢慢地熟络起来之后，他们开始交换玩具，你玩玩我的，我玩玩你的；最后，大家都对小主人的木制火车轨道产生了兴趣，于是三个小脑瓜凑在一起，开始着手兴建。

我们六七个成年人坐在楼下，吃着聊着，三个多小时过去了，没有受到孩子的干扰，连高声说话都没有。每次我去看他们，都见他们在合作铺设火车轨道，用积木搭建火车站，并且都把自己带去的汽车、火车等玩具贡献出来。三个娃娃互相配合，十分默契，有几次他们还轮流下楼来取所需要的东西，随后又安静地继续工作。

纵观多年的咨询经历，最令学步儿家长担忧的事情之一就是孩子不肯分享。家长们内心都非常希望孩子慷慨大方、乐于分享，有些时候在众人面前，往往为了面子，而忽略孩子的心理需求，替孩子做主，强迫孩子分享，给孩子带来伤害。

正如前文所述，对于一个学步儿来说，"自私"是一个正常现象，甚至是通向分享的必经之路。分享意识的建立是一个漫长的过程，孩子首先要建立自我意识，建立我、你、他的关系，尔后才能在反复的社交活动中，逐渐体会到分享的快乐。一般来说，儿童要到4岁之后，才能做到心甘情愿地分享。

不过，理解并接纳儿童这种特性，并非意味着我们束手无策，放任孩子

"小气"下去。建立孩子的分享意识,也需要我们家长的积极参与。参与的方式之一,就是巧妙地给孩子创造分享与合作的机会和条件,让孩子在自由玩耍中,自发产生分享与合作的需求。孩子不肯做一件事情,往往是因为没有这方面的需求。如果孩子总是在成年人严格监督下,因为害怕冲突而不允许他与小伙伴多接触,那么他也不会有分享的需求和愿望。

事实上,在学步儿时期,儿童的玩耍也进入了一个分水岭:他们开始将其他小伙伴融入自己的游戏世界里,开始意识到他人的感受,用一句术语来形容,就是他们开始了"去自我中心化"历程。我们这些做家长的,要善于抓住时机,让孩子多接触同龄伙伴,同时放松心情,放手让孩子在自由玩耍中,发现分享的必要,体验分享的快乐。

我们信任孩子,孩子就会发挥出无穷的智慧,发明独特的分享办法。一天我去儿子的学校开家长会,看到他和同学们正在玩荡杆器械,上边只能站一个人。于是他们发明了这样一个游戏:谁爬上去,就要承受大家的推搡,站不住掉下来,就换别人上去。孩子们哄闹着大笑着,其乐融融地分享着这一件好玩的荡杆。

▌为何宝贝如此"没礼貌"

靓靓就像她的名字一样,是个聪颖可爱的漂亮姑娘。靓靓妈妈就像所有生下漂亮闺女的母亲一样,喜欢把女儿打扮得花枝招展。出门在外,无论熟人生人,往往会止步惊叹靓靓"这么漂亮""这么可爱"。靓靓妈妈则催促女儿:"靓靓,叫阿姨!快叫阿姨好!"分手的时候再催促女儿:"说,阿姨再见!"

靓靓呢,原来倒挺乐意配合,见到谁都是一脸灿烂的笑容。不会说话的时候,只要妈妈抬着她的小手,她就一晃一晃着打招呼;说

"拜拜"的时候,她会飞吻、挥手道别。所有的人都忍不住夸奖她:"这孩子,真懂礼貌!"靓靓妈妈心里好得意。

有一天,靓靓带着心爱的小自行车到院子里玩耍,那是妈妈送给她的2岁生日礼物。刚下楼,碰见住在同院的妈妈同事黄阿姨。这个阿姨平常最喜欢逗靓靓玩了,这会儿凑过来:"靓靓,这车子好漂亮哎!谁给你买的啊?是你的吗?给阿姨骑骑好不好?"说着,伸手就去拿车。靓靓突然大叫一声:"不行!"把身子扑在车上,紧接着用脚去踢黄阿姨。靓靓妈妈和黄阿姨对此毫无准备,都愣了一下,妈妈马上劝靓靓"给阿姨看看你的车",黄阿姨也应声"阿姨逗你呢,给阿姨看看吧。这样吧,你叫我,叫阿姨,我就松手了"。

谁知靓靓干脆放声大哭起来,一边哭一边使劲儿去掰黄阿姨抓住车的手,黄阿姨只好悻悻地放开手,靓靓妈妈感觉很丢面子。

哪想到,从此之后,再见到谁,无论妈妈怎样督促"叫啊,叫爷爷""说啊,说阿姨好",靓靓都沉着小脸儿躲到妈妈身后,紧闭着小嘴儿,不肯开口。妈妈只能自我解嘲:"这孩子!越大越不懂事儿了。"

大多数家长都很在意孩子在外人面前的表现,尤其在"礼貌"方面,很多家长都希望孩子遵从成年人制定的"礼节":见了人要叫。为此,家长们教导、敦促、提醒乃至强迫孩子,而孩子们呢,却很少跟家长配合,往往表现得不尽如人意。家长们很困惑:孩子为什么这么别扭啊?我怎样才能让孩子成为一个彬彬有礼的人呢?

其实,在这个问题上,父母们犯了操之过急的错误。首先,对于一个幼小的孩子来说,一个高大的陌生成年人,很容易形成身体和精神方面的威胁。孩子看着陌生人,心里十分恐慌,本能地要以沉默来保护自己,我们督促他假装欢喜地去叫这个人,是不是强人所难?在孩子面前,大人平时就要以身作

则,用实际行动向孩子示范社交场合的礼节,比如见面打招呼、分手道再见等。平时在家里,家人之间要注意使用文明语言,如"劳驾""谢谢""对不起""没关系""别客气"等等。孩子吸收性的心智,会将这种礼貌内化,日后时机成熟,他自己准备好时,会自然融入行为当中。

其次,对于幼儿来说,他们并不理解礼貌的重要性,不知道为什么要叫人。这个陌生人也许对父母来说很重要,但是跟孩子自身却毫无关联。幼儿天性只对跟自己有关的事物发生兴趣,而对一个不知是谁的陌生人展示笑脸,不是一个自然自发的行为。因此在他人面前,要把孩子当作一名与成年人平等的人,介绍给对方,比如"这位是某某阿姨,她是妈妈的同事;这位是我的儿子某某"。这样既能让他人尊重孩子、平等地对待孩子,也能帮助孩子熟悉、接纳对方,有助于孩子放松下来,自然地流露礼貌。

另外,孩子也不能理解自己的表现对父母面子的重要性。他们不懂得怎样做是给父母增光的,怎样做是丢脸的。这些都是成年人的感受,跟孩子本身没有关系。因为孩子没有达到礼貌标准而批评他,给他施加压力,不仅是不公平的,也往往适得其反。如果不杜绝那些看上去友善的"逗",对孩子就是一种伤害。孩子对自己的财产有一种本能的保护意识,对陌生人有戒备心,这是正常的,应当得到鼓励。成年人说要把他们心爱的玩具拿走,孩子不懂得这是开玩笑,而是信以为真,因此会奋起反抗。总是这样挨逗,孩子会对他人失去信任,产生严重焦虑和社交障碍。一旦遇到这种情况,我们要制止对方:"请不要这样逗孩子!"

多接触外界才能解除认生戒备心

我的孩子现在1岁半,白天由爷爷奶奶、阿姨带,晚上下班主要是我带。

他最大的问题是不与同龄小孩子互动。在家里你问他今天跟谁玩了，他会说出邻居小孩的名字，还会说要拥抱×××，可是出去了却决不允许别的小孩碰他一下。他会远远地指着小朋友说出他们的名字，可是拒绝过去跟别人玩；如果你逗别的小孩玩，他会拽着你离开，否则就不高兴；如果你要他跟别的小孩握手，他会藏起自己的手说"不"，然后叫你一起离开；以前玩玩具有小孩抢走，他就找大人，现在只要有小孩稍微接近他（不管是有意无意、善意恶意），他就会飞快地躲开⋯⋯

总之给我的感觉就是他心理上还是对小孩子感兴趣的，却惧怕同小孩子交往。但是他和老人、成年人一点不认生，可以称呼别人，甚至聊天，小区的人都很喜欢他。你认为我儿子在与人的交往上有问题吗？

我知道孩子受到了爷爷奶奶、阿姨的过度保护，也许我有些地方也做得不够好，那么是不是到了晚上我再按照对他有利的方式去引导他呢？这样孩子会不会矛盾呢？

如果这些方式都不可行，那我是不是就把他送去幼儿园？我该怎么办呢？

这个问题的答案，其实隐藏在你自己的描述当中："他和老人、成年人一点不认生，可以称呼别人，甚至聊天，小区的人都很喜欢他。"显而易见，你儿子平时接触的成年人过多，和同龄人相处的时间过少。如果我们用鹅与鸭来分别形容成年人与儿童的话，就是你们家这只小鸭子，因为总是跟成年鹅朝夕相处，也误把自己当作一只鹅了，见到同类小鸭子，反而因为缺乏经验，而显得失去了交流交往的能力。

另外，或许你们家老人和阿姨可能在他与同龄人接触的时候，出于过度保护的心理，曾经无意间给过他一些负面的信息，让他对其他小朋友产生恐惧。

接纳孩子

这里边的情况我们无法了解，但是你儿子对同龄人的这种过激反应，总归还是事出有因的。

你说得对，这个年龄段的孩子，一方面对同龄儿童感兴趣，另一方面他们只会"平行游戏"，而不会"合作游戏"。孩子社交能力的开发与培养，对于孩子的健康成长来说，至关重要，关系到他们情商的发育以及未来的幸福。你目前的焦虑是有道理的。

如果有可能，尽量让孩子多接触同龄人。可以先挑选两三个比较合得来的家长和孩子，互相到家里拜访，周末一起外出游玩，让孩子们之间互相熟悉，在接触当中观察并意识到对方的需求和情绪。**不要强求孩子具备成年人的道德标准，比如分享、谦让、合作**，每次都准备好充足的玩具和食品，不至于让他们抢起来。

这么小就送去幼儿园的做法不可取。1岁半的孩子首先要建立和父母亲之间的依恋关系，他的黏人表现其实是正常的。他目前处于严重缺乏与同龄人交往经验的极端，如果你贸然将他送去幼儿园，他则处于面对众多（比他大的）小朋友的另一极端，这样做，对于他的正常发展来说，适得其反。

单亲的孩子更怕生吗？

我是单亲妈妈，2岁的女儿乖巧可爱。白天由姥姥带，晚上和周末我自己带。孩子好像非常胆小，在家里行走自如，在外面玩时，有她感兴趣的事物或者在我的鼓励诱导下，她会自己走路。除此之外，只要出门就要求抱，见到生人或者人多的地方更是如此。有时见到生人会表现出很紧张的样子，玩熟了才会好。我认为我给了她足够的安全感，在我面前，抱的要求我都会满足她，在姥姥那也是尽量满足的。经过不断的自我调整，我自己的心理比较稳定，自认为没有对孩子有过多负面影响。我担心孩子是否有心理问题,特向您请教。谢谢!

从来信看,你女儿的表现都很正常。到了陌生的地方、看见生人就有戒备心,是人类生存本能的表现,孩子必须具备自我保护意识,才能防患于未然。玩熟了就能放松,说明孩子的安全感建立得挺好,并且能够识别什么是没有危险的地方和人。想象一下,如果孩子对陌生地方和陌生人的反应,跟对熟悉的地方和熟悉的人的反应,毫无差别的话,那我们才真是需要担心呢。

2岁的孩子,身心处于一个飞速发展的阶段,一方面表现得具有反抗心,另一方面又比以前更加黏人,这些都是正常的。你能够尽量满足她,相信她会成长得很健康。

你对孩子的担心,恐怕来自单亲母亲普遍的一种焦虑,生怕单亲环境给孩子带来心理阴影,有时候甚至过分补偿。如果像你说的那样,你不断积极调整自己的心态,情绪比较稳定,那么孩子也不会出现严重的心理问题。

内向是件"坏"事吗?

我的宝宝现在已经1岁9个月了,可是仍不会说话,社交能力很差,让我非常苦恼。宝宝的情况大概是这样的:早产,体重不足,但都不严重(36周,2.45kg),5个月时头才抬得好,10个月时才会爬,1岁2个月时会走,整体发育滞后。5个月前的早教做得不好,但在医院做了评估后就比较注意平时的教育。

他看上去非常内向,从小就每天带他在小区里接触其他孩子,但一直以来,他都不敢和其他孩子玩,有孩子走到他身边他都会害怕地走开或哭着要抱。别人拿了他的玩具不敢要回,给回他也不敢接,平时自己走路会避开孩子多的区域。曾经上过早教课,每次都在课堂

接纳孩子

上大哭,只好退学。8个月到1岁时,最喜欢玩圈圈类的东西,反复地转,反复地扔了又捡。有段时间他特别迷恋瓶盖,睡觉都拿着,没有瓶盖就好像心神不宁。现在他特别喜欢气球,但也只是扔和捡。

我总觉得宝宝是一个特别害怕失败的孩子,总是没有安全感,这是为什么呢?我真的不知道怎么改善他的问题。小巫老师,你能帮帮我吗?

看了你的描述,我们没有看到一个问题多多的孩子,反而只是看到一个相对正常的孩子。他无非比较内向害羞,容易胆怯而已,这样的孩子有很多。跟开朗外向的孩子相比,他们更加安静,更喜欢独处,不愿意融入集体活动,对他人戒备心更强,也更容易感觉受到威胁,更容易流露出恐惧情绪,等等。

你的孩子刚刚1岁9个月,他还没有太多跟同伴交往的需求,即使在一起玩儿,也不大会出现合作游戏,而更多是"平行"玩耍,也就是说,各玩各的。他目前表现出来的黏人、怕生、躲避人多的地方,都是他这个年龄段正常的表现。兼之他生性内向,有些标志性行为在他身上表现得更加突出,仅此而已。

上天既然给了你这样一个孩子,比其他孩子看上去"弱"一些,那么既来之,则安之。他是独一无二的,他需要你的接纳和保护,而不是盯住他的"问题"不放,总是想去纠正他。所以你也需要放松下来,好好地接纳、爱护、抚养你的孩子,按照他独特的需求和独特的成长轨迹去满足他,而不是要求他跟其他外向孩子都一样,更不要给他贴标签——比如自闭症、害怕失败、社交能力差等等。

你可以帮助他循序渐进地进行改善,但是不要期待立竿见影的效果。他目前最需要的还是确认亲人对他的爱。他需要首先建立家庭的安全感,才能将注意力投向外界。你也需要看到他这种性格的优势,恐惧、谨慎、怕生,都是人类自我保护的本能反应。有些孩子对危险更加敏感,所以显得比较拘谨,不愿意做没把握的事情。这样的孩子从成年人那里需要更多的鼓励、更多的耐心，也需要更多的宽容和理解。

儿童社交能力也不是一朝一夕就能开发完善的，而是需要在无数次的反复体验当中掌握社交技巧。害羞的孩子则往往需要更长时间和更多经验，他们不能马上接触很多人，而是首先要跟少数比较熟悉的朋友小范围接触，感觉有把握之后，才能接触更多人和环境。因此，与其带他去院子里随机接触邻居小朋友，不如将一两个比较熟识的小朋友请到家里来，在他比较熟悉而放松的环境里，跟为数有限的同龄人进行互动。等他掌握一些技巧和规律之后，再扩大交往的范围，也不要一下子人很多，一次五六个足矣，慢慢地等他再大一些，再成熟一些，可以接受更热闹的场合时，再带他去人多的地方。

相信孩子，也相信你自己吧。只要你放宽心接纳他，一般来说，婴幼儿时期害羞的孩子到了学龄期就会有很大改善。

在打闹中成长

我的儿子今年4岁多，特别喜欢和小朋友一起玩，每天吃完晚饭就到花园去找小朋友。在游戏时小朋友之间会有一些碰撞、拉扯，也会跌倒摔跤，儿子的膝盖和手肘伤痕累累，但他毫不在乎，我要看他的伤口也不让我看，还说"会好的"，爬起来继续嬉戏打闹。但当他撞到或打到别的孩子时，其他的孩子（特别是女孩子，比他年龄大的女孩也会这样）就会大哭，然后家长就会跑过来理论，想当然觉得哭的一方是弱者，就语气严厉地指责儿子："每次都是你！你不要和她玩了！"还教训自己的孩子："哭有什么用？他打你，你就打他！"其实，儿子并不是打人，也从没想过要打人，大家只是在玩耍。所以这时他会非常伤心，觉得受了委屈，自己走开，我叫他他也不理我。

接纳孩子

我就只有跟着他走,坐在花园的凳子上把他抱住安慰他。不过他一会儿就没事了,不再伤心。

我知道男孩子和女孩子在感情表达方面差别很大,男孩对于自己喜欢的人肢体动作要多些,而且有时候出手也会比较重,这就会引起有些家长的误会,总以为儿子在欺负小朋友,要打人,实际上他是一心一意在和小朋友玩耍。我知道他并没有做错,在玩耍的时候也难免会有纠纷,我想放手让孩子自己去解决,但别的家长总是要出面,总觉得自己的孩子吃了亏受了欺负。

孩子不可能不出去玩,我很担心儿子以后在玩闹时又把那个爱哭的女孩弄哭了。儿子最喜欢那个爱哭的女孩,一看见她出来就马上过去找她,而那个女孩的妈妈又特别紧张自己的孩子,听不得孩子的哭声,所以也不喜欢我儿子和她女儿玩。面对这种情况,我该怎样处理呢?

你对儿子行为的理解非常到位,的确他属于那种身强力壮、活泼好动却又一不留神就引起别人误会的儿童。

儿童发展心理学家发现,在儿童社会交往,也就是玩耍的过程当中,无论是哪个国家、哪种文化,进攻性行为都在所难免。攻击性行为在社交游玩当中浮现,越是能打架的孩子,越具备社交能力,也越精明强干。事实上,能够显示一些进攻性或许是儿童社交发展的必经之路。

儿童交往当中,大约10%的游戏行为是rough-and-tumble play:两个或者多个孩子纠结在一起,身体冲撞,扭打摔跤。在这种游玩当中,孩子们体验自己的力量,发现自身的强度和限度,增强自信心,并且发展友谊,排出并调整"啄序"。

一个人,身体感觉越猛烈,情感的反应越强烈,情绪的发展也越健康。人类的发育,首先发育的是感官,是各种生理感觉,尤其是触觉的发展。身体接触帮助儿童接触自己的情绪、体验、感受自己的情感。

一个什么东西都不摸、什么人都不碰的孩子，会变得没有感情、冷漠畏缩、无法和他人交流。

这就是为什么，我们做家长的，不仅需要经常拥抱孩子，也应该多跟孩子进行扭打游戏，有助于孩子发现自己、找到疆界、建立自信。孩子们也喜欢互相拥抱，并且热衷于身体冲撞。

扭打碰撞对于男孩子来说至关重要，因为男性脑的发育、荷尔蒙的分泌，需要身体方面的冲撞接触。可以这样说，离开了扭打，男孩子就不会正常发育。另外，男性对感情的表达和抒发，与女性大相径庭，他们互相之间根本不会通过温柔的抚摸和甜蜜的话语来表示友好，一个美国妈妈这样说："男孩子是用扭打、推搡、碰撞来表达温情的。"

Rough-and-tumble play具有普遍性，从幼年期到青春期，在世界各地——无论是印度、墨西哥、日本的冲绳岛、非洲的卡拉哈里沙漠地区，还是菲律宾、英国、美国的孩子们身上都会体现。（小巫《跟上孩子成长的脚步》）

我想，对于儿童行为的理解，你是没有问题的。你目前的烦恼在于如何应对其他家长的误会、指责和算账。你想让孩子自己解决问题，但是并非所有家长都这么开明；况且，自己解决问题对于强势儿童来说比较容易，对于那些弱势——不一定是天生的弱势，很多时候是家长保护过度而人为制造出来的弱势——儿童以及他们的家长来说，就不那么容易接受这种态度了。当你面对一个不允许孩子自己解决问题，并且态度比较强硬的家长时，最好别再坚持"自己解决"这个原则，找一些迂回的办法，保护好自己的孩子。

我建议你做这样几件事：

细心找几个不怕"打"的孩子及其家长，让你的儿子多跟他们交往，周末组织一些外出活动，大家多在一起玩儿。让你的儿子多跟强势儿童在一起互动，增进他们的友谊，从而淡化他跟其他弱势儿童的情感纠结。在缺少批评的

接纳孩子

环境中，让他接纳自己的天性，认识到自己的行为是正常的。

当弱势儿童的强势家长气势汹汹找来时，保护好你自己的孩子。如果他们大声呵斥，你对他们道声歉，并且解释一下"我儿子不是故意的，他还小，不知道轻重，很抱歉"云云，然后带孩子离开。你安慰孩子的举动很正确，孩子受了委屈，的确需要妈妈的同情和安抚。同时，妈妈坚信自己的孩子没有错，对孩子来说也是一笔巨大的心理财富。

你说儿子很喜欢那个爱哭的女孩，如果的确无法暗暗地将他们分离，那么你这个妈妈就要委屈一下，跟对方妈妈搞好关系。你不妨带着儿子去给那个小姑娘买点儿小礼物，搞一些"笑脸外交"，并且在他们碰撞的时候，提醒儿子："轻轻的，别使那么大劲儿，她不喜欢你这么用力。"并且对小姑娘解释"他不是故意的，他是太喜欢你了"。借此帮助他人理解你的儿子。小姑娘哭的时候，你也抱抱她，安慰一下，多赔些礼，礼多人不怪嘛！记住，你道歉并不等于在批评孩子，你可以只道歉，不批评；对方虽然此时占据了道德高地，但是长远来看，这样教育孩子的后果是弊大于利的。

我再次强调一下：在这种环境中，保护好你自己的孩子是第一重要的。你的确会承受很多压力和委屈，但是你的内心力量终究比孩子的大，你的肩膀比孩子的强壮，你需要为他撑起一片晴朗的天空，让他感到自己是一个正常的儿童。用不了多久，你现在的付出就会得到回报——为这个世界抚育出一个开朗活泼独立自信具备强大人格魅力的人。

孩子打人时，家长这样做

小有最近在和院子里其他差不多大的小朋友玩的时候，会没来由地推别人一下或者伸手在别人脑门上拍一下，还配合有点恼火的表情，而事实上别的小朋友根本没有招惹他。作为妈妈我深感羞耻和不理解，每次都严肃要求小有道歉并表示以后不再如此。小有一副服法认罪的态度，"对不起"也说了，"以后不了"也说了，然而下次还是没来由地推人家小朋友。

小有拍打同龄人，显然是在模仿，同时也是他这个年龄段经常出现的行为。他没有恶意，也不能体会到对方"挨打"之后会很疼，更不理解道歉和保证"今后不打了"是什么意思。你批评他，他可能当时感觉到你的不爽，但事后很快就忘记，尤其在出手的当下，他没有能力控制自己，更想不起来你对他的教诲。你批评他、要求他道歉，显然是出于你自己的面子问题，而忽略了孩子的感受和需求，你内心不能接受他，也不能接受自己，因为孩子一"打"人，你就觉得是自己做母亲的失败。事实上，这跟你的养育方式没有多大关联，跟孩子的天性有更多关系。

这么小的孩子出现这样的"问题"行为，批评非但不起作用，反而可能适得其反。不用批评他，而是向他示范什么是恰当的行为。他拍打小朋友，你轻轻握住他的手，抚摸对方，一边说"轻轻的，轻轻的，小有喜欢××，要轻轻地摸……"如果对方没有号啕大哭，对方家长没有暴跳如雷，你不必道歉。最好的方式，还是找一两个对这种行为不太在意的家长，让小有在小范围内练习跟同龄人相处的技巧。他还太小，需要很多练习才能知道什么样的行为是被人接受的。

适度打闹没有坏处

我的侄子小丁和我的儿子小恒相差7岁，小恒目前是1岁9个月、他们在一起玩耍的过程，以小丁用某个玩具（比如PSP游戏机）、某个动作、某个事件引起小恒的强烈兴趣为开端，然后以小恒希望参与

接纳孩子

却遭到小丁的无情推搡、一顿小揍之类的暴力活动推向高潮,最后以小恒的呜咽或号啕引来大人的调和走向结局。周而复始,他们两个基本乐此不疲。并且小恒越来越喜欢跟着小丁,配合其演出以上百玩不腻的三部曲。

我的问题是:对于这样两名经常在一起玩的小朋友,我们应该怎样去引导大孩子?怎样教育小孩子?还是漠视大孩子打小孩子,由着他们玩耍哭闹?

一般来说,8岁左右的男孩子比较喜欢跟同龄朋友在一起,不是那么热衷于跟小孩子玩儿,更何况是年龄差距如此大的学步儿。不知道小丁有没有同龄伙伴?或者,他除了PSP等电子游戏机之外很少和同龄人交往呢?

如果小丁是个很外向并具有攻击性的孩子,我建议你们马上让他戒除所有电子产品,包括电视、电脑和一切游戏机,因为这些产品对他来说是恶性刺激,会让他变得更加焦躁和富有攻击性。让他多跟父母与同龄人进行良性互动,多参与一些户外运动,多动手做家事,赋予他与其年纪相应的责任感。这样的孩子其实都喜欢动手做事,只要有工作吸引他们,让他们觉得自己是有能力有价值的家庭成员,他们不会因为无聊而闹事。

来信已经说明,这两个孩子在一起,已经形成了固定的行为模式,并且成功地引起成年人的参与。要打破这个行为模式,就要改变他们习以为常的结局。对小丁,你们可以给他一些责任,让他好好照料弟弟,承担责任的孩子不会瞎闹;对小恒,你们可以帮助他学习除了哭号之外的一些表达方式,比如和对方协商,而不是事事都寻求成年人的帮助。当他们发生争执时,不要第一时间一个箭步冲上前,进行评判和调解,而是很平淡地说,哦,你们闹矛盾了?好好商量一下怎么解决吧。如果他们实在打得不可开交,由于双方力量悬殊,最好先把他们分开,保护小恒不受伤害。也不用跟他们讲太多道理,你说话越多，对他们越没用，小丁会转而关注你的情绪，满足于自己终于得到了成年人的注意，小恒呢，则根本不理解怎么回事。

平静下来之后，跟小丁谈一谈，问问他对这种情况有没有什么建议，他认为怎样才能解决这个问题。尊重他、听一听他的想法，也许你会发现以前不知道的原因。如果可能，也可以进行"第三方调停"，帮助两个孩子理解对方的感受，一起找到和平相处的办法。

不要给孩子贴上"爱打人"的标签

军军跟着妈妈来到游乐场，看到邻居小朋友陶陶也来了，快步跑上前。就在双方家长放心地让他们奔向对方时，出乎意料的事情发生了：军军跑到陶陶跟前，伸出巴掌，使劲地拍了陶陶一下。陶陶吓了一跳，跟在他身后的奶奶冲上来，不由分说地斥责军军："哎！你这孩子怎么打人！"

军军妈妈赶忙拉住儿子批评："就是啊，不许打人！都是好朋友。好好玩啊。"两个孩子在游乐场东奔西跑，滑梯秋千跷跷板，不亦乐乎。陶陶奶奶叫孙子去喝水吃点心，军军也想起自己带的薯片，从妈妈背的书包里翻出来。陶陶看见军军手里的包装纸很鲜艳，不由得凑过来，伸手就要拿。军军叫了一声，推了陶陶一把，陶陶一屁股坐在地上，有些委屈地哭起来。

陶陶奶奶不干了，大声怒斥军军："你这孩子怎么欺负人啊？干吗推我们？走，陶陶，不跟他玩儿，咱不能跟爱打人的孩子玩儿！"

军军妈妈脸上有些挂不住了，也跟着数落孩子："弟弟想吃薯片，你就分给他呗，你推他干吗呀？不是跟你说过好多次不许打人吗？你怎么没记性呢？"

接纳孩子

军军放声大哭起来,把手里的薯片狠狠扔到地上,妈妈低头去捡,军军握着拳头一下一下地砸在妈妈背上。妈妈气坏了,拉着军军往家走,边走边教训他:"叫你别打人,你居然敢打我!这样下去你还得了!"母子俩的吼声和哭声,离游乐场越来越远。而军军"爱打人"的名声,却从此在邻居心中留下深刻烙印。

看见孩子的攻击行为,就担心他有暴力倾向,担心发展下去他会变成一个欺负人爱打架的小霸王,是很多父母普遍的烦恼。其实这种担忧是多余的。军军上述"劣迹",并非他本人的个性,而是他这个年龄段儿童的行为特征。

军军给陶陶的第一巴掌,并不是"打人",而是问好。这个年龄段的孩子,往往名副其实地喜欢"打"招呼。见到喜欢的人,一个巴掌打过去,是2岁儿童的常见行为。他们用这种方式来表达:"嘿!你好!我喜欢你!你看我啊!"而并没有意识到,这样热情地"打"招呼,会让对方受不了。

军军推陶陶,则是没有经过思考的本能反应。他并非不愿意跟陶陶分享薯片,而是想自己打开包装、由自己掌握给陶陶多少。陶陶过来抢,军军感觉受到侵犯,不由自主地用力排斥那个干扰因素。他并没有预见到,这一推,会带来什么样的后果。

军军捶打妈妈,是在发泄难过、恐惧、愤怒和委屈这一连串的负面情绪。看到朋友因为自己的一个举动而哭起来,军军感到难过;被陶陶奶奶呵斥,军军感到害怕;妈妈批评自己,军军感到生气;妈妈错怪自己,让军军感到委屈。如此强烈的情绪交错在一起,令军军小小的心灵吃不消。这么大的孩子,尚不能用语言表达他的感觉、需求和愿望,甚至都不能清醒地意识到他此时此刻都有些什么感觉、想做什么,只是又着急又生气,于是以最直接的方式向最安全的那个人发泄出来:打妈妈!

幼儿的"打人",并非成年人心目中的"暴力",而是特定年龄段的特殊行为。他们想控制环境、排斥干扰、宣泄困惑，同时他们缺乏体会他人感受、控制冲动、预见后果的能力，也缺少社交技巧和经验，于是往往出现攻击行为。我的推荐是：

1. 不要给孩子贴上"爱打人"的标签，这只会适得其反，强化孩子的进攻行为。

2. 及早建立社交原则，平静地多次反复告诉孩子他的哪些动作会让对方疼痛、难过。不过我们需要相当的耐心，因为孩子必须积累足够的经验才能掌握良好的社交技巧，他们也需要到达一定的年龄段才能理解他人的感受。

3. 不要为了面子而严厉批评孩子，只需要温和地向孩子示范什么是恰当的行为，比如，孩子打招呼动作猛烈，我们就拉着他的手向他示范：轻轻地抚摸，才令人舒坦。

4. 孩子有时会用进攻行为来唤起成年人的注意力。成年人平时要多花时间全神贯注地陪伴孩子，满足孩子被关爱的精神需求。

5. 大家往往忽略"打人"的孩子看到失控的场景，心里也很难受，他们也需要成年人的安慰，而不是斥责和冷落。成年人的理解和接纳会促进他们改善自己的行为。

6. 切忌用武力教训和惩罚孩子，以暴易暴不会让孩子明白任何道理。

接纳孩子

老师 ≠ 社会

我女儿现在3岁半,从2016年春季就开始上幼儿园了。这学期她的班上有两个老师,最近其中一位她喜欢的老师要结婚了,这周没来上班。今天早上走在幼儿园的路上她突然哭着说她不想去幼儿园了,我就给她做工作,才顺利地送过去了。在幼儿园里另一位老师当着她的面告诉我前一天她吃饭的情况,我知道她最近食欲不好就跟老师说别勉强她,这时她哭着过来了,说要回家。我知道那位老师性格不太好,她不喜欢那个老师,可是我想孩子将来走上社会总要和不喜欢的人相处,我不知道该继续送她上幼儿园让她来适应这位老师还是让她在家和奶奶待几天,等那个她喜欢的老师上班了再送,请小巫老师指教。

是不是我太心疼孩子了?

你说得对,孩子将来走上社会总要和不喜欢的人相处。不过,那时候,她已经长大了,是一个成年人,跟她所不喜欢的成年人相处,她已经获得了足够的内心力量来抵挡外界的负面冲击。她所不喜欢的人,不会比她高很多、强壮很多,不会掌握着她的"国计民生"(吃喝拉撒睡等)大权。离开这些人,她能够自己存活。

这是很多父母在看待孩子环境问题时的误区,误以为反正孩子早晚要面对不那么喜欢她的人,干脆就让她提前"实习"吧。这种实习,不仅不会锻炼孩子的社交能力,反而会给孩子带来伤害。因为相对一个幼儿园老师来说,孩子太弱小了,老师很容易用成年人的力量去伤害孩子。

对于一个幼小的孩子来说,幼儿园老师是父母的替身,白天代替父母来照料孩子。如果老师不能以关爱、温情、接纳、包容来对待孩子,而是态度严厉，手段生硬，孩子不会理智地看到，这是老师脾气不好，而是会误认为自己是个坏孩子，所以爸爸妈妈用这种方式来惩罚她。

根据我的观察，目前国内合格的幼儿工作者凤毛麟角，而对此现状采取积极措施的父母却更少。大多数父母都被动地接受现状，并且强迫自己的孩子去适应那些根本不应该接触儿童的成年人。

我想，如果你不能跟当前那个老师进行有效沟通，让她改变对孩子的态度，那么第二种选择还是明智的，让孩子回家一段时间，开开心心的。等那个爱她的老师返回工作岗位的时候再送孩子回去。

没有一百分幼儿园

我的女儿3岁之前，都是在家里爷爷奶奶带着，老人对她有求必应。快3岁的时候，我不希望她总是被老人宠溺，希望她进入一个更大的集体环境里，就送她上了幼儿园。我也是像很多母亲一样大致考察了周边幼儿园的情况，最后给她选择了一个条件不错的教育机构。如今半年过去了，我跟您说一下我的感受和困惑。

他们这个班的孩子年龄比较小，大多是2岁半到3岁以下的孩子，孩子的发育程度有些差异。刚上幼儿园的时候，孩子态度非常积极，没有哭闹。可是过了一段时间，孩子就变得非常敏感，别的小朋友一碰她就哭。为此，老师和我们沟通过，原来宝宝在幼儿园里曾被小朋友咬伤过一次，脸上也被抓过，但不严重。

我再举个例子，幼儿园的教学主题有一项是小朋友一起分享，这一点以前她也可以做得很好，可是前段时间可能发生了个小误会：她把自己最喜欢的玩具熊带到幼儿园去，回到家孩子告诉我玩具被老师没收了。我与老师沟通的时候老师却说不是没收，是分享，看来是孩

接纳孩子

子的误会，但是我觉得在幼儿园里幼儿的心理和情绪没有得到足够的重视。

虽然老师说她在能力上表现很不错，可是我觉得孩子不够快乐，在幼儿园缺乏一些开朗和自信，还有些不够坚强，对幼儿园的教育好像没有那么积极。昨天宝宝对我说："妈妈，老师不喜欢我，老师都批评我。"对于孩子的话，我尽量客观地给她解释："老师很喜欢宝宝啊，批评是因为犯错误了，不是不喜欢哦。"可是我自己却动摇了，一个学期已经过去了，我是否该考虑为孩子转移一个环境呢？我的这些疑虑是多余的吗？我能为孩子做些什么？非常感谢！

从来信的写作风格上，我感觉你是一个特别细腻敏感的妈妈，对孩子的一切情况都非常关注，也容易产生焦虑。同时也看得出来，你的女儿在家里，有爸爸妈妈和爷爷奶奶的细心呵护以及无微不至的照料，大概是一个备受宠爱、泡在蜜罐中的小公主。

只是，小公主不可能一辈子生活在家人为她搭建的城堡里，一天到晚幸福快乐，不知忧愁。3岁左右的孩子，需要去幼儿园，和更多的同龄人在一起，和父母以及祖父母之外的成年人在一起，学会在一个比家庭更加广阔的集体当中，找到适合自己的位置，学会和其他人交往，并且逐渐习惯其他人对待她，不会像家里人那样事事以她为中心、一切都顺心如意。她也需要学会遵守一些集体的规则，尽管在一开始，这些规则可能会给她带来一些烦恼。

比如带玩具去幼儿园，有些幼儿园不在意孩子们带自己的玩具，有些幼儿园则出于管理和教学的考虑，不允许孩子带玩具去（或者即便带去了，也不可以拿出来玩）。幼儿园的某些规定在你们看来可能不太合理，在孩子看来更是不可理喻。当你们的观念和幼儿园发生冲突时，如果牵扯到孩子的感受，比较妥善的处理方式是不去追问孩子，而是安抚他，告诉他这是幼儿园的规定，所有的小朋友都必须遵守，他感觉委屈是可以理解的；注意不要表露出特别的同情和心疼，好像这是一件多么不得了的大事（这的确会让孩子感到更加委屈），或者当着孩子面指责老师。而是在之后找到一个合适的机会，跟幼儿园老师交流一下，了解这方面规定的详情，便于你们今后配合。

从来信看，这家幼儿园并非严格限制小朋友带玩具，而是有分享的主题活动。你的孩子在分享玩具这件事上，跟老师发生了误会，可能是孩子没有表达清楚，也可能是老师没有问清楚。我不太愿意武断地认为是老师忽视孩子的心理和情绪，尤其在幼儿园这种集体环境中，老师不可能时时处处关照到每一个孩子的每一点情绪。如果家长不跟老师沟通，老师不会神仙似的能够一眼看穿所有孩子的心思。

从来信看，孩子在人际交往方面的一些挫折，以及一些逆反，还有他在幼儿园所表现出来的"不够开朗大方、不够坚强"，可能源于他在家里得到过多的关注和溺爱，没有得到足够的理解和接纳，反而削弱了他对外人表达自己的能力以及对于在集体中不能得到完全关注的承受能力。

还有，你在和孩子沟通的时候，需要注意一下方式方法。以信里描述的场景为例："昨天宝宝对我说：'妈妈，老师不喜欢我，老师都批评我。'对于孩子的话，我尽量客观地给她解释：'老师很喜欢宝宝啊，批评是因为犯错误了，不是不喜欢哦。'"在你眼中"客观的解释"，实际上是否认了孩子的感受。孩子觉得"老师不喜欢我"，你马上反驳说"老师很喜欢你"，孩子感觉妈妈并没有理解自己，也并不认可自己的感受。更加妥当的回应是："哦，有老师批评你，让你觉得她不喜欢你了，你对这一点感到难过。"这样，孩子会进一步说出更深层的内心感受，你继续认可并帮助他诉说出当下的情绪，而不是急于表达你的看法。这样有助于你顺藤摸瓜，找到孩子不喜欢幼儿园的真正原因。有时候，往往是一些不起眼的事情，对孩子来说，却是天大的压力呢。

来信没有具体描述这家幼儿园老师对孩子的整体态度，我也不可能巫师般

接纳孩子

地看着水晶球告诉你换还是不换。无论在哪个幼儿园,老师和孩子的比例都不会接近一比一,更不会像你们家里那样,几个大人照看一个孩子。孩子受一些小小的委屈,是他成长过程中所必然经受的。你们对幼儿园偶然产生一些不满,也是所有家长和幼儿园之间的关系中所必然出现的状况。我不知道哪个家长对一个幼儿园怀有100%的满意,我也不知道哪所幼儿园能够100%地满足所有家长的一切需求。只要不是严重伤害孩子,不是严重违背你的育儿理念,不妨再观察一阵子,同时也调整一下你们自己的心态。

内向的孩子尤其需要保护

我的侄女快满5岁了,就读于一家幼儿园。我哥哥的教育方式是,有时候爱孩子爱得不行,但如果孩子稍不顺意就大发雷霆,而嫂子一直对孩子很溺爱,以致侄女的性格呈现出这种情况:在家里脾气很大,在幼儿园里却常常被其他小朋友欺负而不出声,被同桌的小朋友抓伤手臂,被其他小朋友推搡是常常发生的事情……她自己也从不向老师告状,听嫂子说好像是老师会把事情怪罪到她身上,还要骂她。前段时间她由于睡午觉的时候尿湿了床,被老师训斥,并骂她"瓜女子"(四川方言,意思就是很傻)……我们问她为什么不还手,她说还手身体就痛了,就要进医院了……

我很担心,像她这样的情况会对她的成长造成很大的影响。其实她非常可爱,可是我总觉得她有时候显得呆呆的,这让我非常担心!她会不会太过封闭了?我们要从哪些方面着手,才能让她变得快乐起来呢?

我想,你分析的都很到位,你侄女的这种情况,一方面是由于天生的内向性格，另一方面，是由于父母养育方式的不得当。父亲的喜怒无常，加上母亲无原则的溺爱，使得孩子内心缺乏安全感，也不知道如何表达自己的情绪。她在家里脾气很大，一方面是在模仿父亲生气时的情绪宣泄方式，另一方面，这恐怕也是她能够让母亲屈服的最有效手段。

这样的孩子到了群体当中，如果又是天生的内向性格，大多数时间的确会受到同伴的排挤和欺负。缺乏安全感的孩子，在面对外界时，会感到恐慌，会表现得很怯懦，一旦受了委屈，既不知道保护自己，也不知道求助于成年人。她既害怕同伴的进攻，同时也害怕成年人会怪罪于她，并不理解或者同情她。更糟糕的是，这家幼儿园的老师对孩子态度比较恶劣（有些像她的爸爸），对孩子斥责训骂，让孩子更加恐慌。其实孩子在同伴那里受到的伤害是有限的，有些内向的孩子并不在意自己在交往中是否处于劣势（这个劣势也是我们成年人的判断和界定），只要她有朋友，吃点亏也没关系，反而是一种锻炼呢。但是成年人的态度却会给孩子带来更深刻的伤害。

我建议你们尽快给孩子换一家幼儿园，不要让孩子在老师那里受到更多的伤害。你也可以跟兄嫂商谈一下，鼓励他们转变对孩子的态度。父母的养育方式，是起决定性作用的，旁人再怎么着急，也是隔靴搔痒，无济于事。

孩子的情绪是家长内心的反射

我的儿子今年4岁半了。正在上幼儿园，他从2岁半开始上幼儿园，按理也上了两年了，可是他一去幼儿园心情就特别不好，有时还老哭。

我们家的情况是这样的：我和爱人的家在河北，老人也在那边，我们属于油田系统，所以由于工作原因，我和爱人来到边远的内蒙古锡林浩特市上班，而我又在距离锡林浩特100公里的地方上班。我们

 接纳孩子

实行轮休制，基本上工作40来天就可以回河北休假20多天，儿子2岁半后我们把他接来身边，在锡林上幼儿园，平时由我爱人带，我爱人在幼儿园做炊事员工作，两个人也是天天在一起，除此没有别的亲戚。

每次我们俩休假的时候就会带儿子回河北，那是儿子最最高兴的时候。可是每次回来，我们一家的心情都不太好，特别是我，上班也不能和家人在一起，一分开就是40多天，每次都是和儿子恋恋不舍。儿子懂事后，每当我要走的时候也是他最伤心的时候，小小年纪就躲在被窝里哭泣，但是工作还是要做啊！

老师，我怎样才能让儿子在幼儿园快乐地生活啊？请您给我出个好主意吧，谢谢您了。

从来信分析看，似乎不是你儿子在幼儿园不快乐，而是你自己对目前这种家庭分散的状态感觉很不快乐，继而你将自己的这种不快乐投射到儿子身上，认为他也不快乐。

让我们来看看你们的具体情况：对孩子来说，这种反反复复来来回回的生活，的确有些不安稳，上40天幼儿园就回老家歇20天，孩子每次初返幼儿园的时候恐怕会感觉不适应。但是从另一个角度来看，毕竟妈妈跟自己在一起，朝夕相处，这对孩子来说又是个得天独厚的优越之处。相信幼儿园其他小朋友也有类似的情况，但却不是每个小朋友的妈妈都在幼儿园工作，能够每天照看自己。

儿子为什么表现得不快乐呢？为什么不爱去幼儿园呢？根源恐怕还在你这里。每次分手的时候，你都跟孩子恋恋不舍，每当你离开的时候，也都是你最伤心的时候，你的悲伤情绪影响了孩子，导致他也痛恨分离，不喜欢幼儿园。他恐怕把幼儿园（以及你的工作）看成是分开你们的原因了，以为是幼儿园（和工作）造成你们父子不能团聚。

我想，你也许应该调整一下自己的心情，看一看到底是什么影响了你的情绪。和家人长期分离的确令人感到难过，但是如果不能积极地改变，那么不妨积极地接受。改变孩子的状态其实很容易，只要你高高兴兴快快乐乐地跟他说再见，分手的时候不流露出痛苦，而是朝气蓬勃地迎接又一轮工作和休息。这种日程安排，孩子也会变得快乐起来。

让孩子自行解决与同伴之间的矛盾

儿子生性随和，爱看书，不喜欢运动，别看他长得挺高挺壮实，从不会欺负别的孩子，为人宽厚，受了委屈一般不说，但我知道他在学校是班上几个有暴力倾向孩子的攻击对象，为这件事我曾经管过两次：

一次是孩子怎么也不要住学校的午托，说某同学每天中午从排队到吃饭到睡觉前，总是对他踢踢打打的。老师说他，他也不听。孩子请我给老师说说，把他调到另一个饭桌。

第二次也是中午在校时间，一个同学把他推倒在地，把额头磕了个大包，还蹭出了血，孩子的头肿得影响到眼睛，我看了心疼不已。回家我和孩子姥姥在饭桌上提起这件事仍然愤愤不平，一个劲儿教他以牙还牙之类，结果他生气了，说，我早就原谅他了，我们还是朋友呢。弄得我们也不好再说话。

昨天儿子又给我提出来："把我的被褥拿回家吧，我不想再在学校午托了，妈妈你忍心儿子在学校挨打受欺负？"他觉得自己在班里受的欺负是数一数二的，忍耐力也是数一数二的，他还掀开裤腿让我看上面的青紫印痕，还说某同学踢过他肚子可疼了。我搂着他，他边说边流泪，他说他问过他们为什么要打人，他们说因为所以没有道

 接纳孩子

理。他也还击过，但是总不太敢还手，怕磕了别人的头人家家长来找怎么办，他想躲开那些同学的攻击但是跑得不够快，他也不想让我再去学校给老师反映，觉得效果不大。我也觉得真是束手无策了，只有先告诉他离那些坏同学远一点，学会防备他们，要用行动和语气让他们知道他很厌恶他们打人，如果恶意打人就没朋友可做。我心里也觉得这个问题真是难处理，我们家离校并不远，让他住校是因为中午时间太紧，回家有点耽误睡午觉，现在我在考虑"五一"过后还是接他回家来吧。

我和老公现在是分居两地，从孩子三四岁他爸爸就去外地工作，所以孩子跟我的时间较多。我不喜欢打打闹闹的，所以儿子和我调皮打斗时我总是制止他，觉得不好玩，只有他爸爸在家时他们才在一起玩奥特曼打怪兽的游戏，可能因此他就不善武功吧。

儿子说不愿爸爸知道他受欺负的事，因为爸爸的反应太激烈，爸爸太爱他了。还有，我性格内向，对外界的反应也有逆来顺受的倾向，而且也不爱找老师交流孩子的情况什么的，是不是受我的影响他才这样呢？

看了你儿子的一系列遭遇，真是非常令人心疼，同时也看得出来，你的儿子非常可爱，很懂事，也很大度，懂得化解自己的愤怒，懂得主动原谅他人。这都是难能可贵的品质，为他今后成功的人际交往打下基础。

你自己分析的也很到位，你儿子目前表现得有些懦弱，是两方面因素导致的：一方面，他生活中缺少男性的榜样，缺少一个能跟他打打闹闹的男性，而你又不喜欢打打闹闹，甚至表现出反感，使得孩子在这方面的男性本能受到压抑，他的"打斗技巧"得不到锻炼，内心也认定"打闹是坏事"；另一方面，你性格内向，甚至有些逆来顺受，不喜欢惹是生非，可能对孩子管得比较严，

不许他跟同伴打闹，要求他安静本分懂礼貌，并且向他灌输"被对方家长找来是特别严重的坏事情"，造成了孩子在遇到麻烦时一味妥协避让，不知道怎样做才能保护自己的权利和尊严。

想必你已经明白这样一个道理：男孩子需要在躯体接触的碰撞扭打之中发展自己。大多数男孩子之间的打闹都不是恶意攻击，而是一种本能的需要。也许你儿子的同学也是想跟他打着玩儿，却被你误解成欺负他。一旦他自己也认定别人是在欺负自己，把自己放在一个受害者和牺牲品的位子上，那么那些同学就真的是要欺负他了，尤其那些动不动就找老师找家长摆平事件的人的孩子，越依赖成年人，就越会挨欺负。唯一有效的方式就是允许他奋力反抗（但并非怂恿他以牙还牙），对方见识了他的实力，也就不再主动挑衅，而是友好相处。

我想，首先，你需要倾听并认可孩子在这些事件中的感受，他也许一方面感觉很害怕，另一方面感觉很愤怒，同时也感觉很无助，他一定积攒了很多负面的心理能量，需要宣泄出来；尔后让他自己想想，到底有什么办法可以奏效，实施这个办法会有什么样的后果，他自己如何去承担这种后果。其次，你需要对孩子"解禁"，不要对孩子们之间的打斗如临大敌，也不要严格禁止儿子跟别人打架。告诉他，那些同学没准儿就是想跟他闹着玩儿，他不必流露出厌烦和恐惧的神态。如果他不喜欢，就严厉地制止对方。不过，我想，以他目前的处境，也许真的需要打上几架才能平息那些同学的挑逗心，所以你做好思想准备吧。**任何互动关系的改变都会引发一些波折，然而困境会很快过去的。**

如果老师犯了错

女儿现在快11岁了，在读5年级。刚才她写着写着作业跑进我房间说，今天发生了一件很不爽的事情。今天她们班里有个灯泡掉了下

接纳孩子

来,班主任不由分说地就认定了是几个男生的错,结果全班罚抄课文。她愤愤不平地说:"凭什么呀!我刚好看到了,明明是灯泡自己老化掉下来的,不关他们的事,他们还帮忙打扫碎玻璃呢!"我问:"那你告诉老师了吗?"她说:"没有,说也没用,老师以为我做假证怎么办?"她看了我一眼,补充了一句:"这种事情说说就好了,不要跟老师说,我就回来发发牢骚,发完就没事了。"说完她就出去继续写作业了。除了为同学受冤枉她在心里抱不平之外,其实还有个值得玩味的现象。她的班主任是个特别喜欢玩连坐惩罚的人,已经发生过无数次某位学生违反纪律全班受罚的事情。以前遇到这种情况,她会埋怨,为什么别人犯错要罚她,她根本什么都没做。这一次,她提都不提"为什么要罚我",仿佛已经接受了这种命运,她遇到的就是这么一个老师,无法抗争,算了。她表现出来的并不是很激烈的不满或者委屈,但我知道,这不是她喜欢的处理方式。既然她不想我插手,我也没打算去找老师说什么,她愿意告诉我,那我就听她说,她说够了就走开,也许这就是她要的。但我突然很好奇,如果这事是发生在小巫的女儿身上,假如是小巫听到这种事情,小巫会怎么处理呢?请问,如果是您,您会怎么做?希望能得到您的回复!谢谢!

从你的描述来看,女儿跟你的关系很好,同时界限分明,这使得她信任你,能够在你面前畅所欲言,发表对老师的不满看法。而你也做得很到位,没有对她的言论进行评判,更没有拍案而起,企图替她解决问题。你说的对,女儿当下的需求就是在安全地带发发牢骚,因为她对这种现状也无能为力,更担心万一有什么走漏风声,老师怪罪下来,再因为自己而连累全班同学。

但是这种情况还是让你感觉很不舒服了。

如果这件事发生在我女儿身上……

我会先跟女儿谈一谈。认真倾听她对老师的描述、对老师的看法，以及她心目中比较理想的解决方案。可能在谈话过程中，你们会意识到，老师也不是什么穷凶极恶的魔兽，也许她就是在这种环境中长大的人，她自己可能也没有什么更好的办法，而在她的经历当中，这种连带惩罚是"有效"的、被推荐的。老师希望同学们不给她找麻烦，她试图用这种连带惩罚的手段，树立自己的权威，达到惩戒和杜绝的效果，但没想到却适得其反，孩子们并不会因此而意识到自己的错误，反而对她产生反感。

无论他人做了什么在我们看来难以容忍的事情，一旦我们理解了他们，对他们的负面评判就会降低很多。女儿如果能够理解老师，她的内心抵触也会降低很多。然而，理解并非意味着认同。

我会告诉女儿，我并不赞同老师的这种举措，也想通过某种温和的方式来帮助老师。我会征求女儿的意见，能否让我跟老师好好谈谈？我也会联系其他一些家长，听听他们的看法，看看有没有人和我是同样的感受？他们有没有什么意见或者建议？是否有人愿意和我一起去找老师谈谈？然后，我会找老师谈一谈。首先感谢她的辛勤工作，并且认可她对一些"调皮"现象所感到的困惑，认可她所有的感受。其次，我会向她发送"我信息"，表达我的感受，我的担忧；我会从她工作成效的角度出发，对孩子们与她之间的关系表示担心。师生关系质量直接影响教学效果，这是众所周知的事情。孩子们热爱老师，才会乐意积极主动地学习；孩子们反感老师，就会失去学习动力，对老师的指令也会阳奉阴违，甚至想办法偷偷给老师设置障碍。老师的权威，不是通过震慑和威吓而树立的，而是通过温暖的理解、有效的沟通、明晰的界限而树立的。就这些话题，我会推荐老师阅读《T.E.T.教师效能训练手册》。

我乐于相信，老师是真心热爱孩子、热爱教书，才会从事这样一份需要奉献精神的职业；我乐于相信，老师是在乎自己在孩子们内心中的形象，并且希

望孩子们喜欢自己的；我也乐于相信，老师是真诚地希望做好本职工作，看到孩子们身心两方面健康成长，学有所成。在这样的前提下，家长跟老师开诚布公地交流，会起到良好的效应。

万一这个前提不成立，万一我们遇到的就是一个内心有很多愤怒和仇恨的人，或者自卑或自恋到容不下任何不同声音……也许，我会找校长谈一谈，听听校方管理层的意见。同时，我会认真观察一下，这个学校的教学理念是什么？是否符合我内心的价值观？让孩子继续就读这个学校，是不是一个英明的选择？我还有没有其他的选择？为了孩子在健康的环境里成长，我愿意为这个选择付出什么样的代价？

第5章

规则，儿童健康发展的护卫

> 自由不是放纵，而是与责任相辅相成，有多大自由就要担负多大责任。儿童需要成年人树立规则，因为规则给儿童安全感。他们需要生活存在明确的疆界，知道自己可以自由活动的范围，而不是没有限制。疆界让孩子感觉安全。

接纳孩子

近年来，很多父母接触到无条件养育、"爱和自由"等理念，并付诸实施。有些父母在实施的过程中产生了困惑：给孩子自由，是不是意味着不管孩子？如果约束孩子，是不是意味着我没有给他足够的自由？孩子受到约束后，哭闹得厉害，我是不是伤害他了？

的确，我们大多数人从小到大都没有享受过无条件的爱和接纳，没有享受过真正的自由，没有和父母以及他人建立起健康的心理疆界，所以当面对孩子的时候，我们也不知道爱和自由的尺度应该怎样把握。

简而言之，**无条件养育不意味着对孩子有求必应、包办孩子的生活、听任孩子为所欲为**。爱和自由不意味着以孩子为中心，对孩子百依百顺，孩子只要一哭闹，家长立刻乖乖投降，顺从孩子的一切要求。这不是自由，而是娇宠，这样惯出来的孩子散漫霸道、以自我为中心。真爱需要我们保护孩子，保护的措施之一就是让孩子过上有规律、有规则的生活。

自由不是放纵，而是与责任相辅相成，有多大自由就要担负多大责任。大自然的安排是合理的，孩子应该承担的责任与他的"破坏力"成正比：孩子很小的时候，力量薄弱，不能对他的环境造成多大的损失，这恰是他到处爬到处摸的探索时期，我们在保护他人身安全的前提下，放手让他自由探索。孩子大一些，"破坏力"提高了，相应的规则也需要逐步引进，让他学会对自己的行为负责任。

儿童需要规则，规则给儿童安全感。曾经有人做过以下两个测试，生动地说明儿童对规则的需求。

围栏的测试——孩子们需要规则。一个校园里有非常宽阔的草坪，草坪的外围是学校的院墙。但是，成人发现孩子不会到很远的墙壁旁边去玩，而是集中在离教学楼更近的地方。当成人将墙挪近一些的时候，孩子们才开始放心地到草坪上去玩。这个测试说明规则对儿童至关重要，他们需要生活中存在明确的疆界，知道自己可以自由活动的范围，而不是没有限制。疆界让孩子感觉安全，否则，他的世界就会变得茫然、混乱、难以控制。

纸墙的测试——规则要严格执行。一个房间里，几面墙都是纸糊的，当孩子在房间里玩耍时，发现那些墙一推就倒，孩子们立刻对这个房间失去了安全感，这就如同父母给孩子的规则不够稳固一样。当孩子遇到规则，他可能会反抗父母，去推那堵墙，如果那堵墙是坚实稳固的，孩子就获得了安全感，知道自己的行为是受到规范和保护的，知道规则是恒定的，而不是变幻无常的。如果墙是纸糊的，一推就倒，孩子就不知道边界在哪里，就会慌张失措。所以规则要坚定地执行，不能因为孩子的哭闹，这面墙就轰然倒地——父母不是妥协就是大发雷霆，以武力和要挟来逼迫孩子就范，孩子也就失去了安全感。

即便坚持原则，态度也很重要，墙倒了不仅指父母妥协这一种情况，父母发脾气、威胁孩子，好像坚持了原则，但在孩子看来，这墙仍然是纸糊的，父母没有足够的内心力量去承受孩子的"推"，一推就崩溃。因此父母这堵规则的"墙"，必须是包围在爱和温暖中的坚实，才能真正起到保护孩子心灵的作用。

树立规则，需要注意以下几点：

首先，全家生活有规律，吃饭、睡觉、游戏都有固定的时间和节奏。注意这里不是说只让孩子生活规律，成年人可以随心所欲，开夜车、睡懒觉。全家生活有规律，孩子才能真正过上有规律的生活。规律的生活赋予儿童安全感，规律的生活是规则的基础，生理周期稳定，帮助孩子规范行为、理解规则。

其次，不要把孩子的问题当成自己的问题，不要看到孩子的某种行为不合己意就要求孩子立刻改正，否则就感到是自己做父母的失败；也不要听到孩子

 接纳孩子

的哭声就心如刀绞、内疚自责，想办法哄住孩子、讨好孩子。父母和孩子划清疆界，让孩子对自己的情绪和行为负责。同时，父母也需要面对自己的内心恐惧，看看到底自己在担忧什么。

最重要的一点是：父母必须以身作则，遵守规则。孩子是在模仿中学习的，单纯要求孩子遵守规则是没有用的。我们希望孩子成为什么样的人，我们自己首先要做那样的人。

吃饭是孩子的任务

> 我家孩子5岁。孩子小的时候吃饭还是比较乖的，但是越长大越不爱吃饭。她每次一吃饭时就会闹着吃零食，不给零食不吃饭，就算想吃饭了也是大人拿着饭碗跟着她到处跑，追几步喂两口，好不容易哄着劝着把饭吃完了。可看看表，她吃一顿饭用了好长时间，少则半小时，多则将近1小时，为此我们这些做大人的很烦恼。

吃饭原本是孩子的事情，而端着碗追着孩子喂，就把这件事情变成了成年人的任务，本末倒置。提问中的这个孩子，好像把父母拿住了："你给我零食我才吃饭，不给我就不吃饭，这是我吃饭的条件！"也就是说孩子吃不吃饭，不是孩子的事情，变成了父母的事情，爸爸妈妈有求于孩子，求她把饭吃下去，孩子就要讲条件，用不吃饭来控制父母。

大家都知道吃零食不好，五花八门的零食中有很多不利于健康的成分，需要我们额外谨慎。这时父母先要想清楚，吃饭到底是谁的事情？是孩子的任务还是爸爸妈妈的任务？为什么对孩子吃多少饭如此焦虑？到底在担心什么？为什么不能信任孩子？

当我们对孩子的任何表现有所依赖时——比如提问中的父母对女儿吃多少

饭有所依赖——我们就被这种依赖控制住了，也会想方设法去控制我们所依赖的那件事，因果相成，恶性循环。

如果确认吃饭是孩子的任务，家庭原则应该是：饿了就坐下来好好吃，一旦下了饭桌，我们不会催你说你，更不会追着喂你，相信你自知饥饱。父母的任务是给孩子提供可口的饭菜和爱吃的东西，有时候要做一些花样，摆出比较诱人的形状和色彩，吸引孩子来吃，做到这一点就行了。至于孩子吃不吃，这是他的选择。

改变现状会经历一个过程，从孩子拒绝吃到他最终发现不吃，爸爸妈妈是不管我的，饿了肚子肯定是自己难受。如果父母能够按捺住控制孩子的冲动，也就是说，首先改变自己，孩子会随之有所改变。

选择有规矩有原则的抚养人

我的儿子今年2岁，之前一直是奶奶带着的，我和他爸爸只能在下班后陪着他。奶奶很疼孙子，事事都宠着他，他只要一哭，奶奶就说："行行行行！"出去玩的时候，奶奶也从不让他独立地玩，总是抱着他，以至于他不爱和小朋友玩，自己的玩具也不能和别的孩子分享。而且他特别依赖奶奶，谁一说他，他就说："民民找奶奶。"这时奶奶也立刻把他抱过去，让他对我们的教育视若无睹。我和奶奶沟通过多次，都没有效果，奶奶说她不能说孩子，舍不得。

在无奈之下，我只好把孩子送进了幼儿园，把孩子的姥姥接来带孩子了。姥姥在对待孩子的教育上是很严格的，看到孩子现在这样，认为孩子的问题很严重，也逐渐地引导孩子、鼓励孩子。刚开始奶奶走的时候孩子闹了几天，现在已经在逐渐地进步了。可是昨天奶奶来看他，今天早上他又开始哭闹了。我真不知道是应该让奶奶回来，还

接纳孩子

是应该耐心地和姥姥共同去改造孩子,先不让奶奶来看他呢?这样的孩子该怎样教育啊?

我想,你自己已经给出答案了。如果孩子在姥姥和你的共同努力之下,已经逐渐地进步了,那么你目前的问题,就不是你来信最后问的"这样的孩子该怎样教育啊",因为你还是知道怎样教育他的。

你的焦虑,恐怕在于怎样处理和孩子奶奶之间的关系。毕竟在头两年的生命里,奶奶是孩子的首要抚养人之一,祖孙之间感情很深,同时孩子对奶奶有强烈的依赖。对孩子来说,奶奶意味着一切都有人包办了,自己不需要经历任何负面情绪,只要一哭,奶奶就妥协,就能达到目的。这样做,不利于孩子的发展,但是孩子意识不到这一点,他只是习惯了并且很享受和奶奶的这种关系。

我认为的确不应该再将孩子的首要抚育权交还给奶奶,而是应该把握在你和孩子姥姥手里,对孩子的健康发展来说,这是最上乘的选择。奶奶当然有权利来探望孙子,比如每个星期有一天的时间,在你和丈夫的陪同下,一起跟奶奶相处。这样你既可以及时制止奶奶的一些溺爱行为,也可以掌握儿子情绪起落的原因。

不要担心儿子见到奶奶后会有一些情绪上的波动,给儿子一些时间来适应新的秩序:妈妈和姥姥跟他的时间最长,她们树立的规矩,他必须遵守;奶奶跟自己的时间短,对他的影响小。慢慢的,奶奶在儿子那里不是最重要的人,他习惯于遵守你们制定的规则,奶奶偶尔的宠溺,就不会给他带来长久性的破坏。他还小,纠正一些习惯是比较容易的。

在这个过程中,你需要特别谨慎把握的,是你们家与奶奶之间的关系。我不知道原来奶奶的过度溺爱孙子、拒绝接受你们的意见,是否包含了对你或者你丈夫的不满情绪?你们之间是否存在一些矛盾并且通过对孩子教养手段的对立而体现出来？你需要认真思考这个问题，看一看当初在对待孩子态度矛盾的背后，有没有更深层的原因？如果有，需要你去解决。即便没有，只是两代人对教育的认识差异，你也需要关注一下奶奶的感受，不要让奶奶感到你们剥夺了她享受天伦之乐的权利，从而产生或者加深家庭内部的矛盾。你作为儿媳妇，不要和婆婆起正面冲突，多让你丈夫参与跟她的沟通。

树立规则从家里开始

儿子2周岁，一个多月来经常出现拍人、挠人脸的行为，而且稍不如意就朝人吐口水。如在车上他用力掰开小哥哥扶他椅背的手，在公园里小朋友来摸他正在踩的水泥彩球他就想一脚踩过去等，这些我还能够理解为他是感觉自己的利益受到了威胁，会帮助他用语言而非行为来表达自我感受。有时他会毫无来由地舀起饭粒放到邻座小朋友衣领里，就餐时突然拍打邻桌陌生阿姨，我捉住他手说不可以之后，他吐人一身，坐公交上他想扯前座阿姨的鬈发，我说不可以之后他又想吐口水……我们平时在家里对他挺宽松的，但这些确实伤害了他人的行为我总不可能不制止吧？我倒不会介意别人说我们没家教而对他大动肝火，顶多也就是平静地说"不可以"，在道歉之后抱离而已，但我不知道他这样的行为是正常的，还是我们有什么不对的地方？

据老师说幼儿园常有家长投诉说，自己家孩子被儿子欺负之类，所以，我一放寒假就请了假自己带，希望多观察来了解问题的根源。可是我真的迷惑了，有时候看他这样我也很难过，除了等待、倾听和共情，我还能怎么做？

看了你的描述，有些情况还是不大清楚。比如，孩子对家里人也是这样

接纳孩子

吗？在外边发生情况时，当你把孩子抱离之后，他有什么反应？你说"不可以"之后有否倾听并接纳孩子的沮丧心情？制止他的行为之后有没有告诉他怎样做才是恰当的、被人接受的？有些时候孩子连续做出不恰当举动，是因为我们忽视了指导他并向他示范：怎样的行为才是恰当的。仅仅告诉孩子"不可以"还不够，还需要倾听他的情绪并同时示范什么是"可以的"，不然他们还是不知道应该怎样做。

实际上，对一个2岁的孩子直接说"不"（不可以、不要、不行）并非上策，因为他们尚不能理解这个字眼，也不能很好地化解因行动受阻而产生的负面情绪。最佳方式是因势利导、转移他们的注意力，用另外一件可以做的事情替代不可以做的事情。

不少父母都有过类似的经历：孩子2岁左右，突然变得喜欢"打人"、喜欢招惹或者攻击他人、喜欢恶作剧，甚至吐口水、说脏话这些令我们既震惊又尴尬的行为居然也频频出现。这是他们在这个年龄段普遍发生的变化，进入生命第三年，大部分孩子已经走得比较稳，不再趔趔趄趄容易摔跤，也逐渐学会用"我"来称呼自己而不是沿用成年人对他们的称呼，这是他们身体和精神的一个飞跃期，他们的自我意识开始萌芽并且发展，开始把自己和他人分离开。然而，他们还不能确切地理解他人的感受，也没有把握很多社会交往规则。比如，前面座位阿姨头上的鬈发在你儿子看来就是一个好玩的东西，他就是想揪一把，却并不知道这是无礼的行为，阿姨也会感觉疼甚至因此而生气；把饭粒塞到小朋友衣领里，在他看来是很好玩的试验，却不知道小朋友不喜欢他这么做。

至于吐口水，这只是他不计一切想达到目的的最"狠"手段，既然手被捉住不能动，就让嘴来帮忙（咬人也是一种办法），而且往往能够引起别人最强烈的反应。有些孩子在公共场合举止"粗鲁"，是因为家人要求他做"乖宝宝"的压力过大，他明知故犯，以获得关注。这个原因在你这里不成立，因为你说家里对他比较宽松，那么我想很有可能是宽松过了头，从描述看，好像不恰当的行为都是发生在外边，我猜测可能家里没有给他及时树立一些行为准则。

这些年来我发现，不少奉行无条件养育理念的家长容易忽视树立规则的必要性，或者感到难以把握自由与规则之间的平衡。孩子在外如何处理与他人的冲突、如何化解受到挫折时的负面情绪，都需要首先在家里跟父母多次练习，才能掌握其中的技巧和原则。孩子在家，难免与父母发生冲突，父母怎样巧妙地对孩子说"不"，怎样坚持原则而不被孩子的情绪所左右，怎样不滥施权威胁迫孩子就范，怎样用倾听帮助孩子梳理情绪，怎样发"我信息"表达观点（尤其是价值观），都给孩子在外如何表现树立了榜样。有些父母在家对孩子宽松，孩子怎么折腾都行，到了外边，出于对环境和面子的考虑，要求孩子彬彬有礼、遵守秩序，这未免给孩子带来混乱。社交原则的树立，应该始于家里，在外边不被允许的行为，在家里也不能大行其道。内外一致的准则，让孩子容易接受和遵守。

我猜测你的儿子属于那种精力旺盛、爱玩爱动的活泼儿童，养育这样的孩子，需要家长付出更多的精力和心血，也的确需要练就一张"厚脸皮"。这并非意味着我们不用管孩子，只需坦然承受外人的非议就行了。你不当着他人面训斥孩子，这很好，但仍需要在合适的时间、用合适的方式向孩子说明什么样的行为是被他人接受的。比如他拍打别人，你可以一边轻轻地握住他的手，一边说："你喜欢阿姨是不是？看阿姨穿的衣服好漂亮，咱们轻轻地摸一摸，先问问阿姨能不能让我们摸一摸啊。"我相信这个陌生阿姨不会拒绝你们的，你可以趁机握住孩子的手轻轻摸一下，对他示范什么是对他人恰当的接触。在公交车上，你握住他的手之后，说："阿姨的鬈发真的特好看，可是她不喜欢别人扯她头发，她会疼哦。你看，窗户外边那个小朋友在干什么。"转移视线之后，你还可以想别的办法来吸引他的注意力，比如你们一起说说歌谣什么的。

接纳孩子

至于那个被塞了饭粒的小朋友,你可以请孩子帮助你一起把饭粒清理出来,并告诉他这样做让小朋友很不舒服。

当然,上边那些"术"毕竟只解燃眉之急,关键之处还在于你自己的内在状态。你所说的"宽松"指的是什么?对你来说,"自由"是否意味着随心所欲、为所欲为?你对"自律"有什么样的理解?7岁之前的孩子完全模仿他身边的成年人和环境,你们是否给孩子树立了值得模仿的榜样,包括成人之间互相尊重、礼貌相待?在受到别人批评时,你是否感到很委屈,觉得他们不懂什么是"正确的"养育?你需要想明白你自己的规则底线在哪里,这一切心理活动都影响着孩子的行为。

慎用"time out"

随着儿子一天天长大,问题就来了。在很多育儿书中都会提到一个惩罚叫time out(时间暂停)。在我儿子小的时候,每当他脾气无法控制时,我常用这个方法,很灵。现在儿子6岁了,他倒过来学会把这个方法用在我们的身上。每次我们批评他,或做了让他不高兴的事情,他会马上跑到自己的房间或洗手间,把门关上,等一段时间才出来,如果出来后我们还说话,他又把关门时间延长,如果事情是发生在街上,他会跑开,不肯跟我们在一起。听说一般小孩到青春期会跟父母有隔膜,会叛逆,像他这样的性格到那个年龄会反应更强烈吗?会喜欢离家出走吗?作为父母的我们,在他还年幼时要怎样教育和引导,才会尽可能避免事情向严重的方向发展?

希望我是在杞人忧天,还望小巫老师指点指点。谢谢!

我不知道你以前用time out时是怎样的情形,你表现得很生气吗?你把他关在门里不让他出来吗？你有没有用这种办法要挟他，强求他必须马上遵从你的意见？另外，你怎样对他解释这样做的道理？事后他明白吗？

关于是否应该对小孩子使用time out，各路育儿专家意见并不统一，有些门派坚决反对使用这种办法。的确，time out运用不当，会令孩子感到他在受惩罚，往往他并不明白为什么受罚。有些家长没有了解time out的意义和正确运用方式，在孩子折腾或者哭闹的时候，自己感到心烦意乱，于是把孩子生硬地推到一边，甚至关进小房间"让他哭去吧"，试图用这种方式逼迫孩子就范，中止哭闹，听话乖巧。事实上，孩子受到了极大的伤害。一方面，独处一室令他感到恐惧，父母拒绝陪伴他，更令他感到恐怖，所以很多父母发现这一招的后果是孩子哭得更厉害，没有几个父母能够忍心听下去，大多数都赶紧把孩子"解救"出来，time out宣告失败；另一方面，孩子并不会因此而认识到自己的"错误"，反而只是感觉自己被父母从情感上抛弃了。那些"识时务"的孩子，出于求生本能，不禁马上埋没自己的感受，乖乖投降。

然而久之，孩子得到的讯息是：负面情绪是不好的，父母不喜欢我的负面感受，我的感受是错误的，必须压抑下去。孩子为了讨好父母，就会抑制自己的感受，从而抑制自己的成长。表面上看，这种办法似乎见效，却为将来埋下隐患。当孩子大一些，体力更强的时候，这个法子会失灵。事实上，任何惩罚手段都不会取得长远的效应，反而容易令父母引火烧身，自食其果。

如果需要运用time out，恰当的方式是父母不要离开孩子，而是全程安静地陪伴他、倾听他，等待他平息。这样的time out，就不带有惩罚意味，而是在孩子情绪激烈的时候，带他离开令他心烦意乱的场合，帮助他平静下来。

我不知道你当初是如何运用time out的，因此也无法判断你儿子现在的"反将法"是什么性质。儿子这样做的时候，你有什么感受？是否感觉愤怒、无助甚至恐慌？那么你也能体会到儿子以前被time out时的心情了吧？

如果儿子并不是用这个办法来要挟你们，迫使你们妥协，而真的是想自己

接纳孩子

安静一会儿，那倒也不是很坏的事情。不高兴了，就自己待一会儿，是一个很好的消气办法；等心情平静了，再相处，有利于化解矛盾、修补双方关系。

关键在于他出来的时候，你跟他说什么了？是接着叙说你的大道理（从而让他感到很不耐烦）呢，还是笑脸相迎，欢迎他出现，并且理解他说："你刚才很生气。"或者在他将自己关起来的时候，隔着门对他说："妈妈和你的观点不一样，你感到很生气；等你想出来的时候再出来，妈妈等着你。"如果他已经认字了，你也可以写一个温馨的小条子，画一个大大的红心什么的，总之让他明白你们之间的关系没有破裂，即便吵架了，你也还是爱他的。然后你耐心等他主动来找你。当你确认他不在气头上，你自己也平静下来之后，你们再好好谈谈。

如果是在外边，一定要注意他的安全。不必亦步亦趋地跟着他，有一段距离也行。总之让他知道，父母不会因此就不理他，甚至抛下他自己走掉。

如果你的孩子在这个年龄段学会处理矛盾和冲突，到了青春期，他就不必使用极端的手段来反抗你们了，而是会采用更加建设性的方式。

孩子哭闹要抱又晚睡，怎么办？

我女儿现在2岁半，吃饭、说话、思考、生活自理等各方面都发展得很好，但是让我们发愁的，就是两件事。

一个是她出门总让抱着。现在她体重是16.5千克，抱着挺费劲的，但是她就是不肯走，或者走一会儿就说累了，尤其在她姥姥那里。可是跟她爸爸在一起的时候就能坚持自己走路。我们觉得她是在撒娇，但是也没有什么好办法改变。

二是她总是要到晚上10点半以后才肯睡觉。如果周末玩得比较兴奋，没有睡午觉，晚上9点就会睡着。但平时在幼儿园中午睡2个半小时，回了家就总是很精神。我记得这个年龄的孩子需要14个小时的睡眠吧，她现在平均只有11个小时，会不会对身体有不好的影响呢？怎么才能让她养成定点早睡的习惯呢？

关于第一种情况，其实这个现象挺普遍的，很多孩子在这个年龄段都喜欢被抱着。大部分孩子在学步期，也就是1岁到2岁之间吧，因为正在学习或者刚刚学会走路，都特别热衷自己走，摇摇晃晃、跌跌撞撞、踉踉跄跄地，刻苦练习，乐此不疲。无论成年人怎样拉着拦着，都阻挡不了孩子挣脱我们怀抱向前冲的力量。很多父母和老人担心孩子摔跤，主动要求抱，可宝宝却不领情，挣着扭着踢着蹬着要下地自己走。由此可见，儿童在学习新鲜事物方面，具备强大的热情和坚韧的毅力。然而一旦学会了走路，走得挺稳的了，成年人好不容易松口气，不用弯腰费力扶着拽着拉着了，也不用时刻担心他会不会摔倒了，小家伙又改章程了：你们抱！

因为他们已经掌握了走路这门技巧，就不那么全神贯注地去练习走路了，而是把那一部分注意力转移到跟父母的亲密关系上来。

不知道你们拒绝她的时候她会怎样表现，还是她一哭你们就妥协？每次她要求抱的时候你们都会抱怨她、流露出不耐烦或者无可奈何的神态吗？如果你们对这件事情很焦虑，她会将这个行为保持下来的。不妨跟孩子爸爸取取经，看看他是怎么让女儿坚持走路的。平时你们还可以多带孩子出去奔跑、爬山、做体育运动，锻炼孩子的体能。走路的时候，察觉到孩子可能会撒娇了，就想办法跟她做做游戏，扮演小动物追逐或者赛跑，或者看谁走路姿势最好玩什么的。这样你不必直接拒绝抱她，而是巧妙地避开令人为难的境地。

关于第二种情况，孩子如果在幼儿园午睡两个多小时，回家肯定睡得晚。你们可以跟幼儿园协商一下，缩短孩子的午睡时间，不知道这所幼儿园能否接受这种提议。有些孩子觉多，有些孩子觉少，睡多少个小时倒不一定需要那么教条，只要孩子睡够了就行。规律的睡眠对孩子的健康很重要，最好晚上9点以前入睡。

孩子赖床，见招拆招

我家孩子起床总拖拖拉拉，老是不愿意起床，即使醒了也要赖在床上，穿衣服磨磨蹭蹭，洗脸、刷牙、穿鞋、拿书包都要等着催，每天都因为这事很头疼。我要赶着上班，总是非常着急，跟他讲道理、发脾气也没有用。这种毛病能改掉吗？真是想尽各种办法都没有效果，我该怎么办？

从多年咨询经验和实际生活中的观察来看，这种"急先锋"妈妈遭遇"慢郎中"孩子的家庭动力非常普遍。都说孩子是来改造父母、促进父母成长的，没有什么比急脾气遭遇慢性子，更能磨炼父母的修为了！

不知道你有没有发现，你越着急孩子就越慢？其实这并非是客观事实，而是一种主观感受。你想快，他却"慢"，你把这一点看成是孩子的毛病，全部希望寄托于他改变，就很难看到事实真相，也无法找到解决方案。也许托生到你家的，就是一个"水相"的孩子，什么事情都需要更长时间苏醒和准备。

改变任何现状的最佳途径都不是要求对方改变，而是首先改变自己。不要指责孩子导致自己上班迟到，这等于让孩子为你的生活负责，是不公平的；孩子会觉得自己很笨很坏，但是他又不知道怎么改。

如果仅仅是"拖拉"，针对不同年龄段有不同的应对办法。如果是特别小的孩子，人家还没有时间观念，你再催也没用，不妨用拟人化的方式给他讲故事：小熊妈妈早上急着出门，小熊……但是不要说得太露骨，让孩子觉得是在影射他，也不要问他教育意义。对于大一些的孩子，你可以找一个恰当的时机，真诚地向他发送"我信息"，即不带评判地客观描述行为+表里如一的感受+对我具体而明确的实质性影响，比如可以这样说："我有一个很大的问题，早上起来时间很紧张，像今天早上我就很着急，如果我们不能按时出门，我就会迟到，这会（如何）影响我的工作，希望你能配合我……"也可以告诉孩子要抓紧时间的话应该怎么做，并且和他商量出一些办法，比如：给孩子上个闹钟、早餐吃什么头天晚上决定、穿衣服需要父母怎么配合，等等，尽量说得详细。

还有些时候，父母对孩子的生活过度干涉和控制，孩子感觉身心缺少自由，就用拖拉来反抗父母，因为这是他们唯一能够感知自己的力量、可以自己做主的时候。如果是这种情况，父母需要反思，是不是平时的亲子关系出了问题？改变亲子之间的动力，才能从根本上解决拖拉问题。

耐心等待孩子准备好独立入睡

> 我女儿今年3岁多，上幼儿园也已经1年多了。她晚间睡觉时还是要大人陪着，我们在她身边。她自己在小床上睡。我想锻炼她自己一个人睡。应该怎么办？现在应该和孩子分开房间睡吗？她的胆子很小。

对这个问题，不同学派有不同见解，我说说自己的看法，供你参考。我认为3岁多的孩子在入睡的时候需要成年人的陪同，是很正常的，不必急着改变她的这种习惯。如果你的孩子属于那种比较敏感的类型，怕生人、怕黑暗、怕独处，那就更不能着急让她自己睡觉了。在不影响你们夫妻关系的前提下，可以保持目前这种"家庭房"的状态，即孩子自己睡小床，你们夫妻睡大床。耐心等一等，等到孩子准备好独自睡觉的时候再让她搬出去。每一个孩子都会逐

接纳孩子

渐需要自己的空间，不必日夜都受父母的"监控"。

如果你想在培养孩子独睡的方面做一些工作，可以先给孩子腾出一间卧室，跟孩子一起布置房间，把她的玩具和用品都挪过去，也搭一张床在那里，告诉她这是她自己的屋子。平时可以引导孩子在那间屋子里玩儿，如果孩子还有午睡习惯，周末不妨让她在那里午睡，你们可能仍然需要陪伴她入睡。孩子逐渐熟悉了这间屋子，就会乐意多在那里消磨时光。当你认为孩子可以尝试在自己的卧室里单独睡上一夜时，不要一下子让她自己睡，而是陪伴她入睡，睡前给她唱唱歌、讲讲温馨小故事（不是念书，那会让孩子更难入睡），等她睡着了再离开。在一开始，如果孩子夜里醒来叫你们或者跑过来跟你们睡，不要在半夜她心情沮丧的时候断然拒绝她，而是耐心地接受她，把她带回小房间，陪伴她再次入睡。

这样，慢慢地等待她过渡到可以自己单独睡一夜、两夜、三夜……直至可以完全自己单独睡觉。即使到那个阶段，孩子仍然需要很多鼓励和支持。你们可以在一周挑出一两天来，比如周末，让孩子跟你们在大屋子睡。

每个孩子秉性不同，习惯独处所需要的时间也不同，根据孩子的情况调整你们的作为。规律的作息时间、每天晚上父母耐心的陪伴，都会让孩子在黑暗中感到更加安全。

如何讲睡前故事，请参阅《小巫教你讲故事》。

不必戳穿假话

我的女儿4岁，经常爱说一些假话，比如她要玩水，她爸爸不让，她就会很委屈地找我，说爸爸打她，不让她玩水。这算不算说谎呢？我很担心。怎么才能改掉这个毛病呢？

这里所谓的"说假话"，并非真正意义上的撒谎。这个年龄的孩子，并不理解说真话的重要性，也不理解说假话的道德意义。她只是利用家里的条件，服务于自己的目的。如果编一个小谎言能让她达到目的，那么这就是一样很有效的工具。你不必戳穿她，对她说教，而是理解她："哦，爸爸不让你玩水，你心里难过了，还对爸爸有些生气……咱们跟爸爸商量商量，听听他的意见，为什么不让你玩水。"而后你们三个进行一场平等的交流，如果真是不能做的事情，跟孩子说明白道理，也允许她表达失望和难过的感情。

另外，我也想知道：为什么不让孩子玩水呢？水多好玩儿啊，每个孩子都爱玩水。

关于孩子"撒谎"这件事：

我们大家习惯上认为，儿童是天真的、纯洁的、无邪的，他们没有那么多复杂的思想，看到什么就说什么、不喜欢谁就大声宣布出来，毫不顾及对方的面子；甚至童言无忌，敢于揭露"皇帝的新装"，因此他们肯定不会"编瞎话"。于是，对孩子说出来的话，我们往往坚信不疑。

事实并非如此简单。

皮亚杰说，**撒谎的倾向是一种自然倾向，它是如此自发、如此普遍，我们可以将其当作儿童自我中心思维的基本组成部分。**

根据德国儿童心理学家斯特恩的研究，儿童直到七八岁，都不能完全陈述事实。他们并非要欺骗谁，他们甚至不知道自己在做什么，他们只是根据自己的需要而重新创作。

这种"撒谎"无关乎我们成年人心目中的道德理念，而是儿童心理发展的必经之路。一方面，他们的经验和记忆有限，会错误地诠释某个事件，也会为了博取成年人的关注而"捏造事实"；另外一方面，他们的思维具有自我中心的特性，会为了达到自己的目的而不顾及事实真相，以为成年人不知道，就没什么大不了，比如当他打碎了碗，会告诉妈妈是

接纳孩子

小狗狗打碎的,以此来保护自己。

既然他们不能区分"事实"和"谎言",他们也就不知道说真话的重要性,更不明白"撒谎"的严重性。

我给家长有以下几点建议:

1. 成年人眼中的实话和诚实,幼儿不一定能够理解得了。面对孩子杜撰的话语,不要一味地批驳为"谎言"。而且,到底什么是真相呢?我们也不一定完全理解。假如我们所有的人只能说"真"话,那么世间所有的童话、故事、小说,都是在"撒谎"啰?

2. 当孩子的叙述和事实不相吻合时,不要急于下结论他在"撒谎",站在他那个角度看一看,他这样说,是不是有很好的理由?比如,好像他在"吹牛",那么,他是不是希望自己能够飞翔?是超级英雄?比其他小朋友跑得快?老师表扬了他?

3. 当你发现孩子为了逃避责任而编了瞎话时,不要急于揭穿他,更不要"刑讯逼供"。给他一点时间和空间,让他帮助你收拾残局,将他的注意力集中在事件本身,而不是你的情绪反应上。

4. 营造一种温馨的家庭环境,让孩子感觉到,即便闯了祸,说出真相来,并不会给他带来灾难。当孩子确认说实话没有坏处时,他们会本能地更加乐意做一个诚实的人。相反,如果他认为说实话没有什么好处,反而不如掩盖事实更能让他逃脱,那么他就不会自动选择诚实了。

5. 向孩子探索事实真相,是一门需要掌握的技巧。记住,你问话的口气、态度、声调,都会影响孩子的回答。孩子会说出你所期待的答案,因为,对于他来说,讨好你,或者摆脱折磨,比所谓的真话更加现实。

6. 如果你发现孩子的确经常"撒谎",那么在评判孩子有道德问题之前,最好反省一下:是不是对孩子过于严厉?是不是让孩子感觉到撒谎的必要性?

7. 当孩子承认事实时，不论他所承认的"错误"有多么严重，都不要再惩罚他。鼓励孩子拥有诚实的品格，比惩罚他打碎了珍贵的花瓶，更加重要。

8. 培养孩子做一个诚实的人，家长首先要以身作则、言传身教。家长不仅要做到对孩子坦诚相待、从不撒谎、言而有信、遵守诺言，也要在孩子面前对所有的人都做到以上这几点。

最后，千万不要逼迫孩子承认错误。没有任何一个孩子愿意在家长面前承认自己做错了，让他们进行口头检讨，是极大的羞辱。不要为了满足自己成年人的尊严感，而去伤害孩子的自尊心。

不要过度认同孩子的痛苦

我是一名幼儿园的管理人员，孩子现在5岁3个月，也在我们这所幼儿园入园。每天我是早上8点上班，孩子则是9点由外婆送入园。但他入园后就不让外婆送入班，而是强烈要求我送进班，我也会尽量地满足他，也是在他的要求下，我和他的告别仪式特别长：要抱7下，举4下，亲7下，飞吻9下，这一连串的动作完成后他才会不舍地一步三回头地进入教室。

可到了小朋友做操和下来户外活动时他就会跑到我的办公室里，要求我陪他玩、做早操，如果我拒绝他，他就会待在办公室里不愿意走，并且还打扰我的工作。中午孩子吃饭时他也不愿意和小朋友们一块吃，总会自己拿着碗走到教职工这边来和我坐在一起吃。下午接送孩子时，孩子总要求我第一个接，可孩子放学时我们还没下班，接他下来他就会打扰我的工作，如有家长咨询我园内的事情时他还会大声说："你不要和他说话，你只能和我说话。"如果我不理他的话，他

接纳孩子

就会尖叫。如果我最后一个接,他就会说,我不再爱他了,别人的家长都把孩子接走了。

尊敬的小巫老师,面对孩子的这种情况我实在不知如何处理。我试过告诉他请他不要打扰我的工作,但一天的时间像做操、吃饭、接孩子等全部加上的话我起码要说上N次"请不要打扰……",而且我发现我这样做了之后,孩子就会表现得很沮丧,感觉妈妈总是在拒绝他,会认为我不再爱他了。可是如果我不拒绝他,我就完全被他控制住了,每天要和他腻在一起,我也根本没办法工作,没办法面对家长,我到底该如何处理我和孩子之间的关系?

关于你的问题,我特地请教了一些幼儿园的管理人员,询问了相关的行规和具体的操作规则。的确有一些幼儿工作者是跟孩子在同一个幼儿园,业内的规则是,孩子不应该在妈妈执教的那个班里,而是应该在另外一个班。这项规则不适用于你,因为你是管理人员。

不过,相通的一点则是,在这种特殊的情况下,必须给孩子树立行为准则,并且严格遵守。在你工作期间,孩子绝对不能打搅你;在孩子应该和小朋友进行活动的时间内,他也绝对不能搞特殊化,离开集体来找你;在你和家长沟通的时候,他不可以打断你,更不可以阻止你和家长的谈话。其实,即便不在工作的场合,你和别人说话的时候,他也不能随意打搅你,如果有急需你关注的事情,他必须有礼貌地说:"妈妈,对不起,请你先来看看我这里……"

孩子并不能完全理解你工作的意义和要求,他认为既然你在那里,就应该每时每刻都能马上关注他。如果你拒绝他,他的确会感到沮丧和难过。这时就看你自己内心的感受了:你认为孩子遭到妈妈合理的拒绝感到难过,是正常的甚至是必须的,还是每当看到孩子难过的样子,你于心不忍,感到十分内疚,乃至痛苦万分?如果是后者,那么你需要花一些时间来调整自己,和孩子划清心理疆界，不过度认同孩子的痛苦，让自己能够坦然面对孩子的伤心。

你可以先认可孩子的感受："看到妈妈，却不能让妈妈陪伴，让你感到沮丧了。其实我也希望能够时时刻刻陪伴你。"当他充分表达了自己的感受，你做到充分的倾听和理解之后，可以试着向他发送"我信息"："我工作期间，不能受到打扰，否则我就做不好事情了，这样我会感到愧疚和自责，同时对其他小朋友、对他们的家长来说是不公平的。工作就是工作，你工作的时候，我也不能打扰，对不对？"同时根据他的回应，向他表述这样的确认："妈妈在工作期间不能陪伴你，并非意味着妈妈不爱你了，妈妈永远都爱你。相信妈妈的爱，即便妈妈不陪伴你的时候，妈妈的爱也在陪伴你。"

另外，你需要在业余时间多陪伴孩子，多跟他进行亲子沟通。孩子的安全感可能建立得不够牢靠，也许是因为你总是感到愧疚吧。

执行规则的时候，你需要同事的配合。大家的意见要统一，态度也要坚定。孩子闹几次之后，看到妈妈和老师都坚持原则，就会自觉遵守规定的。

解除成年人对孩子的心理依赖

女儿是我的最爱，因为她是我在经历了千辛万苦之后才怀上的，我很爱她。为了她我辞去了工作一直把她带到1岁，然后就把她送上了幼儿园，因为我认为这样对女儿的独立有好处。

几年来她都一直和我睡，早在读小班的时候我就要求她自己在一个房间睡，她说自己还小要等到上中班才自己睡，然后就随着她；到了中班，她又说大班才自己睡，我仍随着她；到了大班，她又说要上小学才自己睡，我仍然随着她。

很快今年9月她就要上小学了，我专门装修好一个房间给她，但是她仍然不能一个人睡，无论多晚都要等我。平时，她也很爱缠着

接纳孩子

我,无论什么事都要找我,从来不找别人,甚至她的爸爸。我经常跟她说,你已经长大了,要有自己一定的时间和空间了,有些事情还要学会自己去处理,不能什么事情都找妈妈。但她依旧是老样子。我想了很多方法(包括打、骂、恐吓)都无法改变,我应该怎么办呢?是不是我把她宠坏了?

我想,你说的第一句话"女儿是我的最爱"和最后一句话"是不是我把她宠坏了",已经道出了问题的根源。这两句话互相关联、互为因果。你对女儿的爱,已经超出了有利于她健康发展的范围,不是在满足她作为一个儿童的需求,而是在满足你作为一个妈妈的心理需求。从你的描述,我有一种印象,其实并非你随着你女儿,并非她不肯独立,而是你舍不得让她独立。你需要她依赖你,这种心理需求十分强大,而儿童为了满足父母的心理需求,会牺牲自己的发展,来迎合父母。你女儿对你的纠缠,恰恰迎合了你内心对她的期待,尽管在表面上,你会坚决否认这些期待的。

你经常告诉女儿:"你已经长大了,要有自己一定的时间和空间了。"我建议你先问问自己:女儿已经长大了,不需要时时处处都由我来插手,而是需要独立了,我内心真正舍得吗?除了照顾女儿之外,我有自己的时间和空间吗?我给丈夫的关注足够维系一个健康的婚姻关系吗?当我鼓励女儿独立的时候,是鼓励她独立解决她这个年龄力所能及的事情吗?还是随着我的心情,乐意帮助她的时候就一切包办,感觉累了烦了的时候就借着"独立"的名义把她推开?我自己对于"独立"有什么样的定义呢?我是不是一个很独立的人呢?

思考并回答这些问题十分关键。也许你是因为恐惧自己内心对孩子的依赖,也许是因为其他同龄孩子的独立使你感觉不安,而强迫自己的孩子独立,那么孩子很难真正地脱离你,成长为独立的个体。如果你不是一个独立的人,那么孩子会模仿你的行为和个性,因为她没有其他榜样可以参照。所以你需要首先面对自己，解决你内心的依赖性，对孩子，做到真正地放手，并且帮助她，逐渐地学会自理自立。

打骂、恐吓孩子，并不能促使她独立，而是会适得其反，孩子以为你要抛弃她而死死地抓住你不放，更加卖力地曲意逢迎你，以确认你还是爱她的。她找你，你愉快地接受，然后跟着她，在一旁鼓励她自己做一些事情，她的每一点进步，都需要你真诚的赞赏。耐心一些，允许她以自己的速度，慢慢地独立。

以独立入睡为例，你可以让她先每周自己睡两天，你每次陪她入睡后再离开。尔后逐渐增加她独立睡觉的天数，直到她可以大部分时间自己睡，周末可以奖励她跟你睡一晚。

我再次强调，这些办法不是最重要的。最基本的问题，在于你的内心。你先调整自己，然后再去调整家庭作息。

明确疆界和原则，并佐以积极倾听

我女儿现在是一年级的小学生了，以前在幼儿园的时候，她和我们睡一个房间，睡在自己的小床上。但自从3年前我们搬了新家后，她一直不肯独自睡在房间里，起初我怕她不适应就一直陪着她到睡着，有时就睡在我们房间，可是一直到现在，快3年了，她还是不肯一个人睡。我每天晚上给她讲故事，等她睡着。可我一走开，她就又醒了，有时这样反复一直折腾到很晚，我也搞得筋疲力尽的。现在女儿只要一睡觉就说肚子疼，刚开始我还以为她真是肚子疼，可是慢慢觉得她是在找借口。

我也和她谈过此事，她说害怕晚上睡觉。我一直搞不清她为什么害怕，我也注意不让她看一些恐怖电视和她害怕的一些东西，而且平

接纳孩子

时她的胆量还是挺大的,并不害怕任何东西。就是到了晚上她就会找各种理由让我陪在她身边,像我女儿这种情况是不是属于缺乏安全感?如何让她有所改善呢?

一年级的小学生,的确应该培养她独立入睡的习惯了。从来信看,如果女儿经常这么折腾到很晚,睡眠不足,也会导致一系列健康问题。我支持你的决定,让孩子单独入睡。

不过,因为你已经训练了她3年而未见效,恐怕需要一段时间让孩子适应。别太着急,放松心情,循序渐进。关键之处在于建立起一个大家都必须遵守的入睡规则:和女儿商量一下,定下来几点钟躺下,讲几个故事(或者多长时间,比如10分钟),而后必须安静地躺着,试着入睡。睡不着也要安静地躺着,妈妈和爸爸每人一晚轮流陪伴。陪伴了20分钟之后,妈妈(爸爸)就要离开女儿的房间,在外边的屋子里看书。如果女儿害怕,把卧室门打开一些,让外屋柔和的灯光透进卧室一些。告诉女儿妈妈(爸爸)就在外边陪着她呢。如果她出来找你,陪着她回到自己的卧室,看着她躺下之后,离开。不要抱怨,也不要发火,更不要批评孩子,只是平静地执行你们制定好的规则。

如果你过分心疼她,不忍心她哭泣,甚至怀疑自己没有给她充足的安全感,那么她肯定会找到各种理由来摆弄你,达到她自己的目的。从来信看,你可能非常在意自己的育儿方式,时时审查自己哪里还没有做够。其实你真是一位尽心尽力的好母亲,只是需要更加明确的疆界和原则而已。

另外,孩子害怕黑暗、害怕独处,也是正常的。这个年龄段的孩子,还处于"万物有灵"阶段,认为所有的事物都有生命,想象力极其丰富,容易把一些影影绰绰的东西看成是鬼魂或者怪物。如果她对你说看到什么了,不要急于否定她或者告诉她那是不存在的,好好听听她怎么说,她需要你认可她的感受,接纳她的恐惧。一旦这些情绪得到倾诉的机会和父母的倾听,孩子就没那么害怕了。

最后，也不排除她不愿意一个人睡，是出于某种我们尚不知晓的原因，也许就是一个在我们看来很简单很不起眼儿的原因，在孩子那里却是天大的事情。如果是这种情况，就需要我们认真倾听孩子，不急于发表意见，帮助孩子顺藤摸瓜，追溯到行为的内核，满足她的需求，她就不会继续让我们为难了。

就这个案例，简单介绍一下"积极倾听"。

当孩子提问或者表达某种情绪时，说明他们有需要解决的问题，而往往第一句话都不是针对问题实质，所以父母不能就事论事，任何含有说教、分析、追问、安慰、赞扬、批评、指示、规劝、给建议等等的回应，也就是说，任何带有父母主观意识的回应，都属于绊脚石，阻碍孩子进一步的表达，或者说，堵住了孩子的嘴。

这种情况下，父母需要进入一种"无我"状态，把自己放进孩子的"鞋里"，感同身受，对孩子的话进行解码，并以恰当的回应让孩子体会到父母真正理解并接纳自己了，这样孩子才能进一步表达内心更加深层的感受，同时由于感到自由和放松，可以开启智慧，积极主动找到解决方案，强于依赖父母指令。

这种倾听，是需要一些技巧的。比如，当孩子诉说"我害怕晚上睡觉"时，不要否定她的感受："有什么可害怕的？""没关系，妈妈离你不远。""你都这么大了，还怕一个人睡觉？"而是认可："哦，晚上自己睡觉让你感觉害怕。"再听她进一步揭露的信息，仍然不带主观判断和建议地认可，体察孩子的感受并说出来。孩子的这种提问或表述，都是蛋筒冰激凌最上头的核桃碎和奶油花，妈妈需要用积极倾听一层一层地往下走，找到隐藏在最内层、最尖头处的那块巧克力。

积极倾听是良好沟通最重要最基本也是最难掌握的技巧，需要长期大量的练习才能做到熟能生巧；有兴趣的父母可以参阅《倾听孩子》《P.E.T.父母效能训练手册》《如何听，孩子才会说；如何说，孩子才会听》。

 接纳孩子

第一时间倾听，而不是急着安慰

我的大儿子4岁4个月，就读于上海一所华德福幼儿园。有一次远足时，他穿的鞋子丢失了：中午在草地上野餐时，他和班里的小朋友一起脱掉鞋子在野餐垫上吃午餐，待午餐结束后，他的鞋子就不见了！老师们和小朋友们一起帮他寻找，但找遍了附近所有的地方都没有找到！他好伤心，一直在大哭。是的，好像从小就是这样，他不能承受东西"丢失了""不见了""找不到了""坏了""碎了"等现象，每次有这样的状况发生，他就会大哭并且一直问"它会回来吗？""这个可以补起来吗？"举个例子，前段时间，他们班四季桌上有只小鸭子不见了，怎么也找不着，老师和小朋友们说"也许小鸭子去哪里做客了吧，没有及时回来"，其他小朋友都能接受这个答案，只有他不行，一直哭到吐，边哭边问："鸭子会回来吗？会回来吗？"从这个例子你可以看到，任何有趣好玩的理由都不能安慰他。平时我们碰到这些情况都是跟他说会回来的，可以补起来的，然后悄悄买个新的给他。那天，鞋子找不到了，我是这样跟他说的："鞋子应该是到哪个小朋友家里做客了，它跟随着我们搬到了新的小区，它想认识一下这个小区里的小朋友，所以去他家里做客了。"因为我们刚搬到幼儿园附近的小区，这个答案他接受了，我还挺欣慰的！但是，当天下午午睡后，他在小区游乐场玩耍时，遇到了园里的小朋友，小朋友关心地问他鞋子找到了吗，他又开始大哭。晚上睡觉时，我跟他说："宝贝，鞋子只是去做客了，你要相信它一定会回来的，只要你相信，只要你心里在呼唤它，它就一定会回来。"他的眼里流露出欣喜的光芒："妈妈，只要我相信它会回来，它就一定会回来，真的？""真的！"然后他开心地入睡了。我当时之所以这样安慰他

是因为我和老师们觉得，鞋子可能是哪个淘气的孩子藏起来带回家了，肯定能找到，如果真的没找到，我就在网上重新买一双一模一样的，然后跟他说鞋子回来了。十多天过去了，鞋子依然没有找到。经过了一个端午假期，假期后的第一天入园，老师反馈说他在幼儿园里经常发愣，然后哭了两次，都是关于鞋子会不会回来的问题。老师当时也对他说，天使说鞋子去做客了，做完客就会回来的。我也觉得那双鞋子肯定是找不到了，这几天在网上搜索，竟然搜索不到合适尺码的同款鞋子，能买到的是比他原来的大两码的。我尝试着问过他如果鞋子回来了长长了，他能接受吗？他表示不愿意，他要原来那双。请问我该如何圆这个"谎"？如何让他依然相信"信念"和"天使"？对于这样的孩子，梦幻和理性该如何平衡？

从你的描述来看，你的孩子是非常心细而敏感的，你也非常非常心疼他，给他营造了美好而梦幻的生活环境，让他的内心拥有童话和诗意，这些都是难能可贵的。

在没有更多的信息渠道的前提下，我只能根据你的来信去推测一些情况，如有误解，万请体谅！

从你的描述中，我也看出一些需要改进的地方。比如，你们好像不能忍受孩子因为某样东西丢失或者破损而感到伤心？每次都尽力安慰他，然后悄悄买一个新的，装作就是原来的那样东西，让他有一种错觉，就是东西不会丢（自动回来了嘛！）或者破了也会变完整（确实像魔法一样变成新的了！）——只要他哭得够伤心。

当孩子因为某种原因而表达伤痛时，我们第一时间要做的事情，就是倾听他，而不是急着安慰他。倾听让他感觉被理解、被看见、被接纳，让他可以梳理自己的感受，并且自动从情绪里走出来。安慰则是在"堵住"他的情绪，他的感受被忽略，久之这些情绪积压越来越多，每一次的爆发也越来越严重。

其实我们可以想见一下，即便我们自己心爱的东西失而复得，也不会立刻就欢天喜地，没有情绪了。在发现"丢了"或者"坏了"的那一刻，我们内心会有很强烈的痛苦，也会想表达出来，希望得到理解。即便被完美无缺地补偿到，最初的那种痛苦依然会跟随我们，而不会立刻烟消云散；甚至今后遇到同样的情况，前边的痛苦会翻上来，我们会格外担忧、害怕"丢失"与"损坏"。如果是亲人走失，重逢的那一刻，很多人都会抱住大哭，而不是开怀大笑，是不是？

下一次遇到同样的情况，你可以试着忍住安慰他、平息他、用魔法棒驱除痛苦、变戏法补偿他，等等的冲动，试着清空你的内在，好好倾听他。恰好几天前，我在北美的家长群里，就一个孩子玩具摔坏的实际案例，做了一次倾听的展示。下边粘贴一部分对话，供你参考（我代入妈妈）：

孩子：（大哭）我要我的螺旋转！

妈妈：哦，螺旋转掉地上了，好心疼哦！

孩子：玩儿不了啦（哭泣）！

妈妈：摔坏了，真的太心疼了！

孩子：就是，原来还是新的（生气）。

妈妈：是啊，新的玩具，我看到你非常心爱的，一下子摔坏了，太可惜了。

孩子：再也不漂亮了，我要我原来那个新的。

妈妈：嗯，原来那个是完美的，现在这个不好了。

孩子：就是，这些划痕好丑，我再也没有一个漂亮的螺旋转了（生气）。

妈妈：嗯。

孩子：上次去买的时候，这款已经是最后一个了（哭泣）。

妈妈：哦，即便想买也买不到了，怪不得你这么伤心啊。

孩子：就是（抽泣）。

妈妈：（沉默，陪伴）

孩子：我的这款，学校里的小朋友都没有（抽泣）。

妈妈：哦，还是最独特的，真的好宝贵、好宝贵。

孩子：是啊，再也找不到这样的。

妈妈：嗯。

孩子：我的零用钱也不够了，学校下周有书市，我还想留着买书。

妈妈：哦，你本来想用零用钱再买一个的。

这场对话比较长，后边还有哥哥加入，提议给妹妹买一个新的。然后因为哥哥不耐烦妹妹哭闹，兄妹之间还起了冲突。我这个临时"妈妈"现场救火，用到"第三方调停"技巧。到最后，由于"妈妈"倾听到位，妹妹的情绪平息下来，开动脑筋想办法，提出让爸爸帮助她修理划痕，整旧如新。

就我拷贝过来这一部分，你可以看到，"妈妈"步步跟随孩子，理解、共情、陪伴，没有急于评价、安抚、提议，孩子的情绪温度持续下降，说出来更多她为什么如此伤心的原因：并不仅仅因为心爱的玩具被摔坏，还有"最后一个""独特一款""零用钱不够了"等等理由。很多时候，让孩子伤心的事情都只是表象诱因，深处可能隐藏着与表象完全无关的"内核"（我们称之"洋葱核"）。妈妈的倾听，营造了一种安全的场域，让孩子可以放松地表达自己，同时也会积极地想办法解决问题。

最后，我想问一下，孩子在小的时候，是否经历过与家人的分离？或者看护人不辞而别？如果有，这些也可能是他无法忍受"丢失"的原因。

接纳孩子

再婚家庭亲子关系的疆界

> 我的继女现在读小学二年级了,从小就爱哭,小气又自私。她想要什么时是不会直接说的,可是如果不能及时满足她的需要,她就会不高兴。甚至鼻涕眼泪都流出来,还睡到地上说起不来,好像骨头都软没了。她到现在没有一个朋友,同学也都不想和她玩,说她太爱哭了。她又喜欢惹别人,人家一还手她就受不了了,老师经常打电话来反映这些情况,说她平时很好,但只要有人侵犯到她的利益,她就不顾一切要反击,有时整节课为了她一个人讲纪律。
>
> 她的学习成绩在班上很拔尖,她懂的东西有时比成年人都多,也知道什么是对什么是错,但错都是别人的,她是从来没有错的。如果知道有人比她知道得多,不管是大人还是小孩她都不高兴,认为她应该是最棒的一个。
>
> 她在生活自理方面却连3岁的小孩都不如,纸巾要别人拿,喝水要别人倒……她爸爸对她说话就像在对待上司一样,从来不会对她说不。尽管这样,她还是不开心,现在她爸爸每天都要跟她说"开心点"这3个字。她这样有什么问题吗?

你面对的是一个非常棘手的问题。我不知道你是什么时候做了这个孩子的继母,是因为去世还是离婚造成这个孩子失去了亲生母亲?孩子跟你的感情好不好?从来信中看,你和孩子爸爸都很爱她,也看得出来,孩子的确很聪明,但是严重缺乏安全感和自信心。

孩子安全感的丧失,不仅来源于失去亲生母亲,也来源于爸爸对她的溺爱。也许因为可怜孩子,也因为感到对孩子负疚,爸爸带着一种补偿心理,对孩子言听计从、百般讨好。其实这样并不能让孩子开心,因为孩子需要父母给她设立疆界，需要父母规范她的行为，简言之，就是需要父母对她说"不"，才能获取安全感。孩子需要知道自己行为的界限在什么地方，也就是知道自己身处这间屋子的墙壁在什么地方、是否结实，她才能确认自己是受到保护的，是安全的。

孩子会经常试探父母疆界的坚实度，甚至做出过激的、反常的行动，比如大哭大闹、赖在地上不起来。如果这面墙壁十分牢固，孩子怎样闹，父母都耐心地陪伴她、倾听她，该拒绝她的时候坚定地说"不"，那么孩子就获得了安全感，知道父母会保护她。如果这面墙壁是纸糊的，孩子伸个手指头一捅就破、一推就倒，父母一再退让妥协，孩子就会恐慌，她会采取更加极端的行为来寻找这个疆界到底在什么地方。孩子需要父母做他们的主心骨，而不是相反。

由于缺乏安全感，女儿对自己的认识也趋于片面，她不能容忍别人超过自己，这是缺乏自信的表现。在她心目中，只有当自己是"最好"的时候，她才感到平和、安全，才感到自己是有价值的。一旦失去那个位置，她对自己的评价一落千丈，而不是客观地对待，于是她恼羞成怒，恨不得把对方驱逐出去，眼不见心不烦。

由于缺乏安全感，女儿非常希望别人关注她，一方面，她努力做到学习拔尖、博闻强记，让大家瞩目并仰视，这让她对自己获得一些良好的感觉；另一方面，她也会惹得老师整堂课为了她一个人讲纪律，这让她觉得自己很重要。

由于缺乏安全感，女儿不知道怎样与他人和平相处，不知道怎样处理与他人的冲突和矛盾。因为在家里与父亲的互动模式就是以撒娇耍赖哭哭啼啼的方式逼迫父亲就范，她把这个模式带到与他人的互动当中，却难免碰壁。没有人能够像她爸爸那样宠溺她，大家最后只好躲着她；她本来就不喜欢自己，这样一来她更对自己感觉糟糕透顶，却不知道怎样做才能改变现状，她唯一的办法就是哭。哭既是宣泄，也是获得关注的手段。

接纳孩子

你说她生活自理方面连3岁小孩都不如，这样的孩子严重缺乏自信心。一个什么都需要依赖他人的人，怎么会对自己感觉好呢？也许你们会觉得她在要赖，不肯自己动手，实际上她是害怕自己不能做、做不好。她不相信自己有自理的能力，也缺乏这方面的练习和经验。

很多人误以为学习成绩好赋予孩子自信，其实这是一个很普遍的误解。从学习成绩那里获得的自信是一种假象，这种依靠外界打分数而得来的自信很不牢靠，不是根植于内心的坚实信念，一旦遇到超过自己的人，自我评价就会遭遇严重挫败。

儿童自信的来源，不在于父母围着他团团转，为他提供一切方便，也不在于父母信手拈来无缘无故的夸奖，而是在于父母对他无条件的接纳，放手给他成长、探索、认知的自由，并且给他为家里做出贡献的机会。只有当孩子看到自己是有价值、起作用、能奉献的人时，他才能获得坚实的自信心。

简言之，儿童的自信心来源于生活的独立自主能力，尤其是动手能力，其实也就是承担责任的能力：能不能自己照顾自己，遇到困难是否会想办法解决，逐渐发展到没有成年人的辅助是否也能生存，是否对家庭以及集体做出贡献。这是我们作为一个物种的本能。

我建议，你们首先从生活小事做起，让孩子逐渐学会自理，这有助于增强她的自信心。先不要关注她的学习，不要让她以为只有学习成绩拔尖，你们才爱她。而是鼓励她并具体地帮助她自己照顾自己，力所能及的事情自己做，逐渐也可以辅助你们做一些家事。对于家庭（团体）有所帮助和贡献，承担相应的责任，能让儿童感到自己作为其中一员的价值。

一开始她会反抗的，甚至会闹得不可开交。建议你们站稳立场，不要因为怕她闹就赶快息事宁人。学会倾听她、予以共情、让她宣泄，但是不要哄劝和说教。你们都会经历一个比较痛苦的阶段，如果能够咬紧牙关熬过来，大家都会成长的，你们的家庭关系也会得到极大的改善。

自信心来源于承担生活责任

儿子已经上完二年级了，还爱在妈妈身上滚来滚去；在学校，老师说他"学习不努力、不刻苦""对什么都无所谓"。我经常把自己奋斗的经历跟他讲，他好像听懂了，过后依旧我行我素。妈妈让他多做些功课，总说"太累了""老师又没布置"。妈妈用送他非常想要的玩具作为条件激励他，甚至威胁说不好好学习就不许吃饭，他就说："那我就不玩、不要了。""不吃就不吃。"看电视看上一天也不觉得够，只要一学习不是肚子疼就是困了。表扬、激励甚至体罚都不起效用。那么问题出在哪儿呢？

我发现，他对自然科学内容的书很感兴趣，反复看上多次也不厌烦，并能随口说出其中的一些道理，这说明他确有潜力，有能力学得更好。逃避、退缩、胆怯和不负责任的情绪、行为表现，更多是在面对学业问题，以及被要求进行新的、不感兴趣的尝试和练习时才出现。在学校，老师批评也不觉得害怕，回家做作业好像都没学过似的。天天把手指放在嘴里咬，是不是一种什么病啊！

我发现你自己已经说出了问题的症结所在：孩子的所作所为，都是在"逃避、退缩、胆怯和不负责任"。（不过，给孩子贴了这么多标签，你们也需要想一想，自己身上是否也存在这些特质？我们在孩子身上发现的"缺点"，往往都是我们自己身影的反射）。

一个孩子为什么会变成这个样子呢？有一个很简单的原因：他没有被允许参与家庭事务，或者干脆地说，父母没让他干家务活儿。

你可能会问：干家务活儿与学习态度之间有什么关系呢？我想告诉你说：关系重大哦！

接纳孩子

我猜测你可能是非常典型的家长：过度关心孩子的学习成绩，过分心疼孩子而不让他参与家务劳动。对孩子的要求仅仅在于取得好成绩，只要学习好，其他什么都不用管。

这样的养育态度，造成的直接后果就是：一方面，由于缺乏生活的体验和生存的压力，孩子不知道为什么要学习，没有学习的动力；另一方面，由于缺乏承担责任的经验，没有从亲身体验那里认识自己的能力，孩子对自己丧失信心。

你给儿子讲你自己的奋斗史，他对此无动于衷，因为那是你的经验，跟他没关系。再说，你在他眼里无所不能，他哪里比得上你呀，你说得越多，他越感觉望尘莫及。

你用物质奖励和身体惩罚来要挟他，他的对策就是"死猪不怕开水烫"：我不要了，我也不吃了，看你能把我怎么样？他不是在跟你作对，而是他实实在在认为自己是一个十足的傻瓜和笨蛋，无论怎样努力都不能达到你的标准，无法满足你的要求，所以干脆放弃吧！他已经对自己死心了，你骂他、老师批评他，都不会奏效（"你们说的都对，反正我无可救药"），所以你也走到了山穷水尽的末路。

你说孩子有潜力，我也相信他是一个头脑聪明的孩子。但是聪明不等于自信，没有了自信心，再聪明的脑袋瓜子也没用。

孩子怎样才能获得自信呢？有一个很方便而简单的途径：让他从料理自己的生活开始，参与家庭事务，为自己、为家庭承担责任。

儿童能够通过为家庭付出的劳动中感受自身的价值，获得自信，学会对自己的行为负责。 当忙于工作忙于劳动的时候，他们无暇纠缠父母；当他们看到自己对集体有所贡献时，这赋予他们使命感。

在过去，一个家庭里养育着五六个孩子甚至更多，每一个孩子都有对家庭做出贡献的任务，他们的职责也有明确的分工：谁负责打柴、谁负责喂猪、谁负责洗衣服、谁负责照顾襁褓中的弟弟妹妹，等等。在这种家庭里，很少有孩子会出现问题行为，因为他们都太忙了，没有闲工夫捣乱；更何况，自己不完成应尽的职责，就会影响到全家人的生活起居。

现代科技将人类从繁重的家务劳动中解脱出来，也给了人类幼儿一个沉重的打击：什么都不用自己动手，感觉自己就是个残废，各种"捣乱"或者"多动"，只不过是人家刷存在感的一种手段而已。

我的建议是：不要再给孩子的学习施加压力、提额外要求了，花一些时间来培养他的自理能力，从而培养他的自信心吧。在这个过程中，需要特别注意的是，<u>不要给孩子提过多的要求、设立过高的标准，不要指令孩子，更不要因为他做得不够完美而批评他。多鼓励孩子，无论他做得怎样都夸奖他，给他具体的示范和帮助，给他时间来慢慢改进，多让他动手，积累经验。</u>孩子有了自信，能够主动承担责任，学习才有动力，做事情才积极，成绩才能提高。

孩子是独立完整的人

> 我儿子今年9岁，上三年级，学习成绩一直就不理想，为此我带他检查过身体，医生说他身体智商都没问题，就是注意力不集中，老师也反映他精神涣散，上课不能专心听讲，总是心不在焉，这也是成绩不好的主要原因。我要怎么帮助他改掉这个毛病呢？
>
> 还有更头疼的就是每天回家写作业，磨磨蹭蹭的要写好几个小时，一会儿上厕所，一会儿喝水，不是这事就是那事，为这我也总打他，打疲了也不管用了，现在逆反心极强，软硬不吃，有时索性就不写作业了，气得我只想哭。老师也反映他总是以自我为中心，也不怕老师，总是进入不了学习状态，我行我素。问题到底出在哪儿呢？需要看心理医生吗？我以后要用什么方法教育他呢？

接纳孩子

快帮帮我吧！打也不行哄也不行，无奈！

从来信可以看出，你大概非常希望有一个神奇的办法，用上之后，儿子就能乖乖听你的话了，你要他怎样他就怎样。而当儿子不听你的指挥时，你就感觉特别失败、沮丧和绝望。他小的时候，你用暴力镇压他，还能立竿见影，现在他大了，你使用暴力非但不见效，反而适得其反。那该怎么办呢？

首先，我们必须认识到，孩子不是我们手中的玩偶，我们牵哪根线他们就动哪条胳膊。他们是独立的、完整的，跟我们不同而又平等的——人。对待一个独立的人，我们必须怀有爱惜和尊重的态度，与他和气地交谈、平等地协商，这样他才愿意尊重我们、配合我们。如果我们居高临下地命令他乃至运用暴力强迫他，那么他根本听不见我们要他做什么，而是将全副精力集中在怎样反抗我们、怎样摆脱我们对他们的控制。

其次，一个9岁的孩子，完全可以自行安排自己的生活，不需要妈妈像个碎嘴婆子那样紧跟在身后唠叨、督促、监视。现在你们家的情况是：你把孩子的生活当成了自己的生活，把孩子应该完成的作业当成了你自己必须完成的任务。孩子没有自主权，也没有动力去学习和写作业。你越着急，他反而掌握了控制你的武器，那就是跟你拧着来。大概你也发现了，在这种情况下，他控制你易如反掌，你控制他则难上加难。

我建议你跟儿子开诚布公地、平心静气地、平等尊重地交谈一次。

先向他道歉，告诉他这些年来你试图用暴力制服他，是完全错误的，请求他原谅你。并且告诉他，如果他依然对妈妈打他感到愤怒，这是可以理解的，也是被完全接纳的，他不必马上原谅你。他生多长时间的气都可以，当他觉得生够了气，有了足够的内心力量来原谅你的时候，再原谅吧。如果儿子需要发泄怒气，请你认真地倾听他，既不要辩解，也不要反驳。

告诉儿子，你爱他，他对你是最重要的人之一。你希望他能够自立、自理、自律，你希望他开心快乐。只是以前没有找到合适的办法，现在你希望你们能够互相配合，找到适合双方的交流和协作方式。

告诉儿子，当你看到他不能完成作业的时候，你心里很着急，但是作业和学习毕竟是他自己必须完成的任务，你不需要越俎代庖。跟儿子商量一下，制订一个时间表，让他自己安排每天怎样完成作业。你也可以介绍一些快速完成作业的技巧，比如集中精力、不要边玩边做、合理规划时间等等，作为参考，而不是要求儿子马上面面俱到。到时即便没有完成，也要按时睡觉，因为保证充足的睡眠（和健康的身体）是你作为母亲必须监督的事情。

实施这些，对你来说是巨大的挑战。你须忍住解救儿子、干涉儿子、强迫儿子按照你的意愿生活的冲动，放手让儿子摸索出生活的规律。也许一开始他做得不够完美，但是只要有一丁点进步，你就鼓励他、赞美他。同时也别忘了夸奖自己、鼓励自己，你爱自己，才有能力爱别人。

换一个角度来看，柳暗花明

我的儿子今年9岁，上小学三年级。他目前出现的问题是：

上课注意力极其不集中。有一次观摩课，全班就他一个人完全沉浸在自己的世界里，嘴里叽里咕噜，不停地玩弄手指，完全不跟随老师讲课的思路。但老师讲课的内容，特别是数学，他课后也会复习，考试也还行，只是不会用老师上课讲的思路来解答题目。

放学后，总是磨磨蹭蹭不愿意写作业，特别是语文和英语作业，我们用了表扬、奖励、打骂、说教、到时间不给看电视等方法都不见效。打他的时候，他又表现得非常害怕，抱着头缩在角落里，但打过后，仍然照旧。

他说话语速很快，不清晰，经常让人听不懂，不知是否由于他平

接纳孩子

时磨蹭到很晚才睡觉,我们经常催促他造成的?

他很少能专注地做某件事,经常在做一件事的时候嘴里还在叽里咕噜。他非常喜欢看书,包括杂志和他感兴趣的课外书,老师评价他课外知识挺丰富。

平时我真不知道他在想什么,他完全沉浸在自己的世界里,显得与周围同学格格不入。

这样的孩子正常吗?我真不知道如何对待这样的孩子。

你写来的这几条"毛病",我看了又看,觉得没有什么大不了的问题。通篇看来,似乎孩子对他的现状没有什么不适应,老师对他评价也挺高,好像只是你这个当妈妈的看他左不顺眼右不对劲。比如,第一条,上课注意力不集中,他既没有打扰其他同学听课,也没有影响自己对讲课内容的理解,老师也没有批评他课堂神游,他只是没有像你期待的那样,聚精会神地听讲而已。我相信全班不止他一个人这样"不专心",可全班同学中,你只盯着他看,而且越看越不对劲。

再说说第二条,我猜测你儿子可能数理思维比较好,数学作业不用你操心,但是比较抵触写汉字和英文。这也没什么,本来这两门功课就比较难,对于一部分低年级学生来说,需要更多的鼓励和帮助。我看你列出来的方法中,恰恰缺少帮助这一条。打肯定是没有用的,因为孩子都不知道他为什么挨打,疼完之后他也不知道怎样做才能让你们满意。他需要具体的指导,比如,你们跟他坐下来,好好地协商,看看每天都有多少作业,都需要多少时间,他喜欢先做哪门,后做哪门。语文和英语,他觉得比较头疼,那你们就坐在他旁边,给他一些协助,不是替他解答,而是听他念课文,让他给你们复述,不理解的地方你们启发他思考,再帮他默写生字等诸如此类的协助。你们需要耐心,容许他慢慢地进步,每一点滴的进步,都需要你们的赞赏和鼓励,不是用物质奖励去诱惑他，而是你们发自内心地欣赏他，这对他来说更加重要。

对你来说，专注意味着悄无声息，但是对你儿子来说，专注的定义有所不同。如果他嘴里叽里咕噜还能把事情做好，不就足够专注了吗？你认为他与周围同学格格不入，他自己对此有何感觉呢？我相信他一定有自己要好的朋友，可能没有你希望的那么多，但是有几个也足够了。

我想，最关键的问题在于你对孩子使用了什么样的评价体系。你对孩子的要求是不是他能够达到的？你对他的期望是不是建立在现实的基础上？这个现实之一就是孩子的独特性，他是一个独一无二的个体，有着与众不同的气质和性格特征，你对此是否无条件地接纳？你是要上天给你的那个孩子呢，还是你心目中理想的孩子？当这两者之间有差异的时候，你是不是特别焦虑，特别想扭转孩子呢？你对自己如何评价呢？是不是也有你特别想扭转的地方？多问自己这样的问题，答案会水落石出的。

让孩子自己管自己

> 我有个9岁的男孩，他很聪明，也喜欢看书，在学校课堂表现活跃，积极发言，跟得上老师讲课的思路，就是回家不愿做作业，不肯动手，即使做了，作业也是涂涂改改，磨磨蹭蹭。我们想了很多办法，也不行，请教专家如何改变他的这种行为？还有就是他显得比一般的孩子话多、好动、逆反心理重。希望专家能给予指导，谢谢！

聪明的孩子都不肯听话——什么都听大人的，自己一点儿想法也没有，不能独立生活，不能独立思考，也不能动手解决问题，我相信你一定不会期望你的孩子长成这个样子吧？如果你希望儿子保持他现有的朝气，就静下心来接受他的逆反吧，这是他最大的优点之一呢。

接纳孩子

至于写作业这件事情，父母最好不要插手过多，把本来是孩子的任务，变成了父母的任务。逆反的孩子都不喜欢父母指挥他，你越想控制他，他越跟你对着干。你们可以跟孩子协商一下，共同制订一个时间表，我相信他除了作业之外，肯定还有别的事情可做，那么合理安排时间对他来说就很重要。既然他是一个很活跃（脑筋也很活跃）的孩子，相信他有能力把握自己的生活。制定了时间表，父母仅仅协助他遵守，但是不必过分催促。完不成作业，自有老师批评他，不用你们绞尽脑汁想方设法，你们还有自己的生活呢，不必围着他团团转。让他自己发现完成作业对他的必要性，而不是对你们的必要性。

好习惯的养成需要具体帮助

我家小姑娘10岁了，上四年级，在生活和学习中发现她有许多不好的习惯：非常粗心，生活中总是忘东西，有时是订书费，有时是碗（在学校吃午餐），有时是忘拿雨伞回来，甚至校服和人换错，等等。学习中，更粗心，语文和数学老师都是反映她简单的错得多，较难部分如分析题、总结题和应用题倒是做对了。但基础的部分如拼音也写错，单词也写反（"继续"写成"续继"），诸如此类的问题很多，使我很头痛。

虽然对小姑娘提醒了，骂了，打了，但收效甚微。天天盯在后面帮她检查，生活中忘东西的情况好一点了，但在考试中无人监督的情况下，粗心的毛病依旧。

四年级了，如何使孩子学会生活自理和主动学习呢？我心里很着急，但还是不敢放手，是不是我自身的方法问题，没有循序渐进地教导好孩子？

10岁的孩子丢三落四并非很严重的问题，也不是什么坏习惯，只是好习惯尚未建立起来，这需要时间和耐心。单纯的提醒和打骂的确无法见效，而是需要给她合理的建议，教给她一些行之有效的办法，帮助她学会管理自己的生活。

比如，你可以坐下来，跟她一起写一个单子，主要由她自己执笔：自己想一想，每天上学都需要带什么东西？写下来，每天临睡前检查一遍。其中有一项是"今天老师要求我们明天要带的特殊物品"（比如订书费之类的），这样她就不那么容易忘记了。

你也不必碎嘴婆子似的盯着她提醒，你越着急，她越不着急，因为你替她担负了焦虑，她不必担心自己忘记什么了，反正有老妈帮想着呢。即便她忘记了，也需要她自己承担责任，而不是你劈头盖脸教训她一顿。你指责她越狠，她越不会长记性，而是将注意力都放到你的情绪上，忽略了引起这种情绪的行为了。万一她忘了什么，你同情地说，哦，那你今天比较麻烦吧，是不是还有些着急？

写作业的事情，你也不必步步紧跟，帮助她建立一个自我检查的良好习惯：每次写完作业，都要检查一遍，看看是不是遗漏了什么。如果你发现她的错，不要即刻指出来，而是告诉她："作业里有错，你自己看看错在哪里。"

从来信看，孩子的学习应该没有问题。可能她的视力尚未发育完全，有时会看错题，或者把单词写反，这是这个年龄段常见的现象，你不必着急，发现后平静地让她更改过来就是了，也不用批评她，因为她不是故意要弄错。对于孩子能力尚未达到的事情，我们越强求，她越自卑。小学的成绩不是最重要的，关键在于保持孩子的学习乐趣，以备她后劲十足。

另外，让她在家里担当一些家务。现在的孩子，家长只要求学习好，在家里什么责任都不用担负，那么孩子看不到自己的价值，也必定缺乏学习的动力。给她一些生活的压力，让她帮助你们做家事，有助于提高她的自信心，增进她的自理能力。

接纳孩子

请孩子离开父母的婚床

昨天因为儿子说谎，我打了儿子两个耳光，当我的手落在儿子的脸上时，随着儿子的泪水，我也流泪了，孩子的教育怎么这么难呀！

我的孩子今年11岁了，上小学四年级，在学校里属于前几名的好学生。由于现在孩子之间的联系全部为网上QQ联络，因此从三年级开始我允许孩子在周六周日上网。四年级上学期还可以，下学期开始有点上瘾的状态，我曾经几次发现他以作业做完为由上网，而实际并没有将作业做完，开始我还教育他，情况有所好转。

平时我和儿子一起睡，最近他以两人睡一起太热为由主动要求自己睡，我很奇怪，但是也没有反对。直到有一天他爸爸发现他看了些垃圾网页，耽误了学习。夜里两点我上厕所顺便去查看，结果发现儿子正在补作业，而且向我谎称是上周的作业。为了让儿子睡好觉，我忍着愤怒，让他先睡觉。第二天，我们两个把孩子叫到屋里，我还打了他。我对他提出要求：以后不许上网，而且要和老师建立联络卡。儿子一听坚决反对和老师联络这件事，这一天都很乖，没有再上网，并且按照我的要求写了检讨。在联络卡一事上我给老师写了一封信，主要意思是希望以后加强家长和老师的沟通，但为了不伤害儿子的自尊心，我没有将家里发生的事告诉老师。

我很犹豫，不知这种做法是否合适，是否会对他产生压力等负面影响。我希望孩子的童年是快乐的，不希望给他过多的心理压力。本来这孩子个性就很强，心事非常重，有极强的自尊心，而且爱生气，通过这几年的教育，比以前有所好转。这次情况如果引导不当就会出现偏差，因为孩子已经进入逆反期，怎么办呢？如何合理地解决此问题呢？在孩子上网方面如何做到准确有度呢？我很彷徨！

孩子的教育的确是一件很艰难的事情，需要我们花费很多的心血和精力，也会时时让我们困惑、头疼乃至心痛。看了你的来信，我对你的家庭情况首先有一些疑问：你们夫妻俩每周上六天班吗？每个周六都让儿子独自在家吗？如果是这样，恐怕不太妥当，在美国等国家，法律规定，12岁以下的儿童不可以单独在家，必须有成年人监护。你们可否考虑请一个人（老人、邻居或者保姆）来帮助你们照看孩子？另外，为什么你和孩子一起睡？你不和丈夫在一个卧室吗？这里也有两方面的问题：第一，11岁的男孩，不应该再跟母亲一起睡觉，而是应该有单独的卧室（起码单独的床吧，假如家里条件有限）；这么大的男孩，还跟母亲同床共枕，严重妨害他的身心发展。第二，你不跟丈夫一起睡觉，会影响你们俩的婚姻关系，也会给孩子带来对婚姻的误解，尤其是他会对自己在家庭中的位置产生倒错，他会误以为自己是妈妈的配偶。

来信有两处引起我的注意：一来孩子在学校里属于前几名的好学生；二来这孩子个性很强，心事非常重，有极强的自尊心，而且爱生气。我认为这跟他所处的家庭环境有关，我推测你们夫妻俩平时很忙，对孩子全方位的关怀不够多，而是更多地关心他的学习成绩，认为他只要学习好就行，并且管教比较严厉，不容许孩子表达与你们相左的意见。孩子也很顺从，却在顺从你们的同时，压抑了自己内心的需求。孩子的情感和精神需要得到足够的关爱和满足，他在你们这里得不到，就转而从同学那里索取；同学不能给他的，他则试图从其他网页那里获取。实际上，QQ也好，垃圾网页也好，都无法满足你儿子内心深处对亲情的渴望，他越想要，就越难以自拔。他个性的特点，跟以上所讲的有关，也跟前边所讲的家庭角色倒错有关。

我建议你们做一些调整，给孩子单独的空间，相信孩子自理的能力，同时耐心帮助他逐渐获得自律的能力。暂时不要让他使用电脑，跟同学的联络可以通过其他方式。他写完作业、没有其他事情可做的时间，由你们来陪伴他进行

接纳孩子

家庭中的互动，让他帮你们做一些家务，你们一起看看书，聊聊天，散散步。你们需要多花时间来倾听他，多了解他内心的需求和想法。周末带他出去玩儿，去大自然里享受和放松。

最后再次强调，请让你的儿子马上离开妈妈的卧床，请你的丈夫立即回来，让你们的家庭结构变回正常秩序。

第6章

性别，儿童与生俱来

男孩和女孩在生理方面、性格方面和行为方面都有差异。我们需要认可并且研究这些差异，因材施教，对待不同性别的孩子，给予适合他们性别的养育。父母与孩子之间的关系，也带有天然的性别差异，都会形成符合他们性别特色的个性化关系。我们在养育孩子的过程中，不能忽视这些因性别而带来的特色。

接纳孩子

相信所有的父母在孩子来临之时都会面临这样一个探询："男孩还是女孩？"生男还是生女，对父母乃至其分别的原生家庭来说，都是一件大事；有些家庭甚至在怀孕前就采取措施，希冀通过人工干预选择孩子的性别。

的确，排除极其偶然的染色体变异，所有的宝宝还在娘胎里就已经确定了一个非常重要的特质：性别。不是男孩，就是女孩。这是他们与生俱来的特质，我们作为父母，无法选择也无法改变。

男孩和女孩在生理方面有差异，在性格方面有差异，在行为方面也有差异。今天我们笃信人权上男女平等，但并非意味着我们可以忽视或者抹杀男女之间天然的差异。恰恰相反，我们更加需要认可并且研究这些差异，因材施教，对待不同性别的孩子，给予适合他们性别的养育。

同样的，所有的孩子在降生的时候，都会面临至少两个成年人：父亲和母亲，男人和女人。包括单亲家庭，父亲或母亲即便不在场，也在孩子的成长过程中发挥举足轻重的作用。父亲和母亲与孩子之间的关系，也带有天然的性别差异。母亲与儿子，母亲与女儿，父亲与儿子，父亲与女儿，都会形成符合他们性别特色的个性化关系。

孩子从同性父母那里学习怎样做有性别特色的人，也就是说，女孩子从妈妈那里学习怎样做女人，男孩子从爸爸那里学习怎样做男人。同时，他们从异性父母那里看到异性的榜样，从父母的互动模式那里学习怎样处理婚恋关系。在他们成年之后，潜意识里会以父母为参照寻找相应的配偶。简言之，父亲是什么样，直接影响女儿将来寻找什么样的丈夫；母亲是什么样，直接影响儿子将来寻找什么样的妻子。无论翁婿和婆媳相似与否，正面心理指向与负面心理指向，都是受到异性父母无形的影响。

那么，我们在养育孩子的过程中，就不能忽视这些因性别而带来的特色。即使我们不愿意面对一些涉及性的话题，孩子的自然发展机制也不允许我们对其视而不见。当孩子脱离尿裤、可以控制排泄的时候，大约2岁，他们就开始对性别发生兴趣，要弄明白男女之间到底有什么区别；男人和女人在社会关系当中，尤其是婚姻关系、血缘关系等，各自扮演什么角色；他们也开始探索自己的身体，在探索的过程中，会做出让成年人感到不可思议甚至难为情的举动。

事实上，儿童一开始对性的探索，更多牵扯到性别之差，而不带有男女性关系的意味。我们成年人往往不能恰如其分地理解他们，往往把他们想歪了，尔后端着道德评判的架势去教训他们。

对待孩子关于性的问题与行为，我们既不能扮演鸵鸟，视而不见，也不能扮演清教徒，压制打击，而是要认真做好他们的引路人，坦然面对，让他们感到这些都是正常的、自然的、充满爱意和温馨，而不是肮脏的、下流的、充满羞耻和罪孽。我们的态度直接影响到他们一生的婚恋关系，影响到他们今后的"性"福。

每个孩子都不一样，孩子的发展过程充满个体差异。有些孩子性意识觉醒得早，有些则晚一些。孩子性意识的觉醒，很大程度上取决于父母婚姻关系的质量。因为我们会将自己潜意识里对待婚姻满意与否的态度，直接带入我们对待孩子的养育行为里。因此**在面对孩子涉及性的举止时，不要仅仅想着怎样去应对孩子，而是退一步，审视一下自己的婚姻，自己对待异性、婚姻，以及性的观念和态度。**

接纳孩子

孩子抚摸生殖器，家长如何破？

　　我的孩子现在1岁半，还在母乳喂养，不过他在1岁左右每次吃奶的时候就摸自己的生殖器，我知道不能强迫他不摸，每次都是引开他，让他跟我拍拍手，可是下次他还是会摸。

　　另外，从半个月前开始，孩子吃奶的时候会拿着我的乳头看半天再吃，有时候也会试探着咬一下，同时他还会吃着一边的奶，另一只手揪着另一边的乳头，这让我很不舒服。刚开始的时候我没有阻止他，后来因为我很不舒服，我就每次喂奶的时候自己用手捂着另一个乳房，让他摸不到，但是我觉得这也不是一个很好的解决办法，我是不是有什么地方做得不对，让我的孩子这样？是不是在他这样的时候应该断奶？我很想喂到他2岁，可是这个问题又让我很矛盾……

　　我推测你的孩子是穿开裆裤的，否则他不会接触到自己的生殖器。所以戒断这个行为最有效的办法就是——不穿开裆裤。如果孩子尚未自主大小便，请给他戴上尿布或者纸尿裤；如果孩子已知大小便，则给他穿上封裆裤。一旦生殖器不再暴露于外，他也没什么可把玩的了。

　　关于第二个情况，我有一些不明白：你每次喂奶的时候，两个乳头都暴露在外吗？一般来说，给学步儿喂奶，妈妈撩起一边的衣服就行了，如果做得隐蔽，旁人什么都看不见，更遑论让孩子揪到另一边的乳头了。对于这个问题，你只需要把衣服整理好，让孩子摸不到就行了。

　　至于是否让孩子摸妈妈的乳头，不同的人有不同的见解。我个人的意见是：乳头是妈妈身体隐私的一部分，在一段时期内，是孩子的"口粮库"，但绝对不是孩子的玩具。孩子需要学会尊重妈妈的身体，进而学会尊重自己的身体，尊重别人的身体，就不能随意地把玩身体的器官。我一般建议妈妈坚决制止，不许孩子触摸玩弄。尤其是妈妈感觉很不舒服的情况下，更是要制止孩子的动作。

我想，只要你做好上述几件事，就不必给孩子断奶。

关于孩子对生殖器的好奇心，摘抄《跟上孩子成长的脚步》中的相关文字，供你参考：

1. 杜绝开裆裤，禁止未到时期强行把便，以免引起生殖器受损。暴露生殖器既不卫生又不安全，也容易污染环境，不利于让孩子从小建立对自己身体隐私部位的尊重。随手可以触摸到生殖器，更容易引发他们的好奇，也不易制止他们抚摸玩弄。

2. 几乎所有的孩子在"发现"自己的私处之后的一段时期内，都会饶有兴致地抚弄它，因为这是他们身体的一部分，触摸这部分会让他们有感觉，所以这是很正常的行为。来自家长任何过激的反应——呵斥、训骂或者打掉孩子放在器官上的手——都只会起到相反的作用，让孩子更加念念不忘自己的生殖器，并且产生羞耻感，甚至对孩子将来的排泄行为与性生活遗留长远的心理问题。

3. 建议父母对孩子抚弄生殖器的行为采取接受和平淡的态度，可以平和地告诉他，这是你的阴茎/私处，是撒尿用的，但它不是玩具，而且比较娇嫩，所以不要玩弄它，以免弄坏了或者弄脏了。只要家长态度得当，孩子就会把它当作眼睛鼻子这样的器官一样，没什么大不了的。

面对宝宝的探究，做好思想准备

女儿2岁半，近来喜欢穿我的高跟鞋，我每次上洗手间都要跟着我去玩水。还喜欢穿和我一样的衣服，扎一样的辫子，问我有没有毛毛。自从她愿意站着淋浴，我就让她和我一起洗澡，她看到我身上的

接纳孩子

一些毛毛,还问我她自己有没有毛毛。有一天她竟然指着外婆的私密处问外婆有没有毛毛,搞得外婆好难为情。前两天她竟然弄两个乒乓球放在胸前说是奶奶,要我们吃。

这些行为需要专门去引导吗?如果需要应该怎么引导呢?

首先请你放心,你女儿的这些表现是符合她年龄段的正常行为。一般来说,孩子在2~3岁左右开始注意到人的性别,开始关注两性之间的外表差异,也开始探索自己(有时包括别人)的生殖器,一方面是因为在这个时期,大部分孩子已经能够自主大小便,从而脱离了尿布或者纸尿裤。以前他们摸不到自己的生殖器,现在则触手可及;以前对隐私部位的感觉不那么显著(因而无法控制大小便),现在这个部位的括约肌已经趋向成熟,感觉也更加灵敏和强烈,因此孩子们开始对这些器官产生浓厚的兴趣。另一方面是随着他们自我意识的发展,开始与父母分离,他们开始关心人与人之间的社会关系,比如血缘关系、婚姻关系这些与他们关联最密切的关系等等。

我想,你需要做好思想准备,从现在开始,你的女儿会提出一些让你感觉不好意思的问题,而你对待这些问题的态度和回答,则决定了她对待自己性别和身体的态度,也直接影响她未来与男性的关系,和她在婚恋中的"性"福与幸福。

阅读你的来信,短短几句话,对女儿的问题用了两个"竟然",我猜测你可能对于这些问题感觉比较糟糕。其实你女儿是无辜的,她提出来的问题也是很正常的,在孩子眼中,阴毛和乳房就像手和脚一样,是我们身体的一部分,她对这些部位好奇,并不知道这是什么难为情的事情。如果家长对孩子的问题流露出尴尬、紧张、害羞或者恼怒的情绪,孩子会认为这些部位是坏东西,她会对自己的身体产生羞耻感,也不能做到坦然接纳自己的性别,将来青春期到来,她对自己身体的变化会感到惶恐和羞愧。这都是我们需要避免给孩子带来的负面影响。

当孩子问你关于身体毛毛的问题时，你可以坦然地告诉她，每个女人到了一定的年纪都会长出这种毛毛来，她长大了也会有的。外婆有没有呢？当然有了！

当孩子用两个乒乓球当作乳房时，你可以愉快地问问她，是不是要扮演妈妈呀？抱起一个小布娃娃来，当作宝宝吧，扮演哺乳。让孩子觉得这一切都是自然的，欢快的。（作为国际母乳会哺乳辅导，这里多啰唆一句：我认为对于女性的哺乳教育，的确应该从小做起。我很高兴看到你女儿认为妈妈给宝宝哺乳是天经地义的，远远强于她拿着玩具奶瓶去喂娃娃！祝福她将来有了孩子后母乳喂养成功。）

关于父母是否在孩子面前裸露身体，这里说上一些看法：每个父母需要根据自己对于这个问题的自在程度来掌握。我个人认为，在6岁之前的孩子面前坦然地暴露身体，有助于打消孩子对人体的神秘感，让孩子自然地发现男女身体的区别。6岁之后，孩子自己也会产生隐私感，不愿意在异性父母面前袒露身体。同时父母也可以平静地告诉孩子："你长大了，我在你面前袒露身体不恰当，也让我感到不自在。"对于6岁以上的孩子，建议异性父母在如厕、洗澡、更衣时关好门，回避孩子。在孩子面前衣冠整洁，不敞胸露怀、随随便便；以身作则，让孩子建立对他人身体和自己身体的尊重。

宝宝摸乳房，无关乎"性"

我家儿子整3岁，母乳喂养只到3个月，出生到现在大多数时间跟姥姥睡。2岁左右开始他总是喜欢在睡觉时用手不断地蹭姥姥的后背，我们就有意给他手中塞一些玩具，管用一阵。后来再大点（几个月前）就不起作用了，他还是坚持要蹭或要求姥姥用后背压着他的手

接纳孩子

才能入睡。最近更是发展到经常要求摸一摸姥姥胸口或是要用脚踹一踹姥姥,不允许就折腾半天睡不着觉。甚至白天也经常凑过来要摸。姥姥不知如何制止他,有时只好吼他吓唬他说不理他了,可越是这样他越有兴趣继续。

这些日子我跟他睡得比较多,发现他夜里在睡着时也会经常凑到我旁边,手往我衣服里伸,不让摸就表现出很烦躁的表情,我只能赶快握住他的手抚摸几下。我们也试过给他做睡前按摩的方法,但都不管用。

我理解这是小孩的正常需求,也不方便问姥姥在小孩第一次摸时她采取了怎样的态度,其实就算知道了,我也不知道正确的反应应该是什么。我的儿子是最近才开始有这个习惯的,不是从小这样,也早断奶了。我很犹豫,觉得不能轻易开这个口子,真不知如何是好。

很明显,孩子的这种行为在你们成年人那里引起了恐慌,不仅仅是身体方面的不舒服,情感方面你们也难以接受,但是孩子对这件事情没有什么特别的不快之感,所以说,这是你们的问题,不是孩子的问题。

我很好奇你说的这句话"我也不知道正确的反应应该是什么",信中你说得挺清楚,你和姥姥都不喜欢他摸你们的敏感部位,为什么不能直接告诉孩子呢?孩子并不知道你们的感受,在他看来,这是他自我安慰的一种方式,并不带有性的意味,他不知道这种方式会让你们不舒服。无论姥姥在孩子第一次摸的时候采取了怎样的态度,她目前的情况是想制止,但是她制止孩子的方式欠妥,吼叫和恐吓孩子(威胁过后并不履行——她怎么可能不理会孩子呢?做不到的事情最好不要当作要挟的砝码,这样只能让孩子不相信她)显然并不起作用,孩子不明白姥姥为什么要拒绝他。而且对于孩子来说,越是强硬制止的行为,越会得到强化;强迫孩子停止某种行为,往往适得其反,在孩子和家长之间展开权力斗争。

我想这个问题的焦点并非性教育，而是成年人不能坦然面对自己的感受并且开诚布公地告诉孩子。刚才说过，孩子的举动没有性的意味，是你们母女给它贴了"性"的标签，并因此而感到难受。对于孩子来说，亲人温暖的身体，尤其是女性亲人柔软的乳房，摸上去很舒服，又可以帮助他入睡，何乐而不为呢？而对于你们母女来说，乳房是性器官，你们会对孩子的行为感到不适，所以姥姥会吼，你会焦虑。我想这倒是一个很好的机会，教会孩子尊重他人的身体。

如果被孩子摸让你们感到不爽，那么就直接告诉孩子吧："我不喜欢别人摸我的乳房，请不要摸了。"也可以同时给孩子提供不那么敏感的身体部位，比如胳膊和手，来慰藉孩子。孩子当然会闹一闹，如果太爽快地答应，那就不是孩子的正常反应了。这时候就看你跟孩子的心理疆界是否划清了，是否能够平静地对待他因失望而产生的负面情绪，是否能够认清你不必对这种情绪负责，是否相信他最终会接受现实，平静下来。也许他会闹几个晚上，但是如果你的态度很坚定，孩子没有理由继续闹下去。

另外，孩子大概的确缺乏亲人温暖的怀抱，的确在肌肤相亲方面有很多饥渴。你们平时要多拥抱、亲吻孩子，多给他接触你们非敏感地带肌肤的机会，这样也有助于满足他对触摸你们的渴望。

同时，从来信看，你们母女好像都是"寡"居？这个"寡"字指的是似乎家里没有成年男性存在。孩子和姥姥一起睡觉，姥爷在哪里？孩子和你一起睡觉，你丈夫在哪里？如果你们母女都是单亲，很有可能你儿子在潜意识里承担了扮演男性角色的任务，那么他抚摸你们的乳房，就带有更加复杂的因素。

泛泛而谈，关于是否让孩子抚弄母亲的乳房，这是很多妈妈面临的困惑，不同的专家也有不同的说法。我个人的意见是，最好从一开始就拒绝孩子。大部分妈妈不能坦然接受孩子抚摸乳房这个动作，但又担心拒绝孩子会对孩子产生伤害。实际上，乳房本身就是妈妈隐私部位，拒绝别人抚摸是妈妈的正当权

接纳孩子

益。有些妈妈不在意孩子抚摸,但是比较难办的是孩子会在公共场合伸手就摸,这会令人感到难为情,那个时候告诉孩子不能摸,孩子也不明白,反而当场会闹。所以,我认为比较妥善的办法就是不开这个口。平静而干脆彻底地拒绝孩子抚摸,不要动摇,因为孩子会体察到你内心的不稳定,并且乘虚而入。妈妈的矛盾心理更会加重孩子的负罪感,导致他更难以控制自己的行为。

窈窕淑女,宝宝好"述"

我的女儿今年3周岁半,长得很漂亮,又非常聪明,但是由于她的漂亮聪明,使得她在整个家族十分受宠,因此她十分任性,脾气很坏。我们家庭条件不错,她的一些物质方面的要求我们通常都会满足。

老公是个还不怎么懂得做父亲的男人,常常喜欢在她身上拍拍打打以示宠爱,导致她非常喜欢动手打人,而且不管是谁,只要她不开心,就喜欢动手。我不知道要怎样纠正她的这种坏习惯,因为我想如果我也打她的话,会不会让她更爱打人呢?

她很小的时候,我就告诉她她是女生,换衣服和洗澡上厕所的时候不能让男生看到,她现在便有很强的性别意识。昨天带她去学溜冰,居然不要男教练教,换了个女教练,也不要,偷偷跟我说她要长头发的漂亮女生,她这么小就会以貌取人,是不是很不好?要怎样纠正呢?

还是昨天学溜冰的时候,她耍赖,在地上哭闹,被我凶了,我跟她说你下次再这样,我就不喜欢你了,把你送人(我第一次这样说,我知道这样说不好,我老公喜欢这样吓唬她),结果,她居然停止哭,跟我说:"妈妈,你以后不要说这样的话!"我没想到她会这样跟我说，就问："为什么不要跟你说这样的话？"她说："因为你说这样的话，我很烦！"

这个孩子是不是智商有些超群？这样的孩子我该如何教育呢？

这封信看下来，我有一种感觉，就是你们全家没有把你的女儿当作一个人，而是当成了一个宠物。比如，她在整个家族十分受宠的原因是她漂亮聪明（想想看，如果她既不漂亮也不聪明，你们家还会宠爱她吗？），她在物质方面的需求你们通常会满足（那么她在精神方面的需求你们是怎样满足的呢？），你先生常常喜欢在她身上拍拍打打以示宠爱（这的确是对待宠物的态度），你们夫妻在她哭的时候吓唬她"不喜欢你了！把你送人"（这也是人们对宠物的态度，不听话就不再受宠，失宠了，就送人或者丢弃）。

所以，我想对你们提的第一个建议就是：请学会尊重孩子。爱她，是因为她就是她，她是独一无二的，而不是因为她漂亮、聪明、听话，供你们带出去炫耀。

你可以跟孩子父亲沟通一下，让他不要再拍打孩子，而是拥抱她，陪伴她，跟她一起玩儿，给她讲故事，满足她亲子依恋方面的需求。看信中的描述，在目前这种家庭氛围里，你女儿很难建立起牢固的安全感。

一个3岁的孩子具备强烈的性别意识，是这个年龄段正常的表现。你告诉她洗澡和上厕所的时候不能让男士看到，也是非常及时的教导，让孩子从小学会保护自己的身体。她要求女教练来教她，是因为她需要同性的榜样。女孩子是从同性成年人那里，以模仿的方式来学习怎样做女人。她要求长头发的漂亮女生，也是孩子审美观使然，她可能从你们那里获得过一些讯息，就是女孩子有长头发才是漂亮的（我猜测你们给她梳的就是长发）。但是你担心她"从小以貌取人"，并且想"纠正"她，未免误解了孩子。你在这里给她施加的，是成年人的标准，她这么小，还不明白什么是以貌取人，也不知道这有什么不好。对于孩子来说，要求物品和人在外表上美观完整，是他们道德感发展的必经之路。人类儿童天生趋向完整美观的东西，不喜欢有瑕疵的、破损的东西，这种对完美的追求就是他们道德感的基础。

非常有趣的是，你们成年人不知道怎样恰当地对孩子表达感受，不是宠溺就是拍打，或者吓唬，你女儿却无师自通地掌握了表达她内心感受的正确方式：直接说出来。"你这样说话，让我很烦！请不要这样说了！"多么难能可贵啊！我想，你可能需要向女儿学习，也学会这样表达自己："你现在看上去很难过，可你哭的时候，我就听不清楚你到底要什么。请你起来吧，咱们好好商量商量怎么办。"这么说话，是不是比吼她吓唬她更能让她接受呢？

我不知道你为什么要问我孩子是不是智商超群？你是希望她智商超群吗？如果超群又怎样？如果她只是一个普通的孩子，你又做何打算呢？

有很多思考题，留给你好好想。

不要跟儿子像情人那样吵架

我儿子已经6岁两个月了，大约从5岁半快6岁开始，他就开始特别喜欢我，而不喜欢爸爸。我出差他不高兴，晚上加班他也不高兴。他会在我每天下班的时间都给我打电话，问我在哪儿。如果我说加班，他就问几点回来，或者每隔半个小时问一次我到哪儿了。可是爸爸出差或者下班晚回来，他就很高兴，他说因为爸爸厉害。但事实上，爸爸平时对他很温和，只是说他的时候可能都说到他的要害。而我平时经常跟这个6岁的宝宝吵架，但都是鸡毛蒜皮的小事，所以，他反而觉得很好玩，一边认真地跟我吵，一边又离不开我。

现在，如果我吩咐他刷牙洗脸，他就会问你干什么，然后再问做完了你又干吗，好像生怕我跑了似的。在他心里，只有爸爸是长辈，而我不算长辈,只是妈妈,或许就是他的一个大朋友。确实,我平常会很认真地跟他生气,也很认真地跟他玩,也许这就是他喜欢我的原因。但是,我觉得他总是问我行踪的心理很不好,如果一旦养成这样的习惯,将来长大后,无论对他自己还是别人都会是一种负担。

我听说6岁的孩子开始有性别的概念,我确实非常喜欢我的儿子,也经常亲他,抱他。而他在晚上也总想跟我睡,还要求我抱着他睡。但我经常会有意识地不抱他睡,生怕有什么不良后果。请帮助我解答一下以上的问题,谢谢您。

看了你对儿子行为的描述,我有一种错觉,就是你的儿子仿佛不是你的孩子,而是你的丈夫,甚至是你的情人。

儿子的这种状态,也许反映的恰恰是你的内心。我推测,也许你的婚姻关系出了一些问题,也许你内心对丈夫存留了一些不满意,却没有直接表达出来,甚至很有可能你都没有意识到心里对丈夫产生了什么样的排斥感。不知道你的丈夫是不是经常出差和加班?你是不是感觉有些被冷落?如果你跟儿子一起睡觉,那你丈夫在哪里睡呢?

你对儿子的态度,不像一个妈妈,反倒像一个撒娇耍赖的妻子或者女朋友,喜欢跟对方拌拌嘴,以这种方式表达亲热和爱意。孩子是很奇妙的,你有什么样的想法和举动,他就反馈给你相应的行为。你把儿子错当成了替补配偶,于是他也表现出一个爱人所常见的状态。你需要儿子依恋你,于是他表现得一刻都离不开你。

只是,对于一个五六岁的孩子来说,扮演这样的角色实在力不从心,就好比一个从来没学过唱歌的人突然被推到台上演出一样,一方面他肯定会唱走调,另一方面,他内心其实非常恐慌,不知道该怎么办,所以会有一些比较荒唐的举止。他很惶惑,到底面前这个女人是不是他妈妈?如果是,那她为什么

接纳孩子

不提供母亲所应该提供的爱、接纳、宽容、理解、照料和保护？如果不是，那他妈妈到底在哪里？他不想扮演这个角色，却又害怕伤你的心。在这种关系动力里，他无法正常地成长。同时，你也感觉到这种依恋关系有些不对劲。

我想，你们家的这个关系三角有些倾斜了，你离儿子太近，离丈夫太远，同时也将父子拆散了。所以，最好营造一些机会，让父子俩拉近距离，夫妻俩拉近距离，跟儿子拉开距离。

具体来说，不要跟儿子像情人那样吵架，而是尊重他，跟他平等地沟通，让他对自己的生活有所掌控。可以拥抱儿子，告诉他你爱他，但不要再跟他一起洗澡、睡觉。在儿子面前，你们夫妇俩也要表达对对方的爱，让儿子看到夫妻之间正常的关系是什么样的。如果有条件，偶尔让亲友帮你们看孩子，你们夫妻俩出去过一过二人世界。

关掉电视电脑，用心亲子互动

我儿子今年6岁，在去年的这个时候，一次我出去办事把儿子留在了家，回到家正好看到孩子正在看电脑播放器里曾经放过的一段黄色录像。当时真是吓坏了，也没敢多说他，因为是大人的失误，也不能过多地责备孩子，就告诉他这是多不好的东西，是病毒，会把电脑弄坏的。

就这样一年过去了，但是我最近发现他很喜欢看一些成人的电视剧，还有几次抱着我说："妈妈我爱你，喜欢你！"还要让我亲他的小嘴巴。我想可能是上次的原因，当时就告诉他："妈妈也爱你，但是不要亲嘴，这样会传染很多疾病的，如果再这样妈妈就不喜欢你了！"好像这种解释不是很理想。

昨天听我的外甥女（比我儿子大半岁）说我儿子抱着她要和她亲嘴，我听到后非常生气，就狠狠地责备了他。我一直都很困惑，我应

该如何和他说？

我同意你的意见，信中提到的跟儿子的几次交流，妈妈说的话十分欠妥。在不知道怎样处理的情况下，你不由自主地对孩子编了几次谎，但是内心对这样的遮盖式手段又产生疑虑。我不知道那次孩子看到黄色录像之后，你们有没有把它从电脑里删除？平常孩子还能随意接触到你们的电脑吗？

从信中描述推测，孩子平常看电视的时间大概不少吧？你们也没有对他看的内容进行筛选，随他来看成人电视剧？或者是你们成年人看的时候，他也跟着看？这样做十分不利于孩子的健康发展。首先，**电视（以及电脑和电子游戏等）会损害孩子身心两方面的健康**，这些电子产品发出的光频高于人体能够接受的频率，会损伤孩子的视力和脑；通过电视而产生的专注是被动的专注，孩子不由自主地受到高速闪动和变换的画面的吸引，脑处于瘫痪状态，被电视画面牵着走，而不是处于积极运转、主动思考的状态；孩子从电视那里被动接受很多信息，这会破坏他们的思考能力、创造力和想象力。另外，看电视将孩子与物品联系到一起，没有双向的交流和沟通，不利于孩子开发社会交往能力，电视看多了的孩子，在与他人沟通方面会产生障碍。

在你们家，如果是孩子陪着你们看成人电视剧，那更加不妥。本来应该是亲子互动的大好时光，却浪费在看电视上，更加不利于你了解孩子，不利于你们之间的亲子关系，更不要提成人剧对孩子产生的危害了。我们做父母的，要特别关注孩子在适合的年龄段接触恰当的媒体，包括他们接触什么样的故事，听什么样的音乐，看到什么样的画面，都是很有讲究的，而不能在他们未到年纪的时候给他们不适宜的信息。

我提议你们马上关掉电视，把看电视的时间用到跟孩子互动、沟通上来。也许你们舍不得放弃素常喜爱的电视剧，但是既然家里有幼小的孩子，就不能什么事都迎合成年人的方便来。孩子需要你们多花时间陪伴他，关注他心灵成

接纳孩子

长的需求,也需要你们给他树立良好的榜样。我们做父母的都希望孩子品行端正,这就要求我们首先检点自己的行为。你不想让孩子看到黄色录像,那么你自己先将黄色录像拒之门外;你不想让孩子从成人电视剧那里接收不良信息,那么你也不要在孩子醒着的时候看。

至于孩子因为看了情感剧情而要求跟妈妈亲嘴儿,也是他的正常反应。你不必跟孩子撒谎,更不要以情感抛弃来威胁孩子("再这样妈妈就不喜欢你了"),孩子是无辜的,你可以正面对他解释:"接吻是相爱的成年人之间做的事情,可是妈妈跟孩子不能这样做哦。妈妈爱孩子和孩子爱妈妈,都是亲脸来表达的。来,你亲亲妈妈的脸吧!"

孩子要求跟表姐亲嘴儿,也是他看了电视剧之后进行的模仿(这个年龄段的孩子,是通过模仿来认知和学习的),他仍然是无辜的。你狠狠批评他,并不能令他认识到自己做错了什么,反而对这些事情产生罪恶感,不利于将来他正确对待爱情和婚恋关系。其实你只需要平静地、诚实地、恳切地对他解释:"你看了那些剧情后感到好奇,也想模仿(得到孩子对这个诠释的认可后再继续以下对话),不过妈妈想告诉你,这是成年人之间做的事情,小朋友这样做是不合适的呀。况且,表姐也不喜欢呢,如果别人不同意,你可不能亲他们哦。"如果孩子不能接受正面、直接的解释,你可以通过故事来给他讲道理,说明恋爱、婚姻、亲情等等社会关系。儿童更容易通过童话故事来吸收和接纳现实世界的很多规矩。

当然,以上这些办法生效的前提是:关掉电视和电脑,好好跟孩子一起玩儿。面对孩子正常的好奇心,不要回避,不要编谎,不要遮盖,而是诚恳地、耐心地对他解释。记住,他只是好奇而已,没有更加复杂的心思;如果成年人处理不当,给他一切与婚恋相关的提问和举动都扣上"黄色""流氓"的帽子,狠狠压制,他不敢再跟你说心里话,而是寻求其他满足他好奇心的手段,那才真会把他变成一个坏孩子呢。

儿童自慰，纯属正常

> 儿子7岁半了，从幼儿园大班开始发现他有时会趴在床上，小屁屁绷得紧紧地摩来摩去，问他他说是觉得舒服。幼儿园老师也在午睡时发现了这一问题，但我们都没指责他，只是尽量转移他的注意力，但效果不明显。
>
> 现在感觉他这一行为越来越频繁，早上起床前和晚上睡觉时都这样，有时甚至一天几次。一般他是不睡午觉的，有次周末他说要去午睡，我还很高兴，结果发现他又这样了。如果不去管他，可以吗？忧虑啊……

可能很多家长都没有意识到，儿童自慰行为是很普遍而正常的。孩子在脱离尿裤之后，会对自己的私处进行探索，在探索过程中难免刺激性器官，引发兴奋舒适的感觉。一部分孩子不太关注这件事，不会执迷于这种快感，有些孩子则很喜欢，会反复体验、乐此不疲。儿童时期的自慰行为并不带有性的意味，因为孩子还不知道性为何物，他们只是喜欢这个感觉而已；当一些成年人赋予它性的意义时，大家对此感到难以接受，甚至以为这是下流、变坏的表现。有些家长采取强硬极端的打骂手段试图制止孩子，往往适得其反，更加强化了孩子的迷恋行为，同时让孩子对此感到负罪、内疚，影响到他们未来的"性"福。

其实，家长对此完全不必大惊小怪、如临大敌，更不要批评指责孩子，或者试图制止孩子。如果孩子只是在私密的地方自慰，家长淡然处之即可。如果孩子当着别人面也这样，家长可以温和地告诉孩子："你觉得这样做很舒服，是吧？不过这是一件非常私人的事情，当着别人面做很不礼貌，你要在没有别人的地方做。"同时给孩子解释什么是隐蔽私人的空间，什么是公共场合。让

接纳孩子

孩子了解私密与公开之间的区别，有助于他们尊重自己的身体、保护自己的隐私，防止恋童癖患者侵犯和伤害他们。

隐蔽的自慰行为可能一直保持到成年，甚至婚后，这都不会给孩子的身心健康带来任何危害。真正会伤害孩子的，是成年人不恰当的过激反应。

自慰过度的孩子，有可能在生活中缺乏成年人的关注，独处时间过多，孤独和无聊都会增加自慰频率；或者有可能孩子受到了不适宜的性刺激，比如无意间看到父母做爱，或是接触了超过他年龄段能够接受的性爱资料。家长在淡化对他自慰行为关注的同时，要多陪伴孩子，关心他的心理需求，而不是仅仅要求他成绩好，剩下的时间都不关心他，让他一个人待着。家长越"省心"的孩子，有可能将来麻烦越大。

恒定的慰藉物给孩子安全感

我儿子今年8岁了，我们夫妻长年两地分居，孩子一直是我一人带大。在孩子1岁的时候，我就发现他特别喜欢我穿的一件羊绒的毛衣，开始我以为是因为柔软，孩子比较喜欢，就没太在意，但是他总是拉我的毛衣袖口，直到开线了。渐渐地，我发现他喜欢我穿的莱卡内衣、游泳衣等面料的衣服，只要我一穿上他就要来摸摸、抱抱，有次我说给他买一件吧，他笑着说不要。我问他为什么要摸妈妈的衣服，他说可舒服了，抱着我的胳膊很享受的样子。

我不知道该怎么办，孩子这样有问题吗？我该如何帮助他？

大部分儿童在幼年时期都会有慰藉物，也就是一两件他们走到哪里都要带在身上的物品，尤其在入睡的时候必须拿在手里或者放在身边。这些慰藉物可能是玩具，可能是孩子睡觉时常盖的小毯子，也可能是爸爸妈妈的一件旧衣服。在一个对幼小的儿童来说变幻莫测的世界里，恒定的慰藉物给孩子安全感。当孩子长大一些，对自己的生活有了更多的把握，他们会逐渐脱离对慰藉物的依恋。

你的孩子也许在小时候把你的羊绒毛衣当作慰藉物了，尤其在父亲经常缺席的家庭里，孩子更容易缺乏安全感，需要更多的安抚。

现在他喜欢你某些面料的衣服，可能是对慰藉物需求的延伸。8岁的男孩，虽然好像已经长大的样子，在外活蹦乱跳、调皮捣蛋，实质上还是需要母亲经常地拥抱和爱抚，需要和亲人温馨的身体接触。

从来信看，孩子似乎对内衣、游泳衣最感兴趣，他还对其他衣物感兴趣吗？还是对妈妈穿着很少的状态感兴趣？这可能有两方面因素：一是孩子某些性意识的觉醒，二是因为平时缺少跟家人的肌肤相亲而造成他特别喜欢母亲穿紧身衣物的时候。

无论如何，就来信信息分析，孩子的表现很正常，妈妈不用过于担心。

儿童恋物癖需要专业治疗

我遇到了非常棘手的问题，我12岁的儿子喜欢收集女性的内衣内裤，我现在不知道应该怎么办。

在儿子3岁的时候，我就发现家里的卫生巾莫名其妙地不见了，开始我以为是自己记错了，没有放在心上，后来在一些角落里发现这些东西。慢慢地，我的内衣内裤也会经常地不见了，然后在家里的一些柜子里再重新找到。因为当时他才三四岁，我以为是因为他好奇，所以也就没有太在意。但是最近，我妹妹告诉我，她家的内衣裤莫名其妙地不见了，我才猛然间想起经常去她家玩的儿子，回家翻箱倒柜找后，在家里找到妹妹的那些内衣裤。

接纳孩子

儿子其他一切都正常，人也比较活泼，喜欢科学，动手能力很强。我不知道他为什么喜欢收集这些东西，按理说好奇的年纪应该过去了，而且从3岁到12岁过了这么多年，似乎成了他的习惯了。我现在不知道应该怎么办，之前我发现这个事情的时候，告诉过他，这样是不对的，但是他现在还是没有改掉。诚恳地希望专家能给我点建议！

你遇到的问题的确非常棘手，我猜测你并不了解儿子这个行为的全部事实，或者是你都了解，但有一些隐情你不方便公开，因此没有写进信里。

12岁的孩子偷偷拿走家里女性亲戚的内衣裤藏起来，的确不是出于好奇，而是很有可能用以满足自己的性偏好。也就是说，他用这些内衣裤来进行性幻想并且自慰。他的这种行为属于恋物癖，属于性心理异常的一种。以他的年纪来说，还不能完全确定他就是一个恋物癖患者，但的确已经有了这方面的倾向。如果得不到及时的帮助，也许会导致他行为的深化。他现在只是偷拿家里人的内衣裤，将来可能会偷拿其他女性的内衣裤，这不是道德范畴内的犯罪行为，而是他无法遏制内心的冲动，甚至会千方百计地去获取能够给他带来性快感的物品。

恋物癖产生的因素比较复杂，我不了解你家庭的具体情况，比如是否单亲家庭，父亲是否经常缺席，孩子小的时候，你是否没有顾忌在他面前裸露身体，他是否在学龄期仍然可以看到你裸体或者接触到你的内衣裤，你换衣服和上厕所的时候，是否注意对他遮蔽，你跟孩子的情感交流如何，他的安全感好不好，等等，都是关键的问题。

单纯地告诉孩子拿女性的内衣裤是不对的，的确无济于事。他需要专业心理医生的帮助，请带孩子看心理医生。不要指责他，他是无辜的，也是无助的，需要我们的理解、支持、保护和帮助。

接纳同性恋

最近,朋友通过孩子的网上博客和秘密日记发现自己高中的儿子有同性恋倾向,文中透露喜欢同校的某某男生,平日里的一般朋友有男有女,甚至女同学还多一些,但是在如今中学普遍的男女恋爱环境中却没见谈过一个。这个打击对朋友夫妇来得太大,夫妇俩感情好,上面4位老人健在,生活水平中等,孩子在市重点中学就读。小学四到六年级是在寄宿学校。但愿这个不是生理上的,只是小孩追求前卫、缓解学习压力的一种错误幻想。但是这个将如何证实?如今大力渲染的《断背山》将把孩子带向何处?

这正是挚友隐藏在心底的烦恼,为此他终日茶饭无心,寝食不安,恳请专家给予切实有效的帮助。

在一个对同性恋尚未彻底接受的文化氛围内,这对家长的痛苦心情,可想而知。

我们谁都不能断言高中阶段的感情或者"性"趣,会持续终生。这个年龄段的孩子,正处于探索自我、发现自我的阶段,各种可能都乐于尝试一番。这也许是孩子在感情方面所经历的一个暂时的过程,也许孩子的确是同性恋。他的性取向到底是什么,需要等他再成熟一些,对自己的认识再深入一些,经历更加丰富之后,才能确定。**性取向没有对错之分,这是人的天性,也是人的权利。**

我想,父母能够做的,就是做好思想准备,无论孩子是什么,都无条件地接纳他、爱他。在一个排斥同性恋的传统文化当中,做一名同性恋者,需要承受很大的压力,经受极端的痛苦(在任何主流文化中做少数派,都会经历痛苦的)。如果父母能够接纳孩子,对孩子来说将是一个极大的福音。如果父母否

接纳孩子

定孩子、拒绝孩子，孩子也会自我否定，丧失自信，终生煎熬。也许他会委曲求全，娶妻生子，做戏给父母和他人看。但是很遗憾，这样的婚姻不会幸福的，甚至会伤害到无辜的女性和孩子。一个人如果耗费极大的能量来压抑自己的本性，会给他的身体健康和心理健康带来严重的损伤。

很多父母在得知自己的孩子是同性恋的开初，都会拼命回想自己是不是做错了什么事，把孩子"变"成了同性恋，并且想方设法试探能否"纠正"孩子的性取向。事实上，同性恋与否，大多数是天然而成，跟父母的养育手段没有必然的关联。

当然，最让父母头疼的，恐怕还是如何在众人面前保住颜面。在这对父母眼里，"培养"出一个同性恋儿子，大概是奇耻大辱，令他们在邻里、同事、亲朋面前抬不起头来，这也是人之常情。建议这对父母查找一些相关资料和书籍（比如李银河、张北川、刘达临等学者的相关著作），多了解同性恋，首先自己内心做到不歧视，那么面对他人的时候也会坦然得多。

再简单说一说同性恋这件事。反对它的人说这是"反自然"的，其实恰恰相反，同性性行为存在于几乎所有的（动物）物种当中，是自然的一部分。从鱼鸟禽类到猫狗犬类，尤其是我们人类的近亲——猿类，同性性行为非常普遍。特别是基因跟我们人类相差无几的黑猩猩，同性性行为是成年过程中不可或缺的。

纵观人类历史，同性恋现象在各个文化当中也一直普遍存在。无论是西方文明，还是中国社会，同性恋文化都曾经盛行过，经久不衰。如今在某些社会文明中，同性恋遭到非议和歧视，有其深远的历史和宗教根源。当今人们对同性恋所知甚少，所以会产生误解和歧视。人们对陌生的事物总是怀有恐惧的，恐惧导致排斥和仇恨，如果家有同性恋儿女，父母首先要面对自己内心的恐惧。向孩子宣战是徒劳无益的，上策是做孩子的坚强后盾和并肩伙伴，并且帮助孩子认识到如何保护自己，尤其是在艾滋病横行的今天，跟孩子平等而尊重地沟通，显得尤为重要。

附 录

找回缺失的父爱

1. 父爱如山,母爱似水。那么父爱与母爱谁轻谁重?它们的不同表现在哪些方面?

父爱与母爱在儿童成长过程中占据同等重要的地位。父亲的爱和接纳赋予孩子价值感,使孩子感到自己是有价值的一个人。父爱与母爱相结合,给予孩子自信心和安全感,开发孩子的情商,让孩子成年之后能够顺利地得到他人的爱与接纳。在父爱母爱结合良好,即阴阳平衡的家庭里,母亲更多承担了哺育、照料、安抚的任务,父亲则承担了供给、保护、教养的任务。

2. 父爱缺失的表现有哪些?

"缺失"不一定指离异单亲家庭。很多父爱缺失发生在婚姻完整的家庭,父亲把养育孩子的任务完全推给母亲,不参与养育的任何活动,很少和孩子一起共度时光,对孩子的态度也比较冷漠,甚至严厉乃至粗暴。这样的案例可以说比比皆是。很多家庭,父亲长年在外出差,或者工作极其繁忙,与孩子见面的机会很少。也有一些父亲,虽然业余有闲暇,却因为对父亲角色的认识不足,而宁可自己去玩儿,也不跟孩子共度时光。

接纳孩子

3. 造成父爱缺失的原因是什么？

由于女性的生理构造，母爱几乎是天然而成的，孕育、分娩与哺乳期的荷尔蒙分泌，给母爱的产生创造了得天独厚的条件；此外从孩子出生开始，无论是男孩还是女孩都在一定时期内和母亲走得最近，家里再有老人、保姆，都会弱化父亲的作用。父爱则发生于丈夫对妻子的爱情，在与婴儿的朝夕相处、悉心照料当中，逐渐建立并稳固起来。做父母其实是一门很高深的学问，人们需要大量地学习和不断地自我提升，才能成为合格的父母。而各种孕期班、营养课、早期开发讲座，几乎都是针对母亲的，大家似乎也都默认这样一个不成文的规矩：养孩子是女人的事儿！对父爱的鼓励和帮助不够，是父爱缺失的一个重要原因。

4. 怎样看待父爱的作用？

孩子孕育、出生和成长的每一个环节，都需要成年男性作为丈夫与父亲的亲身参与，这个家庭的三角形或者说多边形（两个孩子以上）才是完整、平衡和稳固的。虽然幼儿在一定时期和母亲形成更加紧密的关系，这并非意味着父亲在孩子成长的过程中要被排斥在外。

男孩子在学龄期，需要逐步和母亲分离开，解脱那种紧紧纠结在一起的情感纽带，走到父亲那里，从成年男性身上获得生命的价值感与使命感，获得生活的智慧与自律的技巧，以父亲为榜样，成长为一个有责任感、有归属感、有道德感，尊重女性、热爱家庭的成熟男性。

女孩子也一样，在学龄期，需要解脱与母亲的情感纽带，走到父亲那里，从成年男性身上获得爱与接纳，获得价值感与尊严，获得与异性相处和沟通的技巧，以父亲为偶像，成长为一个自尊自爱、自信自立、情感成熟的女性。在青春期后期，女孩子在情感上需要与父亲分离，再次回到母亲这里，与母亲建立更加深厚、互补的感情纽带，为自己今后成为合格的母亲打下良好的基础。

5. 在普通家庭中，父爱的缺位和单亲家庭的父爱缺失有什么不同表现？

单亲家庭中，由于婚姻已经解体，父亲本身的缺席，至少还是一个明确的、容易解释的现象。在双亲家庭中，父亲和孩子之间，身体与情感上的距离，则给孩子带来更多的混乱。我在咨询工作中，见到过很多母亲一手带孩子，父亲极少甚至不参与的现象，我称这样的母亲为"婚内单亲母亲"。父亲与孩子距离远，必定造成夫妻之间的隔阂，使得婚姻发生危机；也导致母亲与孩子的感情纠结过于紧密，给孩子带来过多的心理压力，使得家庭的三角形失去平衡。无论单亲还是双亲家庭，父爱的缺失带给孩子的被遗弃感，是同等深重的伤害。

6. 父爱缺失的孩子会形成怎样的心理问题？在成长上会遇到什么样的困难？

无论男孩还是女孩，都是从与父母双方的关系那里学习、练习、掌握与他人相处的技巧，也从父母之间的关系那里观察婚姻关系是怎么回事，因此父母之间互相关心、互相爱护、互相尊重，注重理解和沟通，相依为命，都是孩子学习和效仿的榜样。

父爱缺失带给孩子最严重的心理问题，就是孩子极度缺乏对自己的认可和接纳，缺乏成长的动力，这会严重影响他们的学业与成就。同时因为缺少与父亲的感情绑定，他们难以与他人形成亲密的关系。这种心理症结，直接影响到他们一生的人际关系，尤其是恋爱、婚姻以及亲子关系。

父爱缺失的男孩子，由于没有得到成年男性的接纳和认可，会游弋于男性集体之外，难以获得男性急需的性别归属感；他不知道自己作为男人，应该有什么样的使命，他甚至不知道自己应该形成什么样的个性。由于缺乏男性榜样，他在性别认同，尤其是性别角色认同方面，会遇到困难。他不知道男人应该是什么样的，因此也不知道自己作为一个男人，应该承担什么样的责任。

接纳孩子

他不知道夫妻关系是怎么回事,不知道怎样对待异性,不知道怎样和别人打交道。由于缺少成年男性的道德指引和行为规范,他缺乏自律,很容易产生反社会行为。父亲虽然缺席,但父亲的阴影却会伴随他一生,对父爱的渴望会左右他的行为与目标,使得他一辈子不能获得独立的自我。他们的情感和性格也很不稳定,有的胆小怕事、优柔寡断,有的脾气暴烈、做事冲动,有的则抑郁寡欢、自暴自弃。

父爱缺失的男孩子,还要承担母亲"替补配偶"的角色,也就是说,从某种意义上,他们取代了父亲,成为母亲精神的寄托,满足母亲的精神需求。这是一种精神乱伦,对于一个年幼的儿童来说,是极端扭曲、病态的存在状态。这种孩子一般来说,体质都比较弱,容易生病,经常患有慢性病,尤其是免疫系统方面的慢性病,比如哮喘、湿疹,或者肠胃紊乱。他们与母亲的情感纠结极端紧密,表现得非常黏母亲,不能离开她,有严重的分离焦虑。

父爱缺失的女孩子,由于没有得到成年男性的接纳和认可,会对自己作为女性的存在与价值,产生深深的怀疑。由于缺乏男性偶像,她不知道男人应该是什么样的,应该怎样对待女性才是尊重与平等的关系。她会对自己的性别感到深深的自卑,往往穷尽一生、付出很大的代价,就为讨取男人的欢心。对于她来说,爱是痛苦的。她会不由自主地爱上对她漠不关心甚至虐待她抛弃她的男性,因为她没有从父亲那里得到正常的男性的爱、呵护与尊重,她的父亲就是对她漠不关心,情感上拒绝她抛弃她,因此她认为自己就值得被如此对待。

7. 父亲表现和给予爱的方式与母亲是否相同?如何科学地表达父爱,最大限度地发挥父爱在教育孩子中的作用呢?

男女基因不同,表达爱的方式当然也不同。但是这世界上并没有什么规定,是男人就应该一脸深沉、不露声色、不表达爱意。对于孩子来说,父亲的笑容、爱抚和拥抱,跟母亲的一样意义重大。父亲不压抑自己的爱,孩子也学会正确地表达自己。一个平和地坚持原则的父亲，远比一个粗暴严厉的父亲，更能滋养孩子的情商，更有助于孩子发展健康的人格。

父爱的参与应该从围产期开始，父亲陪伴母亲去医院检查，和母亲一起学习关于婴幼儿养育的知识。一个获得丈夫关爱、支持与呵护的女性，内心是幸福、满足和平静的，她对孩子的态度也是积极、开心、爱护和平静的。

孩子出生伊始，父亲就应该积极地参与养育的各个方面，支持母亲母乳喂养，协助母亲给婴儿换尿布、洗澡、抚触、护理、哄睡，与孩子建立亲密的感情绑定。在孩子成长的各个阶段，父亲都应该是不可或缺的实质性存在，和孩子共度时光，讲故事、做游戏、交谈、倾听、辅导、指引。即便孩子还不会说话，父亲的声音和讲话，有助于他们开发语言能力。

一般来说，父亲比较胆大，敢于冒险，乐于跟孩子从事一些大幅度带刺激性的运动项目，比如轮滑、攀爬、冲浪、远足、球类等等，有助于开发孩子身体的协调性，从而开发他们的智力、信心与个性，为他们将来的学业与健康打下良好的基础。

父亲在塑造孩子性格、树立道德规范方面，起着举足轻重的作用。对于孩子来说，父亲应该是榜样，是偶像，是指路灯，是生活智慧的源泉。

8. 母亲应该做些什么来防止父爱缺失带来的心理问题？

有些女性在生了孩子之后，不由自主地包揽了孩子的全部养育任务，觉得丈夫笨手笨脚的，不愿意他参与，从而将丈夫排斥在外，并且也不再注重与丈夫的感情交流，这些都使得丈夫产生一种失落感，继而对孩子产生怨气，好像孩子将妻子夺走了。这是非常有害的家庭动力，夫妻双方都应该有意识地改变，让对方更多地参与到整个家庭关系当中来。

如果是离异单亲家庭，那么母亲最重要的任务之一，是在孩子那里树立一个美好的父亲形象。无论婚姻带给自己的伤害有多么深重，都不能在孩子那里

发泄对丈夫的怨气。即使在单亲家庭，无论男孩女孩，孩子的第一个男性榜样，依然是自己的亲生父亲，如果他是一个很丑陋的形象，那么孩子就会感到极端的自卑，对男性产生无端的愤怒。母亲怨恨父亲，甚至夫妻以孩子为砝码互相要挟，都会给孩子带来深深的创伤。

单亲家庭的母亲，在再婚之前，可以在亲属范围之内找到一些成年男性，请他们多和孩子接触，作为男性榜样的替补。只要母亲不当怨妇，不仇视男性，既不因为内疚而在物质和教养方面过度溺爱补偿孩子，也不把所有的感情和精神寄托在孩子身上，而是积极地重建自己的生活，对自己的情绪负责，快乐地迎接每一天，就能在最大限度上降低父爱缺失给孩子带来的损伤。

绝对不能打孩子

小巫按：这篇文章原本是为一本育儿书撰写的，出版社邀请了多位专家，就一些常见话题进行论述，问题由出版社编辑提出。可惜这本书未能出版，文章后来经《妈咪宝贝》杂志社编辑之后，发表在2010年11期上，此处为原文。

（1）打孩子会对孩子造成什么伤害？

最显而易见的是身体方面的伤痛，父母盛怒之下往往掌握不好分寸，非常容易给孩子带来生理方面的损伤，比如扇耳光造成鼻腔出血、牙齿脱落、听觉神经损伤，打屁股则会因皮下瘀血而导致肾创伤，严重的会通过坐骨神经影响脊椎，造成脑干损伤。打其他部位也会导致骨折、出血、休克等伤害。也有一些案例说明打孩子会引起更加严重的后果，比如伤害脊柱导致下肢瘫痪，甚至有把孩子打死的。有的时候并不是因为打的时间长、手段残忍，而是孩子非常娇嫩，用力推一把撞到什么硬物上，就很可能导致悲剧的发生。

更加严重的伤害则是在心理方面，打孩子伤害的不仅仅是孩子，也是孩子和父母之间的亲子关系。伤害了亲子关系，对于父母和孩子来说，都会后患无穷。

首先，打孩子会给孩子带来极大的恐惧，而这恐惧的制造者又是自己最亲近的父母，这使得孩子丧失对父母的信任，继而丧失对整个环境和他人的信任，缺乏对生活和亲人的信任，则是抑郁症的缘由之一。这种恐惧可能导致他们即便成年后也不敢跟任何人提出反对意见，因为他们惧怕对方的愤怒，一旦谁对他们生气，他们就害怕得不得了，以为对方会冲过来打他们。这种心理阴影使得他们无法建立和维持健康良好的人际关系，也难以维护自己的各种权益。

接纳孩子

其次,打孩子会在孩子心中产生极大的愤慨,如果得不到良好的心理辅导,这种愤慨会伴随他们一生,并且在每一个被触发的关口都跳出来侵扰他们的生活。父母打孩子,孩子心中会种下愤怒的种子,他们又不敢对父母宣泄这种愤怒(因为会招来更厉害的打),只能默默地忍受着。但是这股怒火早晚会找到出口的,他们会通过其他方式来发泄愤怒。也许他们会在青春期的时候反抗父母(父母打不动他们了,他们也不需要依赖父母生存了),也许他们干脆把自己的生活弄得一团糟,以惩罚自己来惩罚父母。

尤其是女孩子,当父母不尊重她的身体时,她也会鄙视作践自己的身体。小时候挨打多,尤其是挨父亲打的女孩子,长大后很容易在性方面过度开放——她的身体可以任由他人侵入嘛!在婚恋关系方面,她则容易找到脾气暴怒的配偶,甚至是暴力的、打老婆的男人,因为在她心目中,男人就是对女人施暴的。

最后,打孩子并不能起到教育孩子的效果。孩子小,你打他,他畏于你的强大而屈服了,但并不理解为什么。而且他以后会为了躲避体罚而用遮掩和撒谎的办法来保护自己,你和他之间互通有无的交流渠道从此被堵死。孩子是通过模仿来学习的,他从父母身上学会了以暴制暴,任何事情不用讲道理,谁力气大(或者脾气大)谁就赢,以恐吓威胁武力制服他人,这样的人在今后的人际关系中怎么能受到别人的尊重和爱戴呢?用暴力控制孩子的行为,立竿见影的效果是短期的,因为孩子很快就会长大,很快就不服打了。我通常问打孩子的家长:等有一天,你打不动他(甚至他都能把你揍一顿)的时候,你该怎么办呢?

(2)任何不良行为都能通过温和的教育纠正吗?

其实这样的提问本身就是一种误解,将父母和孩子放到了对立面上:孩子是捣乱因素,会产生"不良"行为,需要父母去"纠正"。

实际上，孩子的很多"捣乱"行为，都是因为他有某些心理需求没有得到满足，甚至是因为父母行为的不当而引起的。只要耐心倾听孩子，找到行为背后隐藏的心理需求，并且恰当地满足这些需求，孩子就不会"捣乱"了。被充分倾听和理解的孩子，感受到自己生命的尊严和价值，是不会把跟父母较劲当作一门武器来使用的。父母怎样尊重他，他也会同样尊重父母和他人。

另外，很多时候，父母看孩子的行为不顺眼，不一定是孩子真的做了错事，而是父母怀有不切实际的期待和要求，是孩子达不到的。父母跟孩子产生矛盾，往往不是孩子跟父母较劲，大部分时间是父母控制欲太强，跟孩子较劲，一定要孩子服从自己，否则就感觉威严扫地。说不服就动手打，总之是要求孩子遵从成年人的意愿，而不是尊重孩子的生命，平等地与孩子沟通和交流。

而且，父母对孩子暴怒，往往来源于内心的恐惧，这些恐惧则因人而异。对一个情况是否生气，是每一个人的选择；没有人能"气"着你，而是你自己选择生气与否。

（3）中国的传统中有"不打不成器"的说法，你认为这种传统是什么原因造成的？

中国的确有过"君君臣臣父父子子"的传统，君为臣纲，父为子纲，君令臣死，臣不死为不忠，父令子亡，子不亡为不孝，宣扬的是一种愚忠愚孝的奴才式服从。孩子对父母要无条件服从，儿女是父母的私有财产，可以随意处置，那么用武力来制约孩子，就是顺理成章的事情了。被打成"器"的孩子，对其是否"成器"的衡量标准，也来自成年人，也就是说，成年人通过打，把这个孩子塑造成了他们自己心目中理想的样子，而不是让这个孩子自由发展成为生命本来的样子，这个孩子没有成为他自己，他只是成年人实现他们理想的工具。

接纳孩子

（4）你认为孩子是绝对打不得的吗？为什么？

当然绝对打不得！因为没有任何好处。谁能列举出来任何暴力虐待儿童可以带来的益处？

（5）绝对不打孩子，那其他教育方式不起作用时怎么办？

所谓教育方式不起"作用"，往往是因为成年人设立了不切实际的目标，并且希望孩子乖乖就范、接受控制。不起"作用"的时候，成年人需要退一步想一想：我为什么如此执着于这个目标？如果放弃的话，又会怎么样？这个时候，内心恐惧往往就会跳出来说话，一件小事无限扩大，成年人的想象展翅高飞，飞向遥远的未来——"他如果这样下去，今后可怎么得了！"云云。正视自己的内心恐惧，看看自己到底害怕什么。

如果我们放下内心的纠结，真正把自己清空，把选择权交给孩子，仔细观察孩子，认真倾听孩子，了解他们的需求，信任他们的自律本质，并运用我们的智慧去满足他们的需求，就不会出现剑拔弩张的场面了。

（6）如果家中别的长辈（如配偶或爷爷）或学校的老师打了孩子，家长应该如何处理？

如果家人打了孩子，要跟他们沟通，晓之以打孩子的各种弊端，并争取让他们对孩子道歉。如果他们固执己见，父母则需要跟孩子交流，告诉孩子"爷爷（或某个亲人）打你是不对的"，同时也向孩子确认，这个亲人是爱他的，只是一时的错误，孩子如果很伤心和生气，则不要急于平息他的情绪，容许他发泄，在一旁认真地倾听，等待孩子自行平静下来。过两天再问问孩子，是否已经原谅了那个亲人。

如果这个亲人时常用武力来对待孩子，则需要把他与孩子暂时隔离开，以保护孩子不受伤害为第一要务。而后再去解决与这个亲人沟通的问题，让对方知道，在这件事情上，你会坚持原则，坚决不允许侵害孩子的身体。

如果学校的老师打了孩子，那决不可以忍气吞声。首先当然还是倾听孩子，让孩子倾诉情绪，你要安抚孩子，让孩子知道你是反对任何人以武力来对待他的。而后则要与学校和老师沟通，告诉他们这是严重的错误，必须跟孩子道歉，而且保证今后不会再发生此类事情。如果老师不接受，则可以考虑给孩子换班。如果校方不配合，则可以考虑给孩子换学校。

最近媒体曝光了多起学校老师或校长性侵儿童、虐待孩子的恶性事件，大家呼吁加强儿童安全教育、提高孩子的自我保护意识。这种安全教育和自我保护意识，首先应该来自父母对孩子身体的尊重！一个挨父母打的孩子，安全感和自尊心早已丧失殆尽，何来自我保护意识？最亲爱的父母都不尊重自己的身体，可以任意侵犯自己，怎能指望他人尊重自己的身体呢？受到父母暴力制服的孩子，根本不会产生"我的身体是神圣不可侵犯的"这样的概念，别人侵犯自己的时候，他会觉得这是正常的，也更不会反抗了！

孩子应该从父母这里确认：对任何侵犯我的暴力行为，我们的态度是"零容忍"。